"十二五"国家重点图书
出版规划项目

《东南亚研究》第二辑

印度尼西亚经济社会地理

YINDUNIXIYA JINGJI SHEHUI DILI

何 政 主编
陈才建 韦宝毅 毛 薇 副主编

中国出版集团
世界图书出版公司

图书在版编目（CIP）数据

印度尼西亚经济社会地理 / 何政主编．—广州：世界图书出版广东有限公司，2014.12

ISBN 978-7-5100-9111-7

Ⅰ．①印…　Ⅱ．①何…　Ⅲ．①经济地理-印度尼西亚　Ⅳ．①F134.299

中国版本图书馆CIP数据核字（2014）第288218号

印度尼西亚经济社会地理

YINDUNIXIYA JINGJI SHEHUI DILI

项目策划　陈　岩
项目负责　卢家彬　刘正武
责任编辑　程　静　李嘉荟
出版发行　世界图书出版有限公司　世界图书出版广东有限公司
地　　址　广州市新港西路大江冲25号
邮　　编　510300
电　　话　020-84453623　84184026
网　　址　http://www.gdst.com.cn
邮　　箱　wpc_gdst@163.com
经　　销　新华书店
印　　刷　广东虎彩云印刷有限公司
开　　本　787mm × 1092mm　1/16
印　　张　16
字　　数　320千字
版　　次　2014年12月第1版　2024年6月第3次印刷
国际书号　ISBN 978-7-5100-9111-7
定　　价　64.00元

咨询、投稿：020-84460251　gzlzw@126.com

《东南亚研究》第二辑

总　序

东南亚(Southeast Asia)位于亚洲的东南部，分为中南半岛和马来群岛两大部分，包括位于中南半岛的越南、老挝、柬埔寨、泰国、缅甸和位于马来群岛的菲律宾、马来西亚、文莱、新加坡、印度尼西亚、东帝汶共11个国家。东南亚地处亚洲与大洋洲、太平洋与印度洋的“十字路口”。东南亚各国拥有丰富的自然资源和人力资源，为经济发展提供了良好的条件，形成了以季风水田农业和热带种植园为主的农业地域类型，但经济结构比较单一。20世纪60年代以来，东南亚各国大力发展外向型市场经济与国家宏观调控相结合的经济发展模式，一是大力发展制造业，二是扩大农矿产品的生产和出口，三是深化各个层面的区域经济合作，这使得东南亚成为当今世界经济发展最有活力和潜力的地区之一。

东南亚是中国的南邻，自古以来就是中国通向世界的必经之地。在历史上，绝大多数东南亚国家就与中国有友好往来，在政治，经济，文化上关系密切，中国人民和东南亚各国人民结下了深厚的友情。在未来的历史进程中，随着中国和东南亚国家经济建设的飞速发展和社会的进步，以中国—东盟自由贸易区为代表的双边和多边的友好合作关系也将进入一个不断发展，更加密切的历史时期。

作为一个地理范围广袤、地缘位置重要、人口众多、多样性突出的地区，东南亚各国的经济和社会发展也各具特色。在未来新的世界政治、经济格局中，东南亚在政治、经济上的作用和战略地位也将更加重要。而加强对东南亚国别和地区研究，特别是加强对东南亚经济社会的研究与交流，可以帮助中国人民加深对东南亚的理解。为此，云南大学东南亚研究所在相关高校和研究机构同仁的大力支持之下，与世界图书出版广东有限公司成功组织并申报了2014年国家出版基金项目——《东南亚研究》第二辑，本丛书即该项目的最终成果。

本丛书试图从经济地理学的角度，结合社会经济因素、自然因素和技术因素三要素，来研究东南亚国家经济活动在一定地区范围内的时空分布、形成和发展规律。具体而言，就是研究东南亚国家及其境内各地区的农业、工业、交通运输业、旅游业、贸易、投资等的布局规律。本丛书认为，在一定生产力条件下，人类总是把争取以最小的劳动消耗，取得最佳的经济效益，作为发展生产的基本目标。为实现这个目标，除了劳动者和劳动手段的有机结合以外，还必须进行经济布局，即把经济活动的场所选择在生产条件最好的地区或地点进行。但是，经济布局不是凭主观意志来确定的，而是社会经济发展的需要与客观条件相结合的产物。东南亚国家的地理环境及其与周围地区或国家的关系，对该国经济的发展起着不可忽视的作用。优越的地理环境，良好的区位优势能为其经济发展提供便利条件，反之则会制约其经济的发展。

参加本丛书编写的作者主要为云南大学东南亚研究所的专家学者，解放军外国语学院、广西大学、广西社会科学院、华南农业大学的专家学者也参与了本丛书的编写工作。本丛书参编人员长期从事东南亚经济和社会研究，精通英语和东南亚语言，有赴东南亚留学、工作或访学的经验，并与东南亚各国相关专家长期保持交流与合作关系，也掌握了大量资料和数据，这为完成本丛书的编写奠定了坚实的基础。我们希望本丛书的出版有助于国人加深对东南亚经济和社会发展的认识，有助于深化中国—东盟自由贸易区、21世纪海上丝绸之路以及南方丝绸之路的建设，从而为夯实“亲诚惠容”周边外交新理念、打造周边命运共同体添砖加瓦。

由于丛书涉及面广，和资料收集、学术水平诸多因素的限制，书中的分析与论述难免存在疏漏与不足，恳请各位专家和广大读者批评指正。

《东南亚经济社会地理》丛书编辑委员会

2014年11月 于昆明

前言

印度尼西亚共和国，简称印度尼西亚或印尼，为东南亚国家。由约17 508个岛屿组成，是全世界最大的群岛国家，疆域横跨亚洲及大洋洲，别称“千岛之国”，也是多火山多地震的国家，首都为雅加达。印度尼西亚与巴布亚新几内亚、东帝汶和马来西亚等国家相接，另有新加坡、菲律宾及澳大利亚等邻国。印度尼西亚人口超过2.48亿，为世界上人口第四多的国家。印度尼西亚是东南亚国家联盟的创始国之一，也是东南亚最大经济体及“二十国集团”成员国。印度尼西亚是世界最大的椰子生产国。依国际汇率，印度尼西亚为世界第十五大经济体。

印度尼西亚群岛自公元7世纪起即为重要贸易地区，古代王国三佛齐及之后的满者伯夷曾与中国及印度进行贸易。印度尼西亚当地统治者逐步吸收外国文化、宗教及政治形态，曾出现兴盛的佛教及印度教王国。外国势力因天然资源而进入印度尼西亚，穆斯林商人带入了伊斯兰教，欧洲势力则带来了基督教，并于“地理大发现后”垄断“香料群岛”摩鹿加群岛的贸易。经历了350年的荷兰殖民统治后，印度尼西亚至第二次世界大战后宣告独立，但仍面临贪污、分离主义、天灾、民主化进程、经济上剧变等挑战。

本书共有五章，分别从印度尼西亚的自然地理、人口地理、工业地理、农业地理和服务业等方面具体介绍印度尼西亚经济社会发展的基本情况。各章节的主要内容如下：

第一章，详细介绍了印度尼西亚的自然地理条件、行政区划与主要城市；

第二章，详细介绍了印度尼西亚的人口民居地理情况；

第三章，介绍了印度尼西亚工业发展情况；

第四章，介绍了印度尼西亚的农业基本情况；

第五章，介绍了印度尼西亚的第三产业，主要是服务业的发展情况。

本书的特色：

1. 本书资料详实，包含针对印度尼西亚的投资环境、印度尼西亚投资政策法规的详细介绍，让读者清楚地了解投资印度尼西亚的人文地理环境、政治环境、经济环境，方便中国企业参考本书的相关信息，充分利用印度尼西亚的资源条件进行投资。

2. 本书引入充足的、详实的数据分析，行业类别划分详细、针对性强，为中国企业投资印度尼西亚提供经验借鉴。

编者

2014年6月

目　录

第一章　自然资源

第一节　地理概况

一、地理位置

印度尼西亚位于亚洲东南部太平洋和印度洋之间（东经94°45′～东经141°05′，北纬6°08′～南纬11°15′），横跨赤道，南北跨度达1 888千米，东西跨度达5 110千米。陆地边界达2 774千米，东部伊里安查亚与巴布亚新几内亚（边界长度为820千米）、北部加里曼丹与马来西亚的沙捞越、沙巴（边界长度为1 782千米）接壤，南部西努沙登加拉省与新独立的东帝汶比邻（边界长度为172千米），与澳大利亚隔海相望。

印度尼西亚是个岛国，总面积达580万平方千米，其中陆地面积1 904 443平方千米，由太平洋和印度洋之间的17 508个大小岛屿组成，其中约6 000个有人居住，它是世界上最大的群岛之国，素有“赤道翡翠”、“万岛之国”之美誉。印度尼西亚主要岛屿有爪哇岛、苏门答腊岛、苏拉威西岛、加里曼丹岛（南部）和伊里安岛（西部）。岛屿之间构成许多海峡和内海，其中巽他海峡、马六甲海峡、龙目海峡等是沟通太平洋和印度洋的重要通道。

印度尼西亚海洋面积3 166 163平方千米（不包括专属经济区），海岸线总长54 716千米。内海主要有爪哇海、苏拉威西海、佛罗勒斯海和班达海等。地形以山地和高原为主，苏门答腊、爪哇、加里曼丹、伊里安岛平原辽阔，多沼泽，其他岛屿仅沿海有狭长的平原。

印度尼西亚多火山，且活动频繁。全国400余座火山分布在除加里曼丹外各岛，其中120多座为活火山。近20年来先后发生火山爆发近30次。火山高度超过9 000英尺的将近20座。位于伊里安查亚省的查亚维查亚山脉（Jayawijaya）的查亚峰（Puncakjaya）是印度尼西亚最高山峰，海拔高度5 030米（15 300英尺），山顶终年白雪覆盖。

1957年12月3日印度尼西亚政府宣布其领海宽度为12海里，按群岛原则，各岛屿最外端点的连接直线为基线。1980年3月21日宣布200海里专属经济区，1983年10月18日颁布的5号法令通过了200海里专属经济区。其海洋面积为790万平方千米（包括专属经济区），相当于陆地面积的4倍，专属经济区面积为270万平方千米。海岸线约长54 716万千米。

二、各时区标准时间

1988年1月1日起印度尼西亚全国分为西、中、东部三个时区。西部时区（东经105°，属东七区）包括苏门答腊岛、爪哇岛、西加里曼丹和中加里曼丹省。中部时区（东经120°，属东八区）包括东加里曼丹、南加里曼丹省、苏拉威西全岛、巴厘省、西努沙登加拉、东努沙登加拉省。东部时区（东经135°，属东九区）包括马鲁古和伊里安查亚省。

第二节　自然条件和自然资源

一、地形

印度尼西亚由太平洋和印度洋之间17 508个大小岛屿组成，岛屿分布较为分散，主要有加里曼丹岛、苏门答腊岛、伊里安岛、苏拉威西岛和爪哇岛。各岛内部多崎岖山地和丘陵，仅沿海有狭窄平原，并有浅海和珊瑚环绕。加里曼丹岛，山地从中部向西面伸展，沿海平原广阔，南部多沼泽。苏门答腊岛，山脉自西北向东南斜贯，山脉东北侧为丘陵和较宽的沿海冲积平原，平原东部多沼泽。苏苏拉威岛，大多为山地，仅沿海有狭窄平原。爪哇岛，北部是平原，南部是熔岩高原和山地，山间多宽广的盆地。伊里安岛，西部高山横亘，有全国最高峰查亚峰，海拔5 030米；南部平原较宽广。印度尼西亚处于亚欧大陆和太平洋板块的接触带，火山活跃，地震频繁。境内有火山400多座，其中活火山120多座，约占世界活火山的1/6。爪哇岛火山最多，地震最为频繁。

印度尼西亚河流众多，水量丰沛，但都比较小。较大的河流有爪哇岛的梭罗河以及加里曼丹岛的巴里托河、卡普阿斯河、马哈坎河，其中梭罗河全长560千米。较大的湖泊有多巴湖、马宁焦湖、车卡拉湖、坦佩湖、托武帝湖、帕尼艾湖等，其中苏门答腊的多巴湖为全国第一大湖。

印度尼西亚海岸线全长54 716万千米。岛屿之间构成许多海峡与内海，主要有巽他海峡、马六甲海峡、龙目海峡、爪哇海、苏拉威西海、佛罗勒斯海、阿拉弗拉海、班达海等。内海中，除爪哇海、阿拉弗拉海为浅海外，其余均为深海，其中班达海最深处深达7 000多米。领海中珊瑚礁分布甚广，总面积达到2万平方千米。主要群岛有大巽达群岛、努沙登加拉群岛（又称巽达群岛）、马鲁古群岛和伊里安查雅群岛。

1. 火山众多，地震频繁

印度尼西亚是世界上火山活动最多的国家之一。印度尼西亚地热资源丰富，但火山爆发也导致地震频繁。印度尼西亚地形以山地和高原为主，仅沿海有平原，土壤肥沃。拥有许多海拔3 000米以上的高峰，其中伊里安岛的查亚峰5 030米，是印度尼西亚最高峰，查亚峰接近赤道，山下是葱郁的热带雨林，峰顶覆盖着晶莹的冰雪，有世界上少见的瑰丽景象。苏门答腊和爪哇两个岛上火山最集中，单是爪哇岛就大约有120座之多，其中有20多座是活火山，尤以爪哇岛的中央地带火山分布最多，且多数都在海拔3 000米以上，东部的希麦罗火山为全岛最高峰，高达3 676米。苏门答腊的西部是火山高原，巴里散山脉纵贯全岛，其中的葛林芝活火山高达3 805米。松巴哇岛上的坦博腊火山，1815年大爆发，被认为是历史上最大规模的一次火山活动，喷出的物质多达30立方千米甚至100多立方千米，爆发的声音远在1 600千米外的苏门答腊岛也能听到，火山灰弥漫在天空。巴厘岛的阿贡火山1963年猛烈爆发，火山灰冲到10千米高空，弥漫到整个爪哇岛。火山的爆发给当地人民带来灾难，但是基性火山土很肥，有利于农业。印度尼西亚的许多古代文化摇篮，多在火山区。印度尼西亚地震很频繁，苏拉威西及马鲁古一带，经常发生世界上最猛烈的地震。爪哇岛每年约有55次地震，平均不到一个星期就有一次。

2. 狭小的岛屿，短小的河流

印度尼西亚各岛屿面积都很狭小，境内的河流都很短，只是苏门答腊岛的山地流向东北方的河川，以及婆罗州和伊利安岛的河川比较长，并且这些河川流域，因为降雨很多，因此，流量十分充沛，沿岸形成冲积平原。苏门答腊最长的河流为坎帕尔河，发源于中西部的山地，最后注入马六甲海峡。爪哇的代表河川为索罗河，索罗河流过爪哇的最大平原。波罗州的河川呈放射状分布，加浦亚斯河、巴利托河、马哈坎河等主要河川，都发源于中央的山地。伊利安岛的河川可以说是最方便的交通路线，曼贝腊莫河为注入太平洋的河川中最长的一条，注入阿拉弗海的河川则以里古河为最长。印度尼西亚到处都是茂密森林，因此，河川自然就成了岛内非常重要的交通路线，很多部落也是选定在河川的附近发展。近年来，随着工业的不断发展，印度尼西亚的河水污染十分严重。为了有效地控制河水污染，印度尼西亚政府目前正在全国20多个岛开展一场净化河水运动，对全国20条污染最严重的河流进行净化。雅加达地区的锡平昂、锡里旺和穆尔克瓦特等3条主要河流经治理后，河水污染程度已减轻一半。

二、气候条件

印度尼西亚地跨赤道两侧，大部分地区属于热带雨林气候，接近亚洲、澳洲两大陆地的地区是热带季风气候。具有高温、多雨、风小、潮湿的特点，无寒暑季节变化，号称“终年都是夏，一雨便成秋”。全年气温比较均衡，甚至每天的温度都大致相同，印度尼西亚年平均气温25℃～27℃，低地气温平均在26℃上下，山区比较凉爽，爪哇岛的多沙利，年平均气温为16℃，茂物、万隆等地风光绮丽，四季如春，是良好的游览、避暑胜地。每年5月至10月为旱季，11月至翌年4月为雨季，湿度为70%～90%。印度尼西亚年平均降水量为2 000毫米以上，雨林气候区雨量充沛，每年在2 000～4 000毫米之间，热带季风区雨量少些，不到2 000毫米，从西往东雨量逐渐减少。这里每年有一个干季，越往东，干季和雨季越分明。接近澳洲大陆的岛屿（小巽他群岛），因为受到大陆高气压的影响很大，所以比其他岛屿干燥。婆罗州沿岸的坤甸由于亚洲大陆风的吹拂，所以年降水量达3 175毫米，位于该岛反方向的巴里巴班市，只有2 228毫米。印度尼西亚刮大风的时候很少，并且风一般都在三级以下，在海岸一带白天有海风吹向陆地，夜晚有陆风吹向海面，海陆季风吹来吹去，所以许多人家住在海边。

三、矿产资源

印度尼西亚自然资源丰富，一向有“热带宝岛”之称。在矿产资源方面，石油、天然气和锡的储量，在世界上占有重要位置；镍、铝矾土、铜、煤、金刚石、锰、铬、铀、金和银等，储量也比较丰富。

印度尼西亚是世界上第十六大产油国，1997年的产量占世界总产量的2.4%，在过去的15年里，印度尼西亚年均石油产量为5.72亿桶（日产157万桶）。石油储量估计为1 200亿桶，主要分布于苏门答腊、爪哇、加里曼丹、西兰岛和伊里安查雅。苏门答猎的巨港(巴邻旁)、占碑、火水山、朱卢—腊约、帕干巴鲁等地蕴藏着丰富的油田。印度尼西亚还拥有巨大的天然气储量，约有123 589兆亿立方米(相当于206亿桶石油)，其中已探明的天然气储量为24 230兆亿立方米，主产于苏门答腊的阿伦和东加里曼丹的巴达克以及近海地区。锡储量估计为80万吨，主要分布于邦加、勿里洞和林加群岛的新格岛等地。邦加和勿里洞出产的锡占全国产量1/3以上。镍矿储量约560万吨，居世界前列，主要分布于苏拉委西的科拉卡、伊里安查雅的哇格岛和马鲁古等地。伊里安查雅还有丰富的铀矿、廖内群岛的宾丹岛有铝矾土矿。爪哇日惹附近产锰、伊里安查雅和中爪哇的梭罗产铜。金刚石估计储量约150万克，居亚洲前列，主要分布于加里曼丹。火山地区蕴藏着丰富的硫矿。煤主要分布于苏门答腊的沙伦多和加里曼丹东部的三马林达附近。铁分布于苏拉委西中部和加里曼丹东部。

四、森林资源

在森林资源方面，森林和林地面积占国土面积的67.8%，在世界上仅次于亚马逊地区。印度尼西亚盛产各种名贵木材，有加里曼丹和苏门答腊的铁木、努沙登加拉的檀木、苏拉威西的乌木、爪哇的柚木等。印度尼西亚的森林面积在20世纪80年代末期为12 164万公顷，森林覆盖率为65%，其中商品林面积约5 921万公顷，据1970年联合国粮农组织《统计年鉴》的资料，其森林面积与蓄积量均居世界第六位，为森林资源最丰富的国家之一。近20年来，随着大面积采伐的进行，印度尼西亚的森林面积一直呈下降趋势。目前据粮农组织资料，印度尼西亚森林面积已降至10 979.1万公顷，其中天然林10 366.6万公顷，人工林612.5万公顷，森林覆盖率60.60%，森林蓄积量196.09亿立方米。

印度尼西亚的森林类型以热带雨林为主，其次为次生林、季雨林、沼泽林和海岸林。

热带雨林主要分布在苏门答腊和加里曼丹，其面积约7 568万公顷，占森林总面积的73%，多为长绿乔木。

加里曼丹是印度尼西亚主要木材生产基地，其中的50%又来自东加里曼丹，东加里曼丹地区森林稠密、交通方便，便于采伐，主要树种都属龙脑香科的婆罗双、龙脑香、揭布罗香等属，常与婆罗州铁木、甘氏豆属等混生，包括Meranti、

Lilan、Kempass、Clin、Keraxji、Kulim 、Emixai等常用树种；中加里曼丹除贝壳杉外，还有贝壳杉类与陆均松类的混交林，由棱柱本属、夹竹桃属、胶本属、陆均松属和龙脑香属的林木组成的湿地雨林，以及由滑叶婆罗双、蝎布罗香属、婆罗州铁木、甘氏豆属等林木组成的低地雨林；而西加里曼丹的主要树种为婆罗双属和棱柱术属，湿地与低地雨林与中加里曼丹相近，但蓄积量较少。

苏门答腊广泛分布有婆罗双属、颇垒属、异翅香属、青应属、龙脑香属、褐布罗香属。一般龙脑香属的树种占上层林木的90%，在北苏门答腊湿地和低地，有由马印漆树属、海棠果属等组成的混交林。中苏门答腊的Ekanbaru地区出产的Kempass、Keranji与Kulim品质最优，颜色也最受消费者欢迎。

苏拉威西的植物区系与新几内亚相近。仅有少量颇垒属、青皮属等龙脑香科树种。苏拉威西中部和东南部，有印茄属、鸡骨常山、海棠果、胶木等树种的混交林，中苏拉威西和多米尼湾沿岸地区有乌木分布，每公顷蓄积量为30～40立方米，乌木出口在苏拉威西木材出口中占有重要地位。

马鲁吉群岛的欧比岛和布鲁岛有大面积婆罗双属树种。西伊里安的森林最晚开发，除海拔2 000米以上的森林外，75%为热带雨林，商品材树种主要有印茄属、番龙眼属等。北部马诺夸里和纳比雷周围的森林是由番龙眼、印茄、海棠果、鸡骨常山、杜英、母生与胶木等属树种组成的低地雨林。爪哇为热带雨林，龙脑香属树种不多，但比苏拉威西和西伊里安多，爪哇岛森林的特点是人工林多，特别是人工柚木林，有近100万公顷，每公顷年生长量为5立方米，蓄积量约120立方米，另有大片南亚松、高阿丁枫、印茄、贝壳杉、桉树等人工林。另外，印度尼西亚还是世界上最大的藤原料与藤制品的生产与出口国。

五、动物资源

印度尼西亚的动物资源也很丰富。据有关统计资料，印度尼西亚的动物群种类共有20多万种，其中受到国家法律保护的属于珍稀动物的就有525种，它们当中有一半属于鸟类，其余为哺乳动物、爬行动物、淡水鱼类和昆虫类（如受到保护的蝴蝶就有20种）。

根据科学家的研究，整个印度尼西亚地区的动物类型大致可以分为三类，即亚洲类型、澳洲类型和中间“过渡型”。据研究，在冰河时期，印度尼西亚的西部地区，即苏门答腊岛、加里曼丹岛、爪哇岛和巴厘岛等地区，曾经和亚洲大陆连在一块，因而这些岛上的动物具有亚洲动物的特点。在这一地区的动物有大象、老虎、犀牛、熊、野牛、猴子等等。而靠近澳洲的伊里安查亚、瓦格岛、米索尔和阿鲁群岛的动物，具有澳洲动物的特点，这里有羽毛鲜艳灿烂的极乐鸟（也叫天堂鸟）、食火鸡、鹦鹉、头顶带冠毛的鸽子、袋鼠及其他袋类、单孔类动物。中间“过渡型”地带包括马鲁古群岛、苏拉委西岛、努沙登加拉岛等，这些地带拥有前两个地带所没有的动物，如鹿、猪、倭水牛、袋貂以及世界上仅存长达3～5米恐龙似的动物科莫多巨蜥，这种巨蜥能用尾部将野猪或野鹿迅速击毙。截至1994—1995年度，印度尼西亚已建立186个原始保护区、77个野生动物区、12个海洋公园。

六、农业资源

粮食作物是印度尼西亚种植业的基础部门。稻米是主粮，大米、玉米、甘蔗是其主要农作物，杂粮有玉米、木薯、豆类等。印度尼西亚是东南亚最大的豆类生产国，但单产较低。印度尼西亚是世界上种植面积仅次于巴西的第二大热带作物生产国，经济作物大多在种植园种植，不但品种多，而且有的作物产量在世界上名列前茅。印度尼西亚的胡椒、金鸡纳霜、木棉和藤的产量居世界首位。天然橡胶、椰子产量居世界第二。产量居世界前列的还有棕榈油、咖啡、香料等。印度尼西亚是水果王国，盛产香蕉、芒果、菠萝、木瓜、榴莲、山竹等各种热带水果。

七、水产资源

印度尼西亚有广阔的海域，有众多的河流和湖泊，因此，印度尼西亚的水产资源也极为丰富。印度尼西亚的海产特别丰富，苏门答腊东岸的巴干西亚比亚是世界著名的大渔场。鱼类有沙丁鱼、金枪鱼、鳕鱼、鲔鱼、美鱼、石斑鱼、墨鱼、带鱼等；虾类有各种海虾，龙虾和淡水虾；此外还盛产各种蟹、贝、螺、鳖、海参、珍珠、食用海藻和燕窝等。

印度尼西亚政府对野生动植物也非常重视并加以保护。为了教育和提高人民对野生动植物的保护意识，印度尼西亚政府规定把每年的11月5日定为野生动植物保护纪念日。每年这一天，就要组织各种活动，进行宣传，唤醒人们对野生动植物的保护意识。为了保护野生动植物和生态环境，印度尼西亚政府还计划将约占全国10%的土地，即约占1 870万公顷面积的土地划为自然保护区。到1994—

1995年为止，已建立了186个单位、面积约854.17万公顷的自然保护区。印度尼西亚政府将世界上仅存的科莫多巨蜥定为印度尼西亚的“国兽”，将爪哇鹰定为印度尼西亚珍稀动物，并将茉莉花、蝶兰花等定为印度尼西亚的国花。

此外，印度尼西亚政府在开发利用森林资源时，也制定具体政策，鼓励人们经常植树造林，防止滥砍伐森林；在开发利用海洋渔业资源时，禁止渔民使用大拖网捕鱼，以保护海洋鱼苗的繁殖和生长。

八、水利资源

印度尼西亚的河流一般不长，爪哇岛的梭罗河全长560千米，为印度尼西亚爪哇岛最长的河流。809条河流横贯各岛，对交通运输和农业水利灌溉发挥着重要的作用。印度尼西亚还有9条较长的河流分别是：加里曼丹的卡普阿斯河（Kapuas，998千米）、巴里托河（Barito，704千米）；伊里安查亚的门波拉莫河（Memberamo，684千米）和迪古尔河（Digul，546千米）；苏门答腊的穆西河（Musi，507千米）、巴当哈里河（Batanghari，485千米）、印特拉吉利河（Indragiri，343千米）；加里曼丹的卡哈延河（Kahayan，343千米）；马哈坎河（Mahakam，334千米）。此外，还有以悠久人文历史著称的爪哇岛的梭罗河（Bengawansolo）、芝塔龙河（Citarum）和布兰塔斯河（Brantas）。印度尼西亚的湖泊星罗棋布，景色迷人。苏门答腊的多巴湖（Toba），马宁焦湖（Maninjau）和辛卡拉湖（Singkarak），苏拉威西的坦佩湖（Tempe）、托武帝湖（Towuti）、锡登伦湖（Sidenreng）、波索湖（Poso）、通达诺湖（Tondano）和马塔纳湖（Matana），伊里安查亚的帕尼艾湖（Paniai）和森达尼湖（Sentani），均为印度尼西亚重要旅游胜地。印度尼西亚的湖泊大多在山区，面积不大。苏门答腊岛上的多巴湖是印度尼西亚最大的淡水湖，该湖海拔906米，其中面积达3 000平方千米的多巴湖最为著名，其湖心岛面积1 300平方千米，是世界第二大湖，也是海拔最高和最深的大湖之一。

九、土地资源

印度尼西亚的土地面积和占有情况：印度尼西亚耕地面积5 980万公顷（不包括伊里安查亚）。土地分为公有土地和私有土地两种。据官方估计，除西伊里安外，印度尼西亚目前的耕地面积有1 200万至1 300万公顷，那些土地是这样划分的：其中的20%，也就是最肥沃的土地，为外国资本所控制；其他的1 100万公顷属于农村耕地。

印度尼西亚耕地分配情况：当前印度尼西亚农民的社会情况是，60%的农民是无地农民。他们一部分是雇农，一部分是按租佃关系租地耕作的佃农。即使是有地的农民，拥有的土地（水田和旱田）大部分是少于1公顷（平均是水田0.6公顷或旱田0.5公顷），不足维持正常的生活。然而除了无地、少地的农民之外，却有的人占有几十公顷、几百公顷甚至几千公顷的土地。这些土地并非全是他们的所有权，而大多数是通过抵押权和租用权控制着的。同时通过抵押权和租用权而按制着的土地，是最大的部分。若从所有权来看，据记载，在爪哇、焉都拉、南苏拉威西、巴厘、龙目只有5 400人各拥有超过十公顷的水田（其中1 000人超过20公顷）。至于旱田，拥有超过10公顷者有11 000人，其中2 700人超过20公顷。

十、煤炭资源

1. 煤炭资源及分布

根据最新发布的BP世界能源统计年鉴，截至2011年年底，印度尼西亚的煤炭探明储量总计为55.29亿吨；其中，无烟煤和烟煤15.20亿吨、次烟煤和褐煤为40.09亿吨。印度尼西亚的煤炭储量占全世界的0.6%，储产比（即剩余储量与年产量的比值）为17，即剩余的煤炭储量可供开采17年。2009—2011年的硬煤产量分别为1.576亿、1.692亿和1.998亿吨油当量。2011年的煤炭产量比2010年增长18%。

虽然不同的机构在不同的年份统计的煤炭资源储量有所差异，但均揭示印度尼西亚的煤炭资源有较大的开采潜力。随着勘探程度的增加，相信发现的煤炭资源量将会有更大的提升。目前，印度尼西亚煤炭几乎都是露天开采，91%产自东加里曼丹和南加里曼丹，9%则来自南苏门答腊岛。

据印度尼西亚能源与矿产资源部在2006年公布的数据显示、推断，煤炭储量为612.73亿吨；现时印度尼西亚煤炭开采和生产的主要集中地在加里曼丹岛，推断后者储量为304.53亿吨；南苏门答腊岛推断煤炭储量有245.09亿吨，该地区大部分煤田尚未开发。

随着勘探程度的提升，被披露的煤炭资源量也随之增长。根据印度尼西亚煤炭开采协会于2009年统计的数据，印度尼西亚的煤炭资源量共计934亿吨，其中包括储量187亿吨。煤炭资源主要分布在苏门答腊岛和加里曼丹岛；其中，苏门答腊的资源量为525.3亿吨，其中储量115.5亿吨；加里曼丹的煤炭资源量为404.7

亿吨，其中储量187亿吨。公布的资源量和储量全部位于这两个岛，其中东加里曼丹储量占总储量的34%，南加里曼丹储量占总储量的16%，南苏门答腊储量占总储量的39%。

2. 印度尼西亚煤炭资源特点

印度尼西亚的煤炭资源主要分布在苏门答腊省（约占储量的2/3）和加里曼丹省（占储量30% 以上）。其特点是矿井数量少，但产量大，私营特别是与外资合营的煤矿多，且主要以出口为目的，如私营的Kahim Prima公司的年产量近千万吨，几乎全部出口外销。年产煤500万吨以上的Arutrim公司其出口量也占90%左右。其他如产煤达300多万吨的Adaro Indoisia公司，其出口量约占总产量的70%。印度尼西亚全国共有煤炭资源365亿吨。

十一、生态和生物资源

印度尼西亚是世界上生物资源最丰富的国家之一。据不完全统计，印度尼西亚有40 000多种植物，其中药用植物最为丰富。印度尼西亚宜人的气候为许多珍奇鸟兽和各种花卉提供了优异的生长环境。印度尼西亚拥有许多世界濒临灭绝的动、植物，如著名的有苏门答腊虎、象、犀牛、科摩龙、巨蜥、黑猴、人猿、天堂鸟，巴布亚虎斑兰和尸臭花等。印度尼西亚是世界上最大的群岛国家，拥有多于1.75万个岛屿，其中仅有6 000个左右有人居住。5个主要岛屿——苏门答腊、爪哇、加里曼丹、苏拉威西和巴布亚以及另外30个较小的岛屿为主要人口聚居地。印度尼西亚的广阔国土、热带气候和群岛地理使得该国的物种多样性占据世界第二。虽然该地区仅占世界总面积的1.32%，但拥有世界12%的哺乳动物（515个物种），16%的爬行动物（781个物种）和两栖动物（270个物种），17%的鸟类（1 592个物种），25%的鱼类和15%的昆虫。

印度尼西亚植物种类的多样性在世界排名前五，拥有3.8万多个物种，其中55% 是特有植物，更有占世界10%（2.75万个物种）的开花植物生长在印度尼西亚。印度尼西亚的森林面积占世界的10%、亚洲的40%，这使得印度尼西亚的森林在世界生物多样性保护工作中扮演着重要角色，同时也在保证多种生命形式延续的过程中获得了经济、社会以及生物学上的诸多收益。

作为同时坐落于亚澳大陆生物多样性集中地带和华莱士过渡区的群岛国家，印度尼西亚的陆地生态系统具有亚澳地区和其过渡区域物种丰富的特性。印度尼西亚生态系统的丰富物种生长于冰/雪地—高山地带、次高山地带、山脉地带、次山脉地带、低地雨林、海岸森林、草地、大草原、湿地、河口及海岸、红树林、海草地、珊瑚礁及深海水域。

印度尼西亚拥有最长的海岸线（8万千米），环绕着热带海洋以及拥有世界1/3的珊瑚和1/4的鱼类物种。它的珊瑚比夏威夷丰富7倍，而其鱼类比澳大利亚大堡礁丰富3倍。最突出的水下多样性生态位于马鲁古的班达群岛。该省的多数水域位于珊瑚三角带。

珊瑚三角带位于印度洋—太平洋水域，拥有600多个珊瑚礁物种（其中75%以上已获得承认），相当于53%的世界珊瑚礁总量。珊瑚三角带被科学家认为是地球物种多样性及海洋生态系统丰富度的研究中心。在此区域，有大约3 000个物种的鱼类。该区域也是世界最大的红树林生态区。此外，该区域也是世界上最大的三文鱼繁殖基地。该三角地带由以下六个国家专属经济区的全部或部分组成：印度尼西亚（东部及中部区域）、东帝汶、菲律宾、马来西亚（沙巴群岛）、巴布亚新几内亚及所罗门群岛。

正因如此，印度尼西亚在世界生物多样性地图中占据着重要位置，是世界十个物种最丰富的国度之一，以“百万物种国”著称。多种多样的风光、花草、遗传与生态系统多样性以及海洋资源，都成为该国发展自然旅游——“生态旅游”的绝对优势及无价之宝。旅游产业作为该国的一大经济支柱，其中生态旅游的地位是极其重要的。长期而言，该国发展建设可持续旅游有两大原则，即保护自然遗产及提升人民素质。为此，政府确认了生物多样性保护价值较高的区域，并加强了对这些资产的保护和管理。[①]

第三节　行政区划与主要城市

一、行政区划

印度尼西亚的行政区划是以省为单位的，印度尼西亚法律规定每一个省市或地区只有一个政府进行统一管理。截至2012年，印度尼西亚共有33个省级行政

① 摘自世界环境网，http://www.wem.org.cn/news/view.asp?id=628&cataid=11&title。

区，其中包括一个首都特区和四个特区。下面介绍印度尼西亚不同岛屿的主要行政划分：

（一）苏门答腊岛

苏门答腊岛是世界上第六大岛屿，印度尼西亚的第一大岛，其经济地位仅次于爪哇岛。苏门答腊岛东北方向隔着马六甲海峡与马来西亚半岛相望，西邻印度洋，东临南海和爪哇岛遥相呼应。苏门答腊岛面积43.4万平方千米，包括属岛面积约47.5万平方千米，占全国面积的四分之一。苏门答腊岛上分布着10个省区，分别是亚齐特区、北苏门答腊省、西苏门答腊省、廖内省、廖内群岛省、占碑省、邦加-勿里洞省、南苏门答腊省、明古鲁省、楠榜省，与每个省区相对应的首府城市分别是班达亚齐、棉兰、巴东、北干巴鲁、丹戎槟榔、占碑市、邦加槟港、巨港、明古鲁市、班达楠榜。

（二）爪哇岛

爪哇岛是印度尼西亚最重要的岛屿，是全国经济、政治和文化中心。东西长约970千米，南北最宽处约160千米，呈狭长型，面积12.6万平方千米。爪哇岛交通发达，拥有全国60%～70%的公路和铁路里程。爪哇岛主要包括6个省区，分别是万丹省、雅加达首都特区、西爪哇省、中爪哇省、日惹特区、东爪哇省，相对应的首府城市是西冷、雅加达、万隆、三宝垄、日惹、泗水。其中，雅加达是印度尼西亚的首都特区，是全国的行政中心所在。

（三）加里曼丹岛

加里曼丹岛也称为婆罗岛，是世界上第三大岛屿，位于马来西亚群岛中部，西面是苏门答腊岛，东面是苏拉威西岛，南面是爪哇海和爪哇岛，北面为中国南海。加里曼丹岛面积为74.3万平方千米，岛上森林覆盖率达到80%。加里曼丹岛主要包括4个省区，分别是西加里曼丹省、中加里曼丹省、南加里曼丹省、东加里曼丹省，其相对应的首府城市分别是坤甸、帕朗卡拉亚、马辰、沙马林达。

（四）苏拉威西岛

苏拉威西岛是世界上第十一大岛屿，岛屿面积为17.5万平方千米，地理上位于印度尼西亚的东部，菲律宾的南部，岛屿形状非常特别，类似于大写英文字母“K”。由四个半岛组成，岛的中部是险峻的山区，所以四个半岛之间来往较少，从海路连接比从陆路更方便。苏拉威西岛主要包括6个省区，分别是北苏拉威西省、哥伦打洛省、中苏拉威西省、西苏拉威西省、南苏拉威西省、东南苏拉威西省，它们相对应的首府城市分别是万鸦老、哥伦打洛市、帕卢、马穆朱、望加锡、肯达里。

（五）马鲁古群岛

马鲁古群岛旧名为“摩鹿加群岛”，位于印度尼西亚东部，在苏拉威西岛和巴布亚岛之间，总面积5.4万平方千米。主要划分为北马鲁省和马鲁省，其首府城市分别是特尔纳特和安汶。这两个省区都由若干个群岛组成，面积不大，覆盖着热带雨林。

（六）西巴布亚省和巴布亚省

西巴布亚省位于新几内亚岛的西北部，而巴布亚省紧接着新几内亚共和国，位于新几内亚岛的西边，两省的面积分别是11.5万平方千米和42.2万平方千米，占全国面积的四分之一。二者的首府城市分别是曼诺瓦里和查雅普拉，是印度尼西亚最东边的两个省。

（七）其他省市

以上是根据印度尼西亚岛屿位置特征的方式划分省区的一种方式，但不包括印度尼西亚的全部行政区域，比如巴厘、西努沙登加拉、东努沙登加拉等省。

二、主要城市

分布在10 000多个岛屿上的印度尼西亚的主要城市有100多个，在此介绍在印度尼西亚国内影响重大或者在世界上有一定影响的城市，这些城市都是分布在爪哇岛上的，包括雅加达、万隆、日惹、泗水和茂物。

（一）雅加达

雅加达位于爪哇岛西部北岸，在芝里翁河口，靠近雅加达湾，东经106° 49′，南纬6° 10′，特区面积为650.4平方千米，人口有850万。雅加达作为印度尼西亚的首都，是国内第一大城市和全国的政治、文化、经济的中心，也是整个东南亚最大的城市，是世界上著名的海港。独立纪念塔——“民族解放纪念碑”是雅加达市内最高的建筑物，也是雅加达一个重要的旅游景点和整个城市的象征。雅加达既是全国海陆交通的枢纽，也是连接太平洋与印度洋的重要交通枢纽，还是亚洲各国通往大洋洲的重要中转站。雅加达是世界上许多船只乐意停靠的一个地方，在这里方便加水和维修，并且费用较低。城市边上的雅加达国际机场，是世界上规模和客流量最大的国际机场之一。

作为印度尼西亚的首都和最大城市，雅加达经济主要依赖于金融业，其占该市生产总值的30%左右，全国最大的金融机构和工商企业总部都设在雅加达。雅加达市内拥有很多国外企业的办事处、繁华的商业街和大型购物商场。雅加达每年举办一次大型交易会，届时，各个企业都会拿出各自的新产品在此买卖，以促进企业的发展。雅加达还是全国最大的工业中心之一，主要工业有造船、纺织、建材、轮船、化工、化肥、食品加工、制革、印刷等。在文化传媒上，雅加达出版25种报纸，5种周刊，还有国家广播电台和国家电视台。全国最好的大学——印度尼西亚大学也坐落在雅加达。雅加达是一座在整个东南亚较有影响力的城市，在这里，曾经举办首届亚运会和东南亚运动会。

雅加达有丰富的旅游资源，是印度尼西亚的三大旅游城市之一。雅加达的主要旅游景点包括：伊斯蒂赫拉尔清真寺、雅加达独立广场、印度尼西亚缩影公园、中央博物馆、安佐尔梦幻公园、拉古南动物园。

（二）万隆

万隆是印度尼西亚的第三大城市，是西爪哇省的首府。位于爪哇岛西部火山群峰环抱的高原盆地中，城市海拔719米，市区面积80多平方千米，人口150万，年平均气温22.5℃，年降水量1988毫米。气候温和宜人，为理想的疗养地。城市大致分南北两部分，南城为商业区，北城是住宅区，有国宾馆、大旅馆等现代化建筑，郊区有许多设计新颖的别墅。万隆是“万隆精神”的发源地。1955年4月18日至24日，第一次亚非会议在万隆举行，这是亚非国家第一次在没有西方殖民国家参加下自行召开的大规模国际会议，共有29个亚非国家和地区的政府代表团参加。会议一致通过了《亚非会议最后公报》，提出了以和平共处五项原则为基础的万隆十项原则作为国与国之间和平共处、友好合作的准则。会议所反映的亚非人民团结反帝、反殖，争取和维护民族独立，增强各国人民之间友谊的精神，被人们称之为“万隆精神”，万隆也因此驰名于世。

万隆是爪哇岛重要的文化与工业中心之一，流传有西爪哇巽他族的文学、舞蹈、音乐和戏剧。有多所高等院校和科研机构，有著名的万隆工学院、国立巴查查兰大学、火山地质博物馆、鲍斯天文台和原子核研究中心等。万隆有国内唯一的奎宁工厂，其他工业还有橡胶、制茶、机械、汽车装配、无线电器、冶金、飞机、罐头等。万隆还是全国纺织业中心，郊区有大量纺织企业。万隆是西爪哇省的铁路、公路和航空枢纽。

（三）日惹

日惹是印度尼西亚爪哇中南部的特区，与太平洋相接。城市面积约为32.4平方千米，当地人口为42万，年平均气温在25℃。日惹是印度尼西亚工业较发达的地区之一，工业包括铁路工场、印刷、纺织、鞣革、加工食品、运输设备、造纸、化工和电动机械。日惹作为爪哇文化艺术的发源地，文学和舞蹈发达，浮雕和雕像众多，学府林立，最著名的国立加查玛达大学，是印度尼西亚最早的一所法政大学。日惹的居民有爪哇人、巽他人、穆斯林巴厘人、华人、印度人和欧洲人等。当地会经常举办一些文化节目，比如民族舞蹈、哇扬皮影戏、哇扬木偶戏等。日惹的旅游资源也相当丰富，有世界上著名的巨大艺术建筑——婆罗浮屠，它与中国的长城、印度的泰陵姬、柬埔寨的吴哥窟并称为古代东方四大奇迹，是世界文化遗产。其他主要的旅游景点还有普兰巴南、默拉皮火山、日惹博物馆和日惹王宫等。

（四）泗水

泗水，爪哇语苏腊巴亚（Surabaya），原意是蟒蛇鳄鱼，因此地原为荒凉的沼泽而名。华人感其拗口，先谐成"泗里木"再进一步雅化便成地道的汉名"泗水"。泗意为游泳，泗水即游过海洋，寓意华人离乡背井到南洋谋生，必须漂洋过海。泗水是婆罗摩火山的门户，印度尼西亚东爪哇省省会、印度尼西亚第二大城市，隔泗水海峡与马都拉岛相望。泗水的为面积326平方千米，常住人口270万。城市的正北方是邻近乌戎海军基地的著名港口丹戎佩拉克，该港是仅次于雅加达的爪哇第二大港，还有国际航空站。泗水交通设施完善，电车轨道铺遍全城，该市与爪哇各城镇有良好的铁路、公路与航空联系，中世纪即为爪哇对外贸易的重要港口。泗水是印度尼西亚工业化程度最高的工商业城市。印度尼西亚很大一部分的进口商品都通过这里的港口进入国内，而出口的大宗蔗糖、咖啡、烟草、柚木、木薯、橡胶、香料、植物油和石油产品也通过该港口输出。工业有船坞、铁路机车制造、纺织、玻璃、化工、啤酒酿造、卷烟和制鞋。泗水有庞大的渔船队，城市周围是富饶的农业区。泗水的著名建筑有1868年建造的大清真寺、1954年成立的艾尔朗加大学、理工学院、海军学院和一座荷兰古堡。中国的广州市与泗水市于2003年9月2日建立合作交流关系。

（五）茂物

茂物是印度尼西亚西爪哇的名城，又名博果尔。坐落于雅加达以南56千米，年平均气温25℃，降水量丰富，拥有300万人口。由于特殊的地理环境，茂物成为热带地区不可多得的一个避暑胜地。茂物一年中打雷的天数超过300，有着“雷都之称”。茂物有国内最大的轮胎厂，以及纺织、玻璃、木薯粉、橡胶制品、水泥、制鞋、造纸、玩具等工厂。茂物的城市外围农业发达，梯田开到火山口，茶园、咖啡园、橡胶园、金鸡纳园、水稻田和甘蔗田相互交错，盛产蔬菜与水果，还有花生、玉米、木薯、胡椒、可可等。

1994年11月14日至15日在印度尼西亚茂物举行的APEC（亚太经济合作组织，Asia-Pacific Economic Cooperation）领导人非正式会议上，通过了《APEC经济领导人共同决心宣言》（简称《茂物宣言》），确立了APEC在亚太地区实现贸易和投资自由化的目标，提出发达成员到2010年、发展中成员到2020年实现这一目标的时间表。茂物会议为APEC指明了前进方向，在APEC发展史上有着特殊意义。

第二章 人口地理

印度尼西亚位于亚洲东南部，是世界上最大的群岛国家，由太平洋和印度洋之间17 508个大小岛屿组成，其中约6 000个有人居住，素有“千岛之国”美誉。根据联合国和世界银行的数据显示，2013年印度尼西亚人口约为2.5亿人，仅次于中国、印度、美国，是世界人口第四大国。根据2012年印度尼西亚人口统计与健康的调查报告显示，2000—2010年十年期间，印度尼西亚人口平均增长率为1.44%。2010年，印度尼西亚人口密度(每平方千米人口数)124人，远高于世界人口平均密度，属于人口高密度型的国家之一，其中城市人口1.18亿，人口城镇率约为50%。印度尼西亚的人口中，超过80%以上属于穆斯林。

第一节 人口发展

从20世纪初到20世纪80年代，印度尼西亚人口急剧膨胀，增长了三倍之多，使人口问题一度成为困扰印度尼西亚经济和社会发展的一大难题。近三十年来，印度尼西亚政府通过采取一系列措施，人口增长率呈现下降趋势，但是由于人口基数大，人口问题仍然是印度尼西亚所面临的严峻考验。

一、人口变化

印度尼西亚是人口大国，如下图所示，印度尼西亚的人口从1960年的8 869万人，到2013年已增至将近2.5亿人，人口总数翻了三翻，始终保持了持续的增长。

印度尼西亚第一次较为可靠的人口普查始于1930年，当年全国人口约为6 073万人。第二次人口普查在国家摆脱荷兰控制取得独立以后的1961年，当时印度尼西亚的人口约为9 700万人。1930年到第二次世界大战爆发以前，印度尼西亚人口的年增长率为1.5%。随后，在第二次世界大战与印度尼西亚人民争取独立而进行斗争的年代，人口增长率下降了(1945—1946年间，甚至出现人口减少的情况)。后来，由于医疗服务情况改善，死亡率随之降低，人口的增长率在1950—1960年间为2.3%。1960年以后，印度尼西亚人口的年增长率和增长数量均远远超过战前。同时，由于其年增长率超过世界人口的年平均增长率，因此，早从 1960年起，印度尼西亚人口便由1940年时的世界第十位上升到第五位，仅次于中国、印度、前苏联和美国。

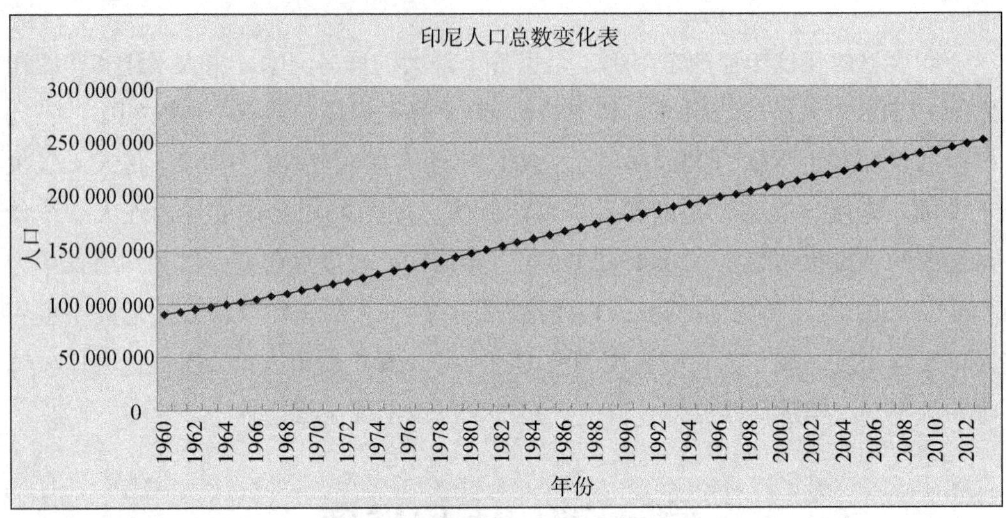

图2–1 印度尼西亚人口总数变化表

数据来源：根据世界银行数据整理所得。

表2–1 1960—1970年印度尼西亚人口增长表

年份	总人口（万人）	年均增长率
1960	8 869	/
1961	9 086	2.44%
1962	9 310	2.47%
1963	9 542	2.49%
1964	9 783	2.52%
1965	10 033	2.56%
1966	10 292	2.59%
1967	10 561	2.61%
1968	10 836	2.61%
1969	11 119	2.61%
1970	11 407	2.59%

数据来源：根据联合国和世界银行数据整理所得。

印度尼西亚在1960—1970年这10年的时间里，总人口年均增长率都在2.5%左右，远远超过了世界总人口的年均增长率1.74%。其中1967—1969连续三年期间达到了最高的2.61%的增长率。1960—1970年间(除1970年以外)，印度尼西亚人口在保持高速增长的同时，增长速度也在提高。也就是说，自1960年起，印度尼西亚这列“人口列车”开始了高速行驶。尤其是印度尼西亚人口基数大，加上高速的增长速速，使印度尼西亚经济和社会的发展受到了严重的阻碍。

表2–2　1970—1980年印度尼西亚人口增长表

年份	总人口(万人)	年均增长率(%)
1971	11 699	2.57%
1972	11 997	2.55%
1973	12 300	2.52%
1974	12 608	2.50%
1975	12 921	2.48%
1976	13 238	2.46%
1977	13 560	2.43%
1978	13 886	2.40%
1979	14 216	2.38%
1980	14 549	2.35%

数据来源：根据联合国和世界银行数据整理所得。

因此，1970年起，由全国协调委员会领导贯彻国家人口政策。该委员会由全国家庭计划研究所改组而成，直属印度尼西亚总统管辖，其主要任务是向居民广泛宣传家庭计划的目的与方法，提供必要的医疗帮助和药物。各地建立了专门诊所，其数量逐年增多，通过广播与电视进行宣传，沿街张贴标语，号召每个家庭只能有两个孩子。虽然在1957年成立家庭计划协会时印度尼西亚就已采取过降低出生率的初步组织措施。但是，直到1968年全国家庭计划研究所成立时才制订出降低出生率措施的计划，家庭计划才纳入官方的全国规划的轨道。如下图2–2所示，自1970年印度尼西亚国家针对人口问题采取一系列措施以来，印度尼西亚的人口增长速度呈现明显的下降趋势。尽管控制人口的措施初见成效，印度尼西亚人口增长率速度自1970年开始下滑，但是1970—1980年期间，印度尼西亚的人口依然保持2.3%以上的高速增长，同样远高于世界其他国家的平均水平。

1971年，印度尼西亚总人口约为1.17亿，而1980年，印度尼西亚人口已增至1.45亿。可见，从20世纪初到现在，印度尼西亚人口增长了三倍之多。1970年人口普查，印度尼西亚的人口为11 920万人。从那以后的十年里，人口增加了2 820万人，每年平均增加310万人；或者每年平均增长2.34%。

表2-3 1981—1990年印度尼西亚人口增长表

年份	总人口（万人）	年均增长率（%）
1980	14 549	2.35%
1981	14 887	2.32%
1982	15 228	2.29%
1983	15 569	2.24%
1984	15 910	2.18%
1985	16 246	2.11%
1986	16 577	2.04%
1987	16 904	1.97%
1988	17 226	1.91%
1989	17 546	1.85%
1990	17 863	1.81%

数据来源：根据联合国和世界银行数据整理所得。

1980年，印度尼西亚进行了第三次人口普查，主要是对印度尼西亚的总人口、人口结构、人口分布与迁移、家庭特征、教育与识字率、生育、死亡率、劳动力、住房特征等进行普查。普查结果显示，20世纪80年代，印度尼西亚人口14 740万人，其中男性7 320万人，女性7 410万人，且严重分布不均。印度尼西亚人口的绝对数量增长和分布不平衡，构成了阻碍其经济发展的最大障碍。在1980—1990期间，虽然在政府降低出生率运动的影响下，印度尼西亚人口增长率速度放缓，出现持续下滑趋势，但总体来说，其人口依然保持高速增长，从1980年初的1.45亿增至1990年的1.78亿，十年人口实现增长22.7%，平均增长速度2.27%，仍然远高于世界其他国家的平均人口增长速度水平。也就是说，1980—1990年间，印度尼西亚的人口增长有所放缓，但是仍维持在一个人口增长的高位。

表2-4　1991—2001年印度尼西亚人口增长表

年份	总人口（万人）	年均增长率（%）
1991	18 178	1.77%
1992	18 491	1.72%
1993	18 802	1.68%
1994	19 108	1.63%
1995	19 411	1.58%
1996	19 709	1.54%
1997	20 005	1.50%
1998	20 299	1.47%
1999	20 594	1.46%
2000	20 894	1.45%
2001	21 197	1.45%
2002	21 504	1.45%
2003	21 814	1.45%
2004	22 129	1.44%
2005	22 448	1.44%
2006	22 771	1.44%
2007	23 097	1.43%

数据来源：根据联合国和世界银行数据整理所得。

尽管印度尼西亚的人口增长率在1991—2007年继续保持稳定下降，到2005年的时候，已经从20世纪60年代的2.61%下降至1.44%，下跌1.17%，政府的控制人口政策显著降低了印度尼西亚的人口增长速度，但是印度尼西亚的人口增长率还是维持在一个高位，1996—2005年的世界人口年均增长率是1.25%，印度尼西亚的年均人口增长率还是高于世界的平均水平。1998—2007年十年期间，印度尼西亚人口增长速度减速变缓，基本维持在1.45%左右，也就是说，政府的控制人口政策影响趋于稳定。截止2007年，印度尼西亚人口达2.3亿，是东南亚地区人口最多的国家，也是世界上人口的第四大国。

表2-5 2008—2013年印度尼西亚人口增长表

年份	总人口(万人)	年均增长率(%)
2008	23 424	1.42%
2009	23 748	1.38%
2010	24 067	1.34%
2011	24 380	1.30%
2012	24 686	1.26%
2013	24 986	1.22%

数据来源:根据世界银行数据整理所得。

2008—2013近几年来,印度尼西亚人口增长率又出现了显著放缓的趋势,从2008年的1.42%下降到2013年的1.22%。总的来说,印度尼西亚人口经过八十年的发展,从1930年的6 073万人,增长到2013年的近2.5亿人,净人口增加了1.89亿人,增长率达311.21%,不仅人口绝对数量世界领先,人口增长速度也一直保持世界高位。

2010年印度尼西亚统计局对其未来25年的人口增长进行了预测。印度尼西亚预计到2015年的时候,总人口规模达到2.55亿人;2020年总人口规模为2.71亿人;2025年、2030年、2035年的总人口规模预计分别将达2.84亿人、2.96亿人和3.05亿人。印度尼西亚的人口基数大、增长快、分布不均,导致了地区经济发展的不平衡以及土地、就业等问题尖锐,人口的快速增长还在一定程度上抵消了国民收入的增长,因此,人口问题是阻碍印度尼西亚经济和社会发展的重要难题。

二、出生率动态分析

20世纪60年代以前,受到传统文化的影响,印度尼西亚的出生率一直在东南亚国家处于较高的水平。如下表2-7所示,1960—1970年间,印度尼西亚的出生率保持在4%以上的高位,而这一时期的世界人口出生率为3.24%,其中发达国家为1.89%,发展中国家为3.85%。印度尼西亚在这一时期的出生率不仅高过世界人口出生率,而且还高过发展中国家的人口平均出生率。主要原因是,印度尼西亚作为一个多民族的热带国家,崇尚早婚早育,同时又很大程度上受到伊斯兰教的影响,提倡多子多福,对绝育和人工流产极为反对,受到这些传统文化和大家庭制度的影响，印度尼西亚的出生率一直居高不下。1970年，印度尼西亚政府推行控制人口的政策，开始推行计划生育运动。1970—1975五年期间，印度尼西亚的出生率从4%降低到3.66%，下降了8.5%。计划生育运动初见成效，1973年，印度尼西亚的人口出生率虽然仍高于同一时期世界人口的出生率水平，但相对于发展中国家来说，印度尼西亚已经从高出生率的国家转入较低出生率的国家行列。

表2–6 1960—1975年印度尼西亚人口出生率

年份	出生率(%)
1960	4.46
1961	4.43
1962	4.40
1963	4.36
1964	4.32
1965	4.27
1966	4.23
1967	4.18
1968	4.12
1969	4.06
1970	4.00
1971	3.93
1972	3.86
1973	3.80
1974	3.73
1975	3.66

数据来源：根据世界银行数据整理所得。

1970年开展计划生育以来，虽然成绩的确显著，但是在初期，降低出生率的运动主要在爪哇和巴厘岛开展。在执行第二个“五年发展计划”(1974/75—1978/79年度)期间，又在十个省份实行家庭计划。所以，到了1978/79年度，已有550万对夫妇实行这一计划，即每100对夫妇中平均有25对积极实行节制生育。在印度尼西亚，关于出生率与死亡率的资料极其缺乏，因为只有爪哇(包括马都拉)与巴厘岛的居民进行出生登记。抽样调查的结果查明，1976年这两个岛屿的出生率约为3.4%～3.6%，而按第二个五年计划的估计数字，出生率应是4.3%～4.4%。可见，出生率下降了18%～21%。在第三个五年发展计划的前四年，特别是1982/1983年度，全国又有近400万人（3 885 476人）实行计划生育，约占规定指标3 621 595人的107.3%。这样，第三个"五年发展计划"头四年共有12 133 408人实行计划生育，占整个"五年计划"指标13 500 000人的89.88%。计划生育的发展对降低出生率产生了一定的影响。从1971年、1979年和1980年的人口统计结果可以看出，近十年人口出生率从4.37%，下降到3.4%（约降22.3%）。促使出生率大幅度下降的原因是：通过人口教育，推行小家庭计划生育纲领，平均结婚年龄增大；提高妇女在建设中的作用；由于加强卫生事业建设和大搞环境卫生运机降低了死亡率，特别是降低了婴儿的死亡率。在印度尼西亚国家人口出生率下降的这一阶段，同一时期世界人口出生率也有所下降，为2.9%，其中发达国家的人口出生率是1.65%，发展中国家的人口出生率是3.35%。印度尼西亚的计划生育运动成果显著，截止1985年，印度尼西亚的人口出生率已经远远低于发展中国家的平均水平，并且基本趋同与世界人口出生率的平均水平。

表2-7　1976—1985年印度尼西亚人口出生率

年份	出生率（%）
1976	3.59
1977	3.53
1978	3.47
1979	3.40
1980	3.34
1981	3.27
1982	3.20
1983	3.12
1984	3.04
1985	2.96

数据来源：根据世界银行数据整理所得。

1986—1995年间，印度尼西亚政府继续推行计划生育政策，促使其过的人口出生率保持稳定的下降趋势，到了1995年，印度尼西亚的人口出生率已经从1986年的2.88%下降到2.3%，低于同一时期世界人口的平均出生率2.31%。至此，印度尼西亚控制人口的政策成绩显著，从一个高于世界高出生率的国家成功向世界低出生率的国家转轨。

表2-8　1986—1995年印度尼西亚人口出生率

年份	出生率(%)
1986	2.88
1987	2.80
1988	2.72
1989	2.65
1990	2.59
1991	2.52
1992	2.46
1993	2.41
1994	2.35
1995	2.30

数据来源：根据联合国和世界银行数据整理所得。

1996—2007年间，印度尼西亚的人口出生率继续保持稳定下降。尤其是1997—1999年间，受到金融危机和经济衰退的影响，印度尼西亚的出生率在此时期大幅下降，从1996年的2.25%下降到1999年的2.16%，下降4%，低于了世界人口出生率的平均水平2.18%。随后的2000—2006年间，印度尼西亚的人口出生率一直保持在2.14%～2.15%的稳定状态，直到2007年全球性金融危机爆发之前。

表2-9　1996—2007年印度尼西亚人口出生率表

年份	出生率(%)
1996	2.25
1997	2.21
1998	2.18
1999	2.16
2000	2.15
2001	2.15
2002	2.15

续表

年份	出生率(%)
2003	2.15
2004	2.14
2005	2.14
2006	2.12
2007	2.10

数据来源：根据联合国和世界银行数据整理所得。

2008年以来，印度尼西亚的人口出生率持续稳步下降。如图2-11所示，印度尼西亚人口出生率在国家持续的控制人口政策下，人口出生率大约每年下降4%，截止2012年，印度尼西亚的人口出生率为1.92%，相对于1960年的4.46%，下降了58.26%。

表2-10 2008—2012年印度尼西亚人口出生率表

年份	出生率(%)
2008	2.08
2009	2.04
2010	2.01
2011	1.96
2012	1.92

数据来源：根据联合国和世界银行数据整理所得。

印度尼西亚的人口出生率随着印度尼西亚的社会经济的发展、人民生活水平的提高和节育避孕工具的使用逐年下降。早在1995年印度尼西亚就从以前高于世界人口出生率平均水平的国家下降到低于世界平均水平的行列，可见印度尼西亚的相关控制人口的政策成绩显著。

三、死亡率动态分析

死亡率是影响人口增长率的主要因素之一。殖民地时代的印度尼西亚，医疗卫生保健事业极不发达，少量医院集中在大城市为富人服务，穷人居住条件恶劣，缺吃少穿，无钱看病，因此人口死亡率很高。独立以后，印度尼西亚卫生保健事业得到缓慢但稳步的发展，使越来越多的人从中获益。

表2-11 1960—1970年印度尼西亚人口死亡率表

年份	死亡率(%)
1960	2.03
1961	1.96
1962	1.90
1963	1.83
1964	1.77
1965	1.71
1966	1.65
1967	1.59
1968	1.53
1969	1.48
1970	1.43

数据来源：根据世界银行数据整理所得。

1960—1970十年间印度尼西亚人口死亡率下降显著，从1960年的2.03%下降到1970年的1.43%，下降约29.56%。虽然印度尼西亚人口死亡率下降显著，但是因为其经济发展落后，对医疗投入有限，印度尼西亚的人口死亡率直至1970年仍然是1.43%，高于世界人口死亡率的平均水平1.33%，同时也高于发展中国家人口死亡率的平均水平1.4%。

表2-12 1970—1980年印度尼西亚人口死亡率表

年份	死亡率(%)
1971	1.37
1972	1.33
1973	1.28
1974	1.24
1975	1.19
1976	1.16

续表

年份	死亡率(%)
1977	1.12
1978	1.08
1979	1.05
1980	1.02

数据来源：根据世界银行数据整理所得。

1970—1980年间，受益于印度尼西亚政府健康保护制度，印度尼西亚国家人口死亡率继续维持持续稳定的减少，从1971年的1.37%下降到1980年的1.02%，下降约25.5%。直至1976年，印度尼西亚国家人口死亡率已经下降到1.16%，等同于发展中国家人口死亡率的平均水平。两年之后，印度尼西亚人口死亡率降至1.08%，趋同与世界人口死亡率的平均水平。

表2-13　1980—1990年印度尼西亚人口死亡率表

年份	死亡率(%)
1981	0.99
1982	0.96
1983	0.93
1984	0.91
1985	0.88
1986	0.86
1987	0.84
1988	0.82
1989	0.80
1990	0.78

数据来源：根据世界银行数据整理所得。

1980—1990年间，印度尼西亚人口死亡率随着东南亚经济的发展，人民生活水平的提高，继续保持下降的趋势，从1981年的0.99%下降到1990年的0.78%，降幅达21.21%。

表2-14　1960—1990年印度尼西亚医疗卫生条件表

名称＼数量＼年份	1960年	1970年	1980年	1985年	1986年	1987年	1988年
医生	976	3 578	12 931	20 176	21 493	23 084	—
牙科医生	162	452	2 500	—	—	—	—
药剂师	818	1 468	1 800	—	—	—	—
护士	16 137	—	20 201	52 131	56 806	64 087	—
助产师	2 105	3 752	16 472	—	—	—	—
每一个医生服务人数	46 780	—	11 408	8 122	7 746	7 342	—
医院	832	1 164	1 208	1 367	1 408	1 436	1 474
病床	75 819	82 327	98 543	110 426	111 300	112 328	114 846
每一张病床服务人数	—	—	1 488	1 484	1 496	1 515	1 513

数据来源：国家统计局国际统计信息中心编：《亚洲发展中国家和地区经济和社会统计资料汇编，1992年》，北京：中国统计出版社，1992年，第327页。

总的来说，从1960—1990的三十年时间里，印度尼西亚国家的人口死亡率有着显著的下降，主要原因是：（1）印度尼西亚的医疗卫生条件趋于完善；（2）印度尼西亚的卫生保健事业得到长远发展。表2-15显示了印度尼西亚1960—1990三十年间医疗卫生条件的改善情况。总体来说，独立以来，印度尼西亚的医疗卫生条件趋于改善。医院和医生、护士人数都有很大增加，1960年只有776个医生，每一个医生要服务46 780个印度尼西亚人，到1987年医生人数增加到23 084人，每一个医生服务的人数减少到7 372人。护士的人数从1961年的16 137人增加到1987年的64 087人，医院从1960年的832所增加到1988年的1 474所。总的来说，在短短30年的时间里，印度尼西亚的医疗卫生条件逐渐改进，但限于国力，医疗事业从业人员增长幅度很不平衡。医生的人数增长得较快，从1960—1987年增长了23倍，但护士数量只增长了4倍，医院只增长了1倍多。这构成了印度尼西亚人口死亡率下降的重要原因之一。原因之二就是印度尼西亚国家卫生事业的发展。为保护妇女和儿童健康，印度尼西亚政府在每一个村庄设立隶属家庭事务部的健康综合站。到1990年，印度尼西亚农村有22万个村级健康综合站，由保健医生、护士和志愿保健工作者组成。综合站的上级机构——健康中心每月定期派出保健医生和护士，负责五岁以下儿童的免疫、孕妇体检、避孕咨询工作此外，还负责指导志愿保健工作者的活动。

表2-15 1990—2012年印度尼西亚人口死亡率表

年份	死亡率（%）
1990	0.78
1991	0.77
1992	0.75
1993	0.74
1994	0.73
1995	0.72
1996	0.71
1997	0.70
1998	0.69
1999	0.68
2000	0.68
2001	0.67
2002	0.67
2003	0.66
2004	0.66
2005	0.66
2006	0.65
2007	0.65
2008	0.64
2009	0.64
2010	0.63
2011	0.63
2012	0.63

数据来源：根据世界银行数据整理所得。

1990年开始的近二十几年时间里，印度尼西亚国家的人口死亡率依然保持持续的下降趋势，但是相对于前三十年来说，下降速度明显放缓，尤其是2000—

2012年间，平均2～3年下降0.01%。但是印度尼西亚的人口死亡率一直明显低于世界的平均水平，稳步步入低死亡率国家之列。

虽然印度尼西亚的婴儿死亡率自印度尼西亚独立以来已经逐年下降并且现在已然是低于世界平均死亡率水平的国家之一。但是，1990的印度尼西亚由于落后的生育方式，医疗条件的相对低下，仍然面临着较高的儿童死亡率的困扰。据统计，印度尼西亚妇女中只有3%的人生育是由医生接生的，34% 的人由中年妇女接生，而60% 的人则完全在传统落后的条件下生育，这大大影响了婴儿的存活率。同时由于医疗条件的相对落后，印度尼西亚5岁以下儿童在出生以后两周内患腹泻的比例为12%，咳嗽伴随心跳加快的比例为10%，这导致5岁以下儿童较高的死亡率。1967年这一数据为21.8%，到1994年虽然降幅较大，仍达到0.71%。儿童死亡率也使得印度尼西亚家庭从保险角度出发产生了多生育子女的愿望。据印度尼西亚政府统计，1992年5岁以下儿童死亡率为1.1%，导致儿童夭折的原因多种多样，包括呼吸系统疾病、腹泻、营养不良、不安全饮用水、不及时治病等等。印度尼西亚政府曾制定一个“五年发展计划”，以保护高危人群的健康，所谓高危人群是指5岁以下儿童、孕期和哺乳期的妇女。该计划的目标是改善印度尼西亚人的营养状况，减少死亡率、扶持私人医院和改善饮用水。8表2-17列举了一些印度尼西亚1995—2012年的健康指标。从中可以看出，5岁以下儿童接受各类主要疫苗的比率逐年上升，截止2012年，90%以上的儿童都接受了卡介苗、百日破和小儿麻痹疫苗，大大降低了印度尼西亚人口的死亡率。与此同时，1995年以后，印度尼西亚妇女依靠医疗援助接生的比率也大大提升，从1995年的46.13%已经提高到2012年的83.36，大大提高了婴儿的存活率。

尽管印度尼西亚的死亡率在近几十年得到大幅降低，其卫生保键事业也有长足进步，但与其他东南亚国家相比，印度尼西亚的进步非常缓慢，主要源于印度尼西亚政府在健康卫生方面的投资所占GDP比重约为3%，远远低于其他发展中国家的平均水平(1%)。近几年来，尽管经济发展水平和医疗条件都大幅提高和改善，印度尼西亚的死亡率仍维持在0.63%水平，没有下降，这主要归因于越来越活跃的早婚现象，尤其是农村地区20岁以下的青少年性行为活跃。因为早婚的母亲往往生孩子时生殖器官还没有发育完全，因此早婚增加了母亲生育死亡的风险。

表2–16　1995—2012年印度尼西亚健康指标列表

健康指标	1995	1996	1997	1998	1999	2000	2001	2003	2004	2005	2006	2007	2008	2009	2010	2011	2012
有医疗援助的接生率	46.13	50.01	53.87	51.81	60.17	63.5	64.2	67.9	71.52	70.46	72.41	72.53	74.86	77.34	79.82	81.25	83.36
5岁以下使用卡介苗疫苗比率	72.33	75.27	79.99	85.44	85.67	n.a	n.a	n.a	88.35	87.34	89.30	89.40	90.00	91.89	92.73	94.85	92.89
5岁以下使用百日破疫苗比率	72.42	77.48	81.00	83.00	83.18	n.a	n.a	n.a	86.51	84.63	87.11	86.44	86.09	89.05	89.79	89.07	90.02
5岁以下使用小儿麻痹疫苗比率	70.25	84.48	87.53	89.69	85.94	n.a	n.a	n.a	88.08	89.16	92.22	89.67	87.25	89.88	90.56	89.34	90.26
5岁以下使用麻疹疫苗比率	53.92	51.88	62.89	71.52	65.05	n.a	n.a	n.a	77.17	72.53	78.23	75.9	75.47	77.23	77.67	76.88	77.95
自我诊疗的人口比率	n.a	n.a	—	62.17	61.74	62.83	58.78	64.35	72.44	69.88	71.44	65.01	65.59	68.41	68.71	66.82	67.71
传统医药治疗的人口比率	27.57	n.a	—	15.23	15.04	16.24	30.24	30.67	32.87	35.52	38.3	28.12	22.26	24.24	27.58	23.63	24.33
门诊治疗的人口比率	19.8	20.16	15.32	41.9	43.6	36.76	38.22	38.62	38.21	34.43	34.13	44.14	44.37	44.74	43.99	45.8	45.14
住院治疗的人口比率	0.25	0.24	0.26	n.a	n.a	1.83	0.93	n.a	—	—	—	n.a	n.a	2.35	2.51	2.1	1.89

备注：1. 2001年不包括亚齐省和马鲁古群岛群岛。

2. 2005年不包括亚齐省。

3. “n.a.” 表示本年度数据未收集；“—” 表示本年度数据收集但是未公开。

表2-17　1995—2012年印度尼西亚健康卫生开支占GDP百分比

年份	健康卫生开支占GDP(%)
1995	1.95
1996	2.00
1997	1.93
1998	2.08
1999	2.28
2000	1.96
2001	2.23
2002	2.24
2003	2.53
2004	2.37
2005	2.79
2006	2.91
2007	3.10
2008	2.81
2009	2.83
2010	2.92
2011	2.86
2012	3.03

数据来源：根据世界银行数据整理所得。

印度尼西亚的人口死亡率从高于世界人口死亡率到今天远远低于世界人口死亡率，表明印度尼西亚社会经济得到了显著的进步和发展，人民在印度尼西亚国家向前发展的过程中得到了实惠，也获得了国家发展所带来的红利。医疗卫生的发展、食物的增加和营养的改善是影响印度尼西亚人口死亡率下降的重要因素。然而，相对于其他东南亚国家，印度尼西亚的健康卫生事业虽然得到长足的发展，但是其发展速度还是相对缓慢。

第二节　人口结构

一、年龄结构

印度尼西亚到目前为止仍然是一个低收入的国家，经济发展水平很低，印度尼西亚的人口年龄总体来说是偏年轻的，尤其是0～14岁的人口占了很大比例。年轻人占比重大的主要原因是印度尼西亚饱受战乱之苦、人民苦不堪言、医疗卫生条件极差等，使第二次世界大战后的印度尼西亚人口年龄很年轻。

表2-18　1960—1990年印度尼西亚人口年龄变化表

年份	0～14岁（%）	15～64岁（%）	65岁以上（%）
1960	39.83	56.57	3.60
1961	40.29	56.16	3.55
1962	40.78	55.73	3.49
1963	41.27	55.29	3.44
1964	41.73	54.87	3.40
1965	42.14	54.50	3.36
1966	42.49	54.17	3.34
1967	42.78	53.90	3.32
1968	43.00	53.68	3.32
1969	43.14	53.54	3.32
1970	43.21	53.46	3.33
1971	43.19	53.46	3.35
1972	43.10	53.53	3.37
1973	42.95	53.65	3.40
1974	42.76	53.81	3.43
1975	42.54	54.00	3.46
1976	42.29	54.21	3.49
1977	42.02	54.45	3.53
1978	41.73	54.72	3.56

续表

年份	0～14岁（%）	15～64岁（%）	65岁以上（%）
1979	41.41	55.01	3.58
1980	41.07	55.33	3.60
1981	40.70	55.68	3.61
1982	40.32	56.06	3.62
1983	39.92	56.46	3.63
1984	39.49	56.88	3.63
1985	39.03	57.33	3.65
1986	38.54	57.79	3.66
1987	38.03	58.28	3.69
1988	37.50	58.79	3.72
1989	36.96	59.29	3.75
1990	36.42	59.78	3.80

数据来源：根据联合国数据整理所得。

表2-18显示了1960—1990年30年间印度尼西亚的人口年龄分布变化趋势。1960—1970年间，印度尼西亚0～14岁的人口比率不断增加，从1960年的39.83%上升到1970年的43.21%，所占比重增加8.5%。这表明在1960—1970年间，印度尼西亚新生人口多，潜在的人口红利比较大。同一时期印度尼西亚15～64岁人口的比重有所下降，从1960年的56.57%下降到1970年的53.46%，下降了5.5%。表明在1960—1970年间，印度尼西亚的劳动人口有所减少。同15～64年龄阶段人口相似，印度尼西亚人口年龄在65岁以上占总人口的比重在1960—1970年间也有所下降，从1960年的3.6%下降到1970年的3.33%，下降约8.1%。这表明直至1970年，印度尼西亚丝毫没有老龄化趋势的担忧。总体来说，1960—1970年间，印度尼西亚65岁以上人口只占总人口数的3.3%～3.6%，说明印度尼西亚还没有步入老龄化社会；与此同时，0～14岁的人口在此期间增长幅度大，且基本占据了印度尼西亚总人口的40%～43%，说明印度尼西亚新生人口和青少年多，潜在的人口红利较大。

1971—1980年间，印度尼西亚0—14岁的人口比率开始下降，从1971年的43.19%下降到1980年的41.07%，所占比重下降约5%。这表明在1971—1980年间，印度尼西亚新生人口数有所减少，主要是由于1970年印度尼西亚政府开始推行计划生育政策，有效地控制了新生人口数量。同一时期印度尼西亚15～64岁人口的比重开始上升，从1971年的53.46%上升到1980年的55.33%，上升约3.5%。表明在1971—1980年间，印度尼西亚的劳动人口所占比重开始缓慢上升，这主要是得益于1960—1970年间的人口红利。与此同时，印度尼西亚人口年龄在65岁以上占总人口的比重在1971—1980年间开始缓慢上升，从1971年的3.35%上升到1980年的3.6%，基本恢复到1960年的水平，上升约7.46%。这表明1971—1980年间，随着印度尼西亚政府开始大力推行计划生育政策，新生儿所占人口比重下降的同时，其老龄人口比重在稳步上升。总体来说，1971—1980年间，印度尼西亚65岁以上人口虽然持续上升，但是老龄人群总体只占总人口数的3.3%～3.6%，说明印度尼西亚还没有步入老龄化社会；与此同时，0～14岁的人口在此期间开始减少，说明印度尼西亚政府推行的计划生育政策成绩显著。

1981—1990年间，印度尼西亚0～14岁的人口比率持续下降，从1981年的40.7%下降到1990年的36.42%，所占比重下降约10.5%，下降幅度是1971—1980年间的两倍以上。这表明在1981—1990年间，印度尼西亚政府推行的计划生育政策效果越来越明显，其新生人口数量显著减少。主要原因是1981—1990年间，政府推行计划生育的范围越来越大，尤其是在第三个“五年发展计划”的前四年，特别是1982/1983年度，全国又有近400万人（3 885 476人）实行计划生育，这显著影响了0～14岁人口占总人口的比重。同一时期印度尼西亚15～64岁人口的比重持续上升，从1981年的55.68%上升到1990年的59.78%，上升约7.36%，上升幅度也是1970—1980年间的两倍。这表明在1981—1990年间，印度尼西亚的劳动人口所占比重继续保持上升。与此同时，印度尼西亚人口年龄在65岁以上占总人口的比重在1981—1990年间也持续上升，从1981年的3.61%上升到1990年的3.8%，上升约5.26%，比前一时期（1971—1980年）上升的幅度有所降低。这表明1981—1990年间，随着印度尼西亚政府开始在全国范围内大力推行计划生育政策，新生儿所占人口比重下降的同时，其老龄人口比重在稳步上升。总体来说，1981—1990年间，印度尼西亚65岁以上人口虽然持续上升，但是老龄人群总体只占总人口数的3.6%～3.8%，说明印度尼西亚还没有步入老龄化社会，且近十年（1981—1990年）老龄化的速度也在减缓；与此同时，0～14岁的人口在此期间加速减少，说明印度尼西亚政府推行的计划生育政策效果越来越显著。

表2–19　1991—2013年印度尼西亚人口年龄变化表

年份	0～14岁（%）	15～64岁（%）	65岁以上（%）
1991	35.88	60.26	3.86
1992	35.35	60.72	3.92
1993	34.82	61.19	4.00
1994	34.25	61.67	4.08
1995	33.65	62.18	4.17
1996	33.00	62.73	4.27
1997	32.32	63.30	4.38
1998	31.67	63.85	4.49
1999	31.10	64.32	4.58
2000	30.66	64.68	4.66
2001	30.36	64.92	4.73
2002	30.17	65.06	4.78
2003	30.07	65.12	4.81
2004	30.02	65.13	4.84
2005	30.00	65.13	4.87
2006	30.00	65.10	4.89
2007	30.02	65.06	4.91
2008	30.02	65.04	4.94
2009	29.97	65.06	4.97
2010	29.83	65.16	5.01
2011	29.59	65.34	5.06
2012	29.27	65.60	5.13
2013	28.89	65.89	5.22

数据来源：根据联合国数据整理所得。

表2–19显示了近二十几年（1991—2013年）印度尼西亚的人口年龄分布变化趋势。1991—2000年间，印度尼西亚0～14岁的人口比率大幅减少，从1991年的35.88%下降到2000年的30.66%，所占比重减少了14.55%，下降幅度约是1971—

1980年刚开始推行计划生育期间的三倍。这表明在1991—2000年间，印度尼西亚政府推行的计划生育政策效果越来越凸显。而同一时期印度尼西亚15～64岁人口的比重持续稳步上升，从1991年的60.26%上升到2000年的64.68%，上升约6.83%，上升速度较前十年（1981—1990）有所减缓。这表明在1991—2000年间，印度尼西亚的劳动人口虽然继续保持上升，但是受1970年开始推行的计划生育政策影响，上升幅度开始减慢。与此同时，印度尼西亚人口年龄在65岁以上占总人口的比重在1991—2000年间继续保持上升，且上升幅度进一步加大，从1991年的3.86%上升到2000年的4.66%，上升约20.7%。这表明1991—2000年间，受印度尼西亚政府计划生育政策的影响，其老龄化趋势越来越明显。但是总体来说，1991—2000年间，印度尼西亚65岁以上人口只占总人口数的3.8%～4.7%，说明印度尼西亚虽然老龄化人口比重不断增大，但还没有步入老龄化社会；与此同时，0～14岁的人口占总人口的比重持续下降，且下降速度较前20年速度更快，说明印度尼西亚政府推行的计划生育政策在1991—2000年效果越来越显著。

2001—2013年间，印度尼西亚0～14岁的人口比率持续下降，从2001年的30.36%下降到2013年的28.89%，所占比重下降约4.84%，下降幅度约是1991—2000年的1/3。这表明在2001—2013年间，印度尼西亚新生人口数比重虽然持续减少但其减少速度明显放缓，基本下降到1970—1980刚实行计划生育的水平。同一时期印度尼西亚15～64岁人口的比重继续保持上升，从2001年的64.92%上升到2013年的65.89%，上升约1.49%。表明在2 001～2013年间，印度尼西亚的劳动人口所占比重虽然持续上升，但是上升的速度已经明显放缓。与此同时，印度尼西亚人口年龄在65岁以上占总人口的比重在1971—1980年间开始缓慢上升，从2001年的4.73%上升到2013年的5.22%，上升约10.36%。这表明2001—2013年间，在印度尼西亚政府大力推行计划生育政策三十年以后，新生儿所占人口比重下降开始放缓，而其老龄人口比重开始出现大幅上升。总体来说，2001—2013年间，印度尼西亚政府推行计划生育政策已经有三十年，其人口年龄构成开始发生结构性变化，0～14岁人口比重继续保持持续下降，但下降的速度已明显放缓，大致保持在总人口数的29%～30%；与此同时，印度尼西亚65岁以上人口持续稳定上升，且上升速度越来越快，截止2013年，65岁以上人口占总人口的5.22%，说明虽然印度尼西亚还没有步入老龄化社会，但是有老龄化趋势。

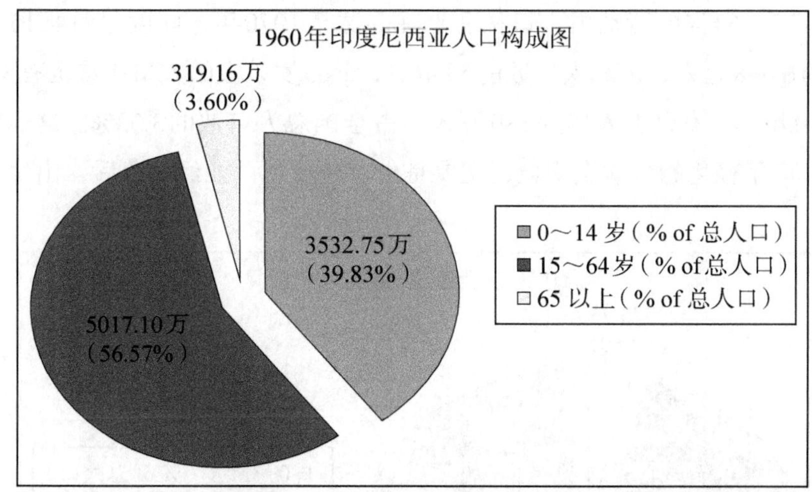

图2-2　1960年印度尼西亚人口构成

数据来源：根据联合国数据整理所得。

如图2-2所示，1960年，印度尼西亚在战乱过后的人口结构偏年轻，大约40%的人口都是0～14岁，潜在的人口红利很大。而65岁以上的高龄人群大约是319万，只占总人口数的3.6%，印度尼西亚在此时期完全没有老龄化社会的担忧。

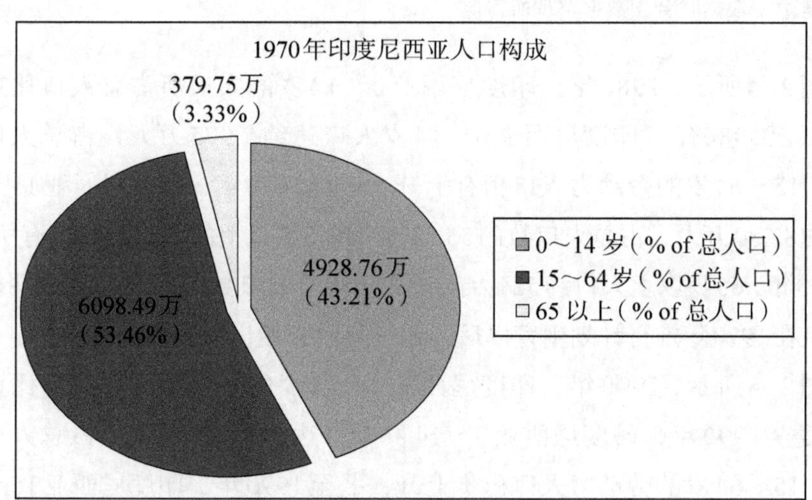

图2-3　1970年印度尼西亚人口构成

数据来源：根据联合国数据整理所得。

如图2-3所示，1970年，印度尼西亚0～14岁的人口所占总人口比重显著上涨，截至1970年，印度尼西亚0～14岁人口达约4 929万人，占总人口数的

43.21%；15～64岁的劳动力人口稍有下降，截至1970年，印度尼西亚15～64岁人口达约6 098万人，占总人口数的53.46%；而65岁以上的人口比重也有所下降，截至1970年，65岁以上人口约380万人，占全国总人口数的3.33%。这表明印度尼西亚人口年轻化趋势愈发明显，主要是由于印度尼西亚经济落后，出生率高。

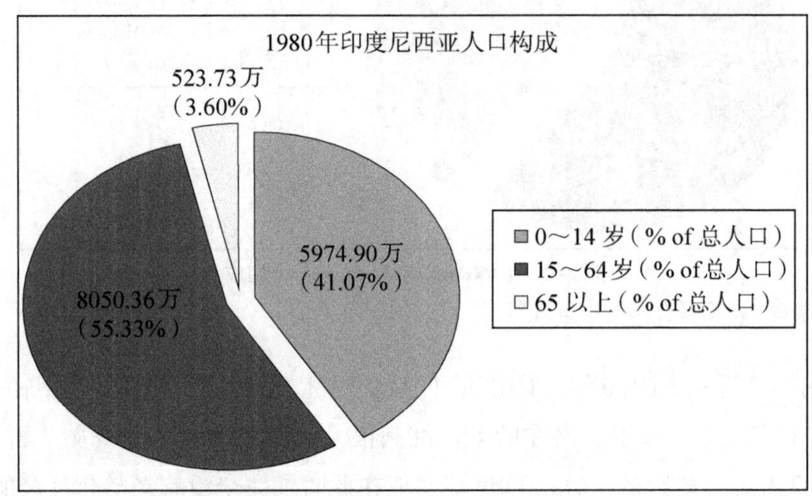

图2-4 1980年印度尼西亚人口构成

数据来源：根据联合国数据整理所得。

如图2-4所示，1980年，印度尼西亚0～14岁的人口所占总人口比重开始下降，截至1980年，印度尼西亚0～14岁人口达约5 975万人，占总人口数的41.07%；15～64岁的劳动力人口稍有上升，截至1970年，印度尼西亚15～64岁人口达约8 050万人，占总人口数的55.33%；而65岁以上的人口比重稍有所上升，截至1970年，65岁以上人口约524万人，占全国总人口数的3.6%。这表明印度尼西亚人口在1970年推行计划生育以后，人口年龄开始出现变化的苗头。

如图2-5所示，1990年，印度尼西亚0～14岁的人口所占总人口比重稳定下降，截至1990年，印度尼西亚0～14岁人口达约6 505万人，占总人口数的36.42%；15～64岁的劳动力人口稳步上升，截至1990年，印度尼西亚15～64岁人口达约10 679万人，占总人口数的59.78%；而65岁以上的人口比重也稍有所上升，截至1990年，65岁以上人口约679万人，占全国总人口数的3.8%。这表明印度尼西亚政府推行计划生育政策以后，人口结构开始出现变化，15～64岁的劳动力人口比重稳步上升，而0～14岁的新生儿数量显著下降。

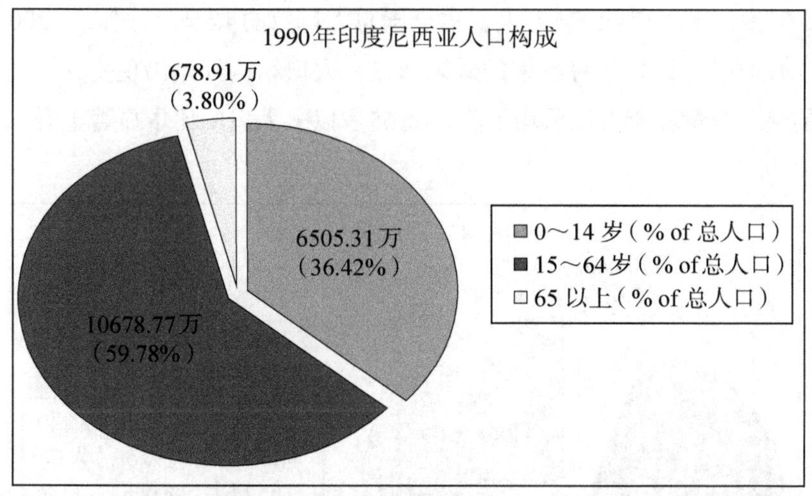

图2-5 1990年印度尼西亚人口构成

数据来源：根据联合国数据整理所得。

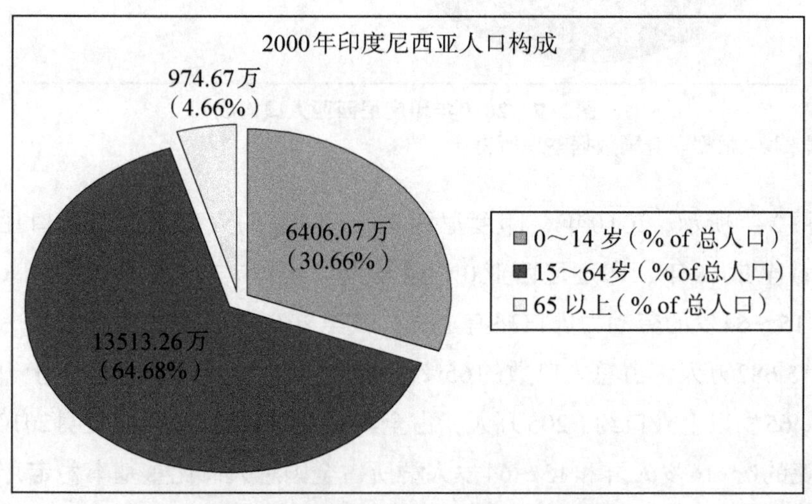

图2-6 2000年印度尼西亚人口构成

数据来源：根据联合国数据整理所得。

如图2-6所示，2000年，印度尼西亚0～14岁的人口所占总人口比重持续下降，截至2000年，印度尼西亚0～14岁人口达约6 406万人，占总人口数的30.66%，不但实现了0～14岁人口所占比例的持续下降，更是在近四十年第一次出现了0～14岁人口数的绝对值下降，充分体现了印度尼西亚政府控制人口数量的卓越效果；15～64岁的劳动力人口稳步上升，截至2000年，印度尼西亚15～64岁人口达约13 513万人，占总人口数的64.68%；而65岁以上的人口比重也有所上升，截至

2000年，65岁以上人口约975万人，占全国总人口数的4.66%。这表明2000年，印度尼西亚政府推行计划生育政策的效果凸显，人口结构开始出现变化，0～14岁的新生儿的绝对数量和所占比重均下降，而65岁以上人口的比重显著上升。

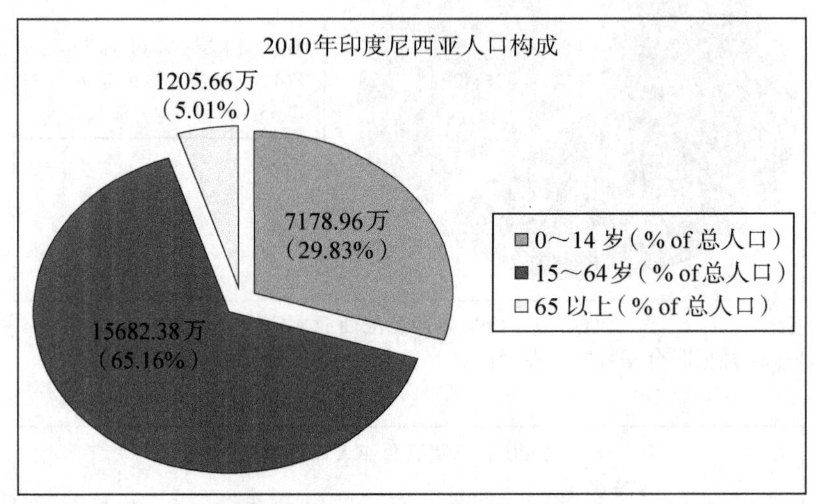

图2–7　2010年印度尼西亚人口构成

数据来源：根据联合国数据整理所得。

如图2–7所示，2010年，印度尼西亚0～14岁的人口所占总人口比重持续下降，截至2010年，印度尼西亚0～14岁人口达约7 179万人，占总人口数的29.8%；15～64岁的劳动力人口略有上升，截至2010年，印度尼西亚15～64岁人口达约15 682万人，占总人口数的65%；而65岁以上的人口比重显著上升，截至2010年，65岁以上人口约1 205万人，占全国总人口数的5%。这表明2010年，印度尼西亚的0～14岁人群和15～64岁人群所占全国总人口比重基本稳定，而65岁以上人口所占比重开始显著升高，虽然截至2010年，印度尼西亚并未进入老龄化社会，但是已经出现了老龄化趋势。

1990年，印度尼西亚进行了全国范围的人口普查，普查结果如表2-27所示，印度尼西亚1990年各年龄段人口的情况：0～4岁，2 099万人；5～9岁，2 322万人；10～14岁，2 148万人；15～19岁，1 893万人；20～24岁，1 613万人；25～29岁，1 562万人；30～34岁，1 325万人；35～39岁，1 118万人；40～44岁，808万人；45～49岁，757万人；50～54岁，669万人；55～59岁，483万人；60～64岁，453万人；65～69岁，275万人；70～74岁，203万人；75岁以上，197万人。

1990年，印度尼西亚年龄在0～4岁，5～9岁、10～14、15～19岁这四个个阶段的人口比重大，占到人口比例的47%，说明印度尼西亚的新生人口非常多，潜在的人口红利也很大。而1990年，印度尼西亚50～64岁以上的人口中，年龄在50～54岁、55～59岁、60～64岁这三个阶段的人口比重并不大，分别占到人口的3.7%、2.7%、2.5%，说明1990年，印度尼西亚没有老龄化趋势和老龄化威胁。

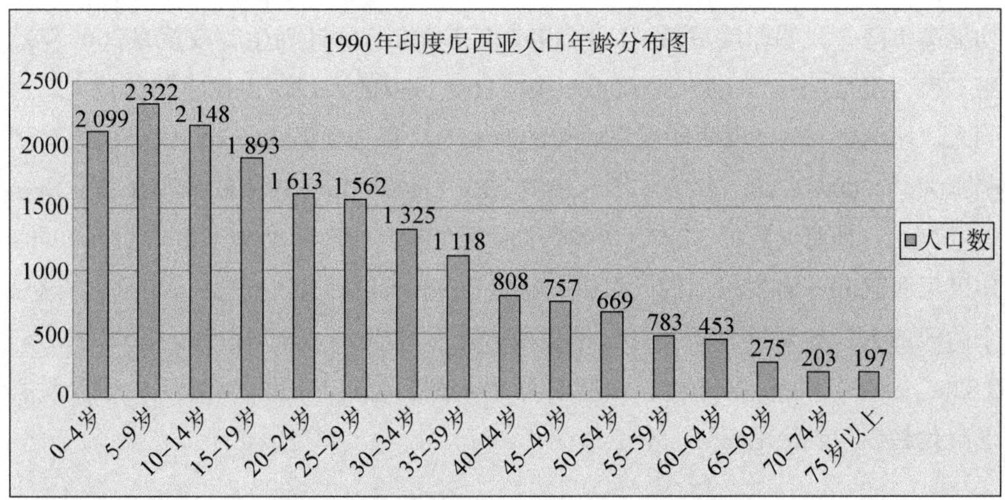

图2–8　1990年印度尼西亚人口年龄分布图

数据来源：根据联合国数据整理所得。

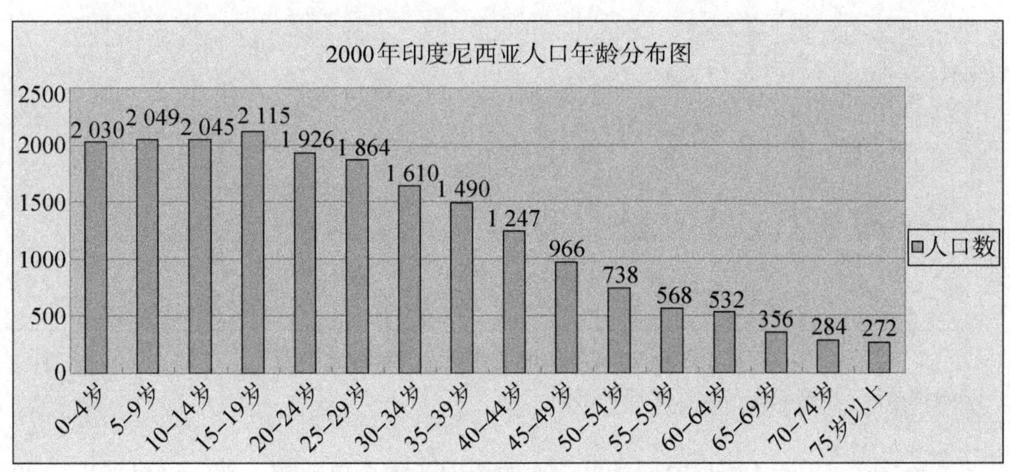

图2–9　2000年印度尼西亚人口年龄分布图

数据来源：根据联合国数据整理所得。

2000年，印度尼西亚又一次进行了全国范围的人口普查，普查结果如表2–28所示，印度尼西亚2000年各年龄段人口的情况：0～4岁，2 030万人；5～9岁，2 049万人；10～14岁，2 045万人；15～19岁，2 115万人；20～24岁，1 926万人；25～29岁，1 864万人；30～34岁，1 640万人；35～39岁，1 490万人；40～44岁，1 247万人；45～49岁，966万人；50～54岁，738万人；55～59岁，568万人；60～64岁，532万人；65～69岁，356万人；70～74岁，284万人；75岁以上，272万人。

2000年，印度尼西亚年龄在0～4岁，5～9岁、10～14岁这三个阶段的人口数均显著下降，说明印度尼西亚政府1970年开始推行的计划生育政策在2000年效果显著。但是0～4岁，5～9岁、10～14、15～19岁的人口所占比重仍然较大，占到人口比例的41%，说明印度尼西亚的新生人口和儿童仍然较多，潜在的人口红利也大。2000年，20～24岁、25～29岁、30～34岁、35～39岁的人口所占比重显著升高，占到总人数的34.4%，说明印度尼西亚青壮年劳动力丰富。而2000年，印度尼西亚50～64岁以上的人口中，年龄在50～54岁、55～59岁、60～64岁这三个阶段的人口比重虽有所上升，但是所占比重并不大，分别占到人口的3.67%、2.82%、2.64%，说明2000年，印度尼西亚虽然老龄人口比重有所上升，但是没有老龄化趋势和老龄化威胁。

图2–10 2005年印度尼西亚人口年龄分布图

数据来源：根据联合国数据整理所得。

2005年，印度尼西亚进行了再一次的全国范围人口普查，普查结果如表2–29所示，印度尼西亚2005年各年龄段人口的情况：0～4岁，1 910万人；5～9岁，

2 156万人；10～14岁，2 131万人；15～19岁，1 980万人；20～24岁，1 945万人；25～29岁，1 868万人；30～34岁，1 742万人；35～39岁，1 645万人；40～44岁，1 449万人；45～49岁，1 238万人；50～54岁，994万人；55～59岁，726万人；60～64岁，561万人；65～69岁，411万人；70～74岁，299万人；75～79岁，157万人；80～84岁，80万人；85～89岁，29万人；90～94岁，10万人；95岁以上，6万人。

2005年，印度尼西亚年龄在0～4岁，5～9岁、10～14、15～19岁这四个阶段的人口比重均有所下降，说明印度尼西亚政府1970年开始推行的计划生育政策在2005年效果依然显著。但是0～4岁，5～9岁、10～14、15～19岁的人口所占比重仍然较大，占到人口比例的38.3%，说明印度尼西亚的新生人口和儿童依然较多，潜在的人口红利也大。2005年，20～24岁、25～29岁、30～34岁、35～39岁的人口所占比重基本持平，占到总人数的33.7%，说明印度尼西亚青壮年劳动力依然丰富。而2005年40～44岁、45～49岁所占比重分别是5.8%和6.8%，较往年相比，均有提升，说明印度尼西亚的成年劳动力丰富。而2005年，印度尼西亚50～64岁的人口中，年龄在50～54岁、55～59岁、60～64岁这三个阶段的人口比重继续保持上升，但是所占比重并不大，分别占到人口的4.7%、3.4%、2.6%，说明2005年印度尼西亚虽然老龄人口比重有所上升，但是依然没有老龄化趋势和老龄化威胁。

二、性别结构

印度尼西亚的性别结构比较合适，男女的性别比例比较协调。虽然男女的数量会随着人口的增多而增多，但是性别比例基本接近1∶1，是较为合理的。印度尼西亚的男女性别结构总的来说一直都趋于平衡，从1960年的1∶1.01男女比例到2013年的1∶0.999的男女比例，相差几乎都不大。只是印度尼西亚在1986年以前，女性人口稍多于男性，而1986年以后（除了1997—1998年两年），男性人口略多于女性。总的来说，1960—2013的几十年间里，印度尼西亚的男女比率一直在1∶1附近徘徊，其人口男女性别比例处于一个极为平衡的状态。

表2–20　印度尼西亚1960—1990年男女性别表

年份	女性人口（万人）	男性人口（万人）	男女比例
1960	4 460.969	4 408.031	1∶1.0 120
1961	4 568.665	4 517.335	1∶1.0 114

续表

年份	女性人口（万人）	男性人口（万人）	男女比例
1962	4 679.731	4 630.269	1∶1.0 107
1963	4 794.721	4 747.279	1∶1.0 100
1964	4 914.202	4 868.798	1∶1.0 093
1965	5 038.224	4 994.776	1∶1.0 087
1966	5 166.808	5 125.192	1∶1.0 081
1967	5 300.443	5 260.557	1∶1.0 076
1968	5 437.102	5 398.898	1∶1.0 071
1969	5 577.752	5 541.248	1∶1.0 066
1970	5 720.863	5 686.137	1∶1.0 061
1971	5 865.929	5 833.071	1∶1.0 056
1972	6 013.966	5 983.034	1∶1.0 052
1973	6 164.47	6 135.530	1∶1.0 047
1974	6 317.446	6 290.554	1∶1.0 043
1975	6 472.895	6 448.105	1∶1.0 038
1976	6 630.32	6 607.680	1∶1.0 034
1977	6 790.223	6 769.777	1∶1.0 030
1978	6 952.104	6 933.896	1∶1.0 026
1979	7 115.96	7 100.040	1∶1.0 022
1980	7 281.294	7 267.706	1∶1.0 019
1981	7 449.113	7 437.887	1∶1.0 015
1982	7 618.428	7 609.572	1∶1.0 012
1983	7 787.75	7 781.250	1∶1.0 008
1984	7 957.096	7 952.904	1∶1.0 005
1985	8 123.979	8 122.021	1∶1.0 002
1986	8 288.405	8 288.595	1∶1.0 000
1987	8 450.886	8 453.114	1∶0.9 997
1988	8 610.96	8 615.040	1∶0.9 995
1989	8 770.176	8 775.824	1∶0.9 994
1990	8 928.068	8 934.932	1∶0.9 992

数据来源：根据世界银行数据整理所得。

表2-20显示了印度尼西亚1960—1990年间人口男女比率的变化。1960—1986年间，印度尼西亚的女性人口略微多于其男性人口，1960年印度尼西亚女性人口为4 461万人，同比当年的男性人口（4 408万人）多53万人，男女比例1∶1.01。随后的25年时间里，虽然男性人口和女性人口总数均有所增加，但是男性人口增加的速度大于女性人口的增加速度。1960—1986年间，女性人口从1960年的4 461万人增加到1986年的8 288.4万人，增加85.8%；与此同时，同期的印度尼西亚男性人口从1960年的4 408万人增加到1986年的8 288.6万人，增加了88%。因此，1960—1986年间，印度尼西亚男女比例逐年下降，截止1986年，印度尼西亚的男女比例几乎是1∶1，达到平衡。1987—1990年间，印度尼西亚男性人口比率继续保持相对高速增长，致使1987—1990年间，印度尼西亚男女人口比例发生逆转，男性人口略多于女性人口，男女比例为1∶0.999，也是一个相当稳定和平衡的状态。

表2-21 印度尼西亚1991—2013年男女性别表

年份	女性人口（万人）	男性人口（万人）	男女比例
1991	9 085.023	9 092.977	1∶0.9 991
1992	9 241.005	9 249.995	1∶0.9 990
1993	9 396.198	9 405.802	1∶0.9 990
1994	9 549.356	9 558.644	1∶0.9 990
1995	9 701.581	9 709.419	1∶0.9 992
1996	9 852.108	9 856.892	1∶0.9 995
1997	10 002.17	10 002.826	1∶0.9 999
1998	10 150.79	10 148.205	1∶1.0 003
1999	10 298.14	10 295.856	1∶1.0 002
2000	10 445.33	10 448.666	1∶0.9 997
2001	10 591	10 605.996	1∶0.9 986
2002	10 736.12	10 767.883	1∶0.9 970
2003	10 881.14	10 932.862	1∶0.9 953
2004	11 028.46	11 100.539	1∶0.9 935
2005	11 178.66	11 269.344	1∶0.9 920
2006	11 331.98	11 439.020	1∶0.9 906

续表

年份	女性人口(万人)	男性人口(万人)	男女比例
2007	11 487.79	11 609.206	1∶0.9 895
2008	11 645.27	11 778.726	1∶0.9 887
2009	11 802.52	11 945.479	1∶0.9 880
2010	11 958.58	12 108.423	1∶0.9 876
2011	12 113.12	12 266.881	1∶0.9 875
2012	12 265.64	12 420.363	1∶0.9 875
2013	12 416.22	12 569.777	1∶0.9 878

数据来源：根据世界银行数据整理所得。

表2-21显示了印度尼西亚1991—2013年近二十几年人口男女比率的变化。1991—1995年间，印度尼西亚的男女人口比例相对稳定，基本维持在1∶0.999周围，男性人口略微多于其女性人口，1995年印度尼西亚女性人口为9 701.58万人，同比当年的男性人口（9 709.42万人）只少7.8万人。1996—1999年间，女性人口增长速度明显加快，从1996年的9 852万人增加到1999年的10 298万人，增加了4.5%，而同期印度尼西亚男性人口则从1996年的9 857万人增加到10 296万人，只增加了4.45%，增速略低于其女性人口增长。因此，1996—1999年间，印度尼西亚人口男女比例逐年上升，甚至在1998年，女性人口又一次超过其男性人口总数。然而从2000年开始，直至2013年，印度尼西亚男女人口比例稳步小幅下降，男性人口略多于女性人口。截至2013年，印度尼西亚女性人口约为12 416万人，而男性人口约为12 570万人，男性略多于女性154万人。总的来说，1991—2013年间，印度尼西亚男女比例基本平衡且稳定。

图2-11显示了印度尼西亚1960—1970年人口男女比率的变化。1960—1970年间，印度尼西亚男女人口总数均有所上升，但其女性人口总数一直略高于其男性人口总数，男女比例基本平衡。

图2-12显示了印度尼西亚1971—1980年人口男女比率的变化。1971—1980年间，印度尼西亚男女人口总数持续保持上升，截至1980年，印度尼西亚男女人口均超过6 000万，但其女性人口总数始终保持略高于其男性人口总数，但男女人数之间的差距相对上一个十年有所减少。总的来说，1971—1980年，印度尼西亚人口男女比例平衡。

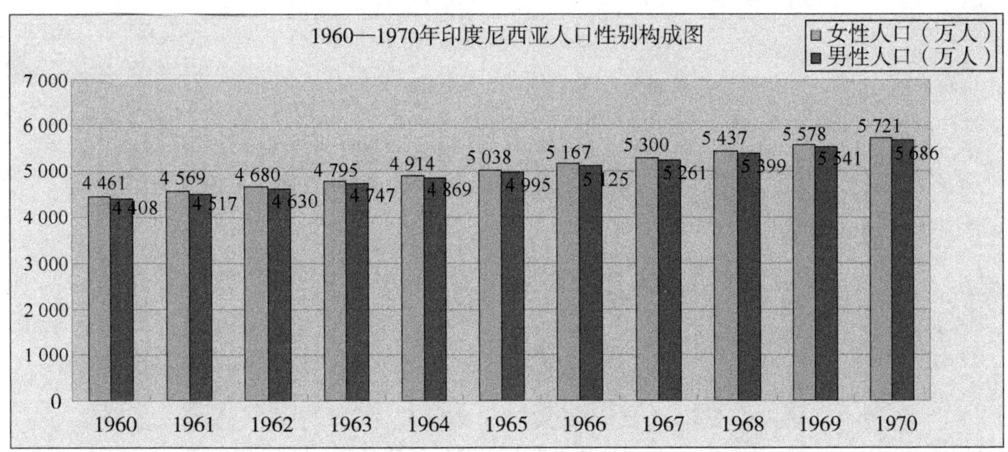

图2-11 印度尼西亚1960—1970年人口性别构成表

数据来源：根据世界银行数据整理所得。

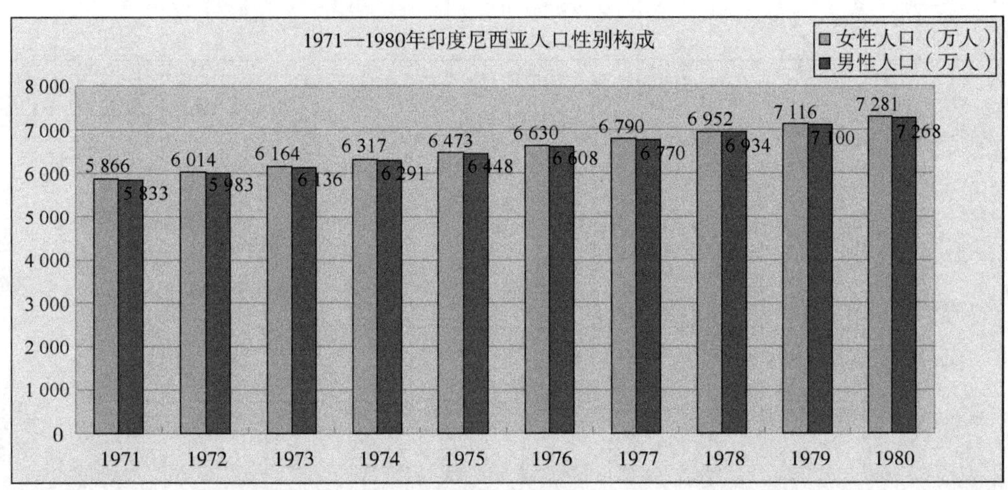

图2-12 印度尼西亚1971—1980年人口性别构成表

数据来源：根据世界银行数据整理所得。

图2-13显示了印度尼西亚1981—1990年人口男女比率的变化。1981—1990年间，印度尼西亚人口男女比例进一步缩小，在此期间，印度尼西亚男女比例基本维持在1∶1左右，是印度尼西亚男女比例最平衡的一个时期。

图2-14显示了印度尼西亚1991—2000年人口男女比率的变化。1991—2000年间，印度尼西亚人口男女均稳步上升，除了1998年和1999年，印度尼西亚女性人口略多于其男性人口以外，此期间的印度尼西亚男性人口略多于其女性人口。总的来说，1991—2000年，印度尼西亚男女比例平衡。

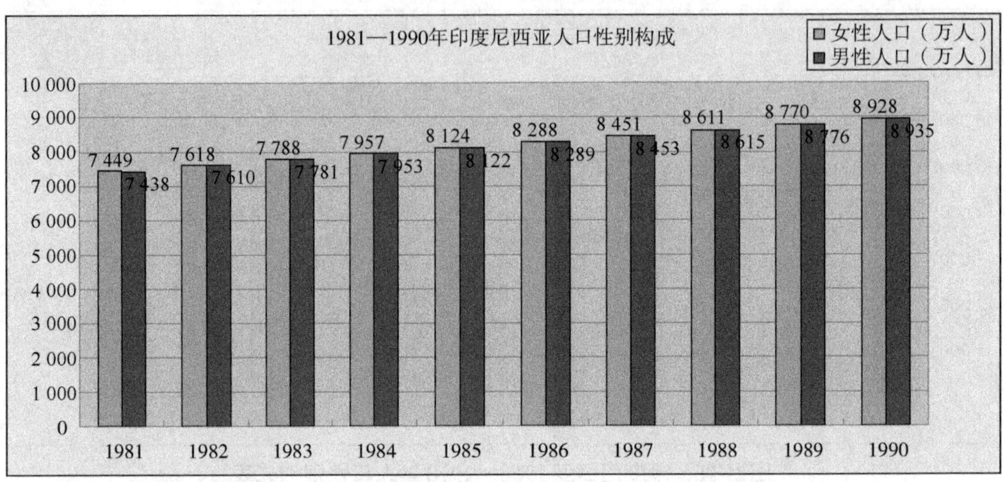

图2-13 印度尼西亚1981—1990年人口性别构成表

数据来源：根据世界银行数据整理所得。

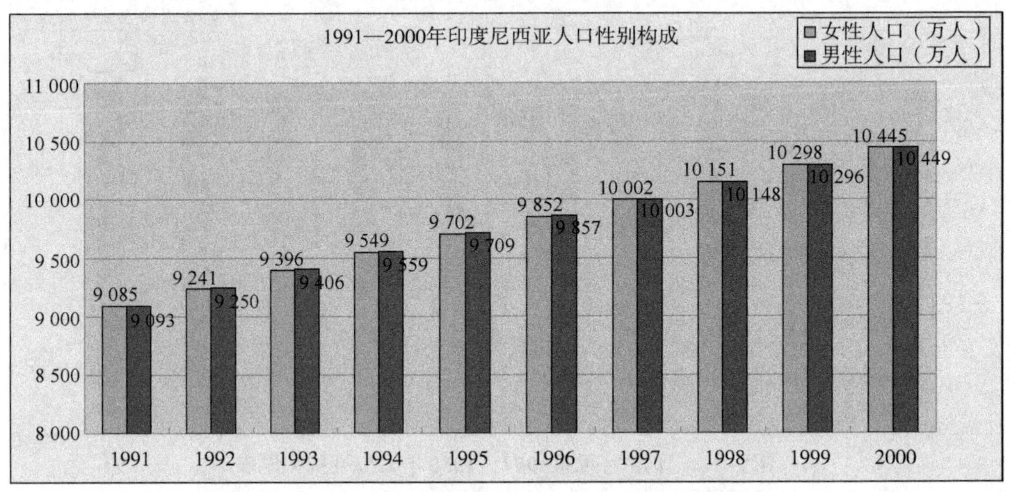

图2-14 印度尼西亚1991—2000年人口性别构成表

数据来源：根据世界银行数据整理所得。

图2-15显示了印度尼西亚2001—2013进十几年的印度尼西亚人口男女比率的变化。2001—2013年间，印度尼西亚人口男女均稳步上升，但是男性人口上升的幅度明显大于其女性人口上升的幅度。2001—2013年，印度尼西亚女性人口从2001年的10 591万人增加到2013年的12 416万人，增加了17.23%；而同一时期印度尼西亚男性人口从2001年的10 606万人增加到2013年的12 569.8万人，增加了18.5%。因此，在2001—2013年间，印度尼西亚的男性人口略多于其女性人口，

且男女比例有下降的趋势，但总的来说，此期间的印度尼西亚男女人口比例平衡。

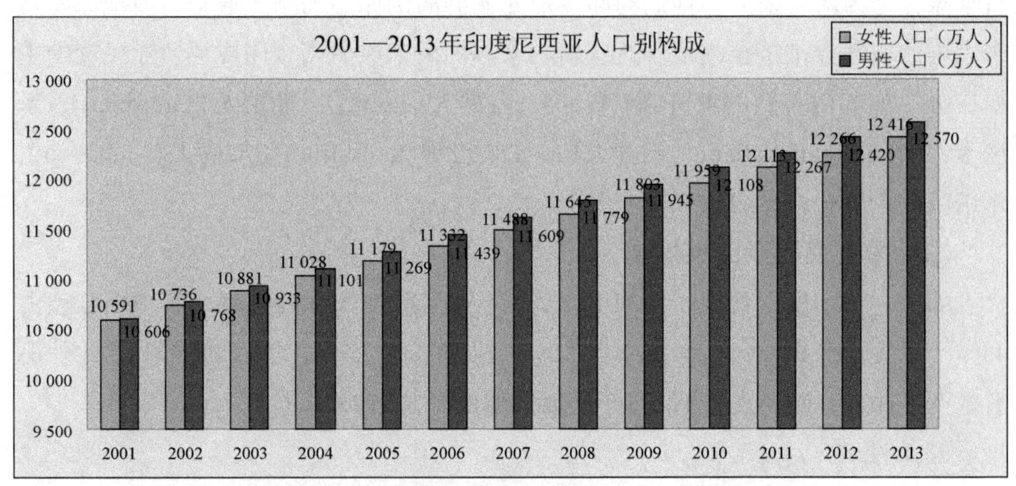

图2-15　印度尼西亚2001—2013年人口性别构成表

数据来源：根据世界银行数据整理所得。

三、民族结构

（一）印度尼西亚民族起源

关于印度尼西亚民族起源，印度尼西亚国内外人类学和历史学专家有以下看法：

其一，印度尼西亚最早的人种为澳大利亚种人（Australoid），又称尼格利陀矮黑人（Negrito），其特征是：皮肤黑色，体格矮小，头发卷曲，靠采集为生。其后裔有菲律宾的阿埃塔人（Aeta）、马六甲的塞芒人（Semang）、伊里安查亚的巴布亚人等。后来从亚洲大陆南部迁来维达人（Wedda），其特征为：皮肤棕色，头发卷曲，眼睛显蒙古人种特征。他们以耕种、狩猎和捕鱼为生。其后裔有苏门答腊的萨凯人（Sakai）、库布人（Kubu）、卢布人（Lubu）等。

其二，印度尼西亚《大众百科全书》记载：印度尼西亚民族是公元前500年从亚洲东南部迁移来的，逐渐分散到各群岛，形成各族群。据1930年人口调查，印度尼西亚有134 个族群（suku bangsa），如加里曼丹的达雅克族（Dayak）、苏拉威西的托拉查族（Toraja）、苏门答腊的巴塔克族（Batak）等。

其三，早在公元前1500年左右，由于战争和自然灾害等原因，大批原始马来人从亚洲大陆南部迁至印度尼西亚群岛。他们与印度尼西亚本地的尼格利陀矮黑人和维达人融合。公元前200年前后，从亚洲大陆南部又来了一大批移民，考古学家称之为新马来人。他们与印度尼西亚群岛的原始马来人通婚，或把原始马来人中的一部分排挤至内地。这些新马来移民后来成为当今印度尼西亚民族的主要成分。如苏门答腊的亚齐人（Aceh）、占碑人（Jambi）、楠榜人（Lampung）、米南卡保人（M-inangkabau）、爪哇人（Java）、巴厘人（Bali）、望加锡人（Makassar）、米纳哈萨人（Minahasa）等。

（二）印度尼西亚民族框构

如今，在印度尼西亚，约有100多个不同名族的人和睦共存，其中爪哇族占45%，巽他族占14%，马都拉族占7.5%，马来族占7.5%，华人约占3%，此外还有米南卡保人、巴厘人等100多个民族的居民，共占23%。

1. 爪哇族

爪哇族（Java），占印度尼西亚全国人口总数的47%，约1亿人。绝大多数居住在爪哇岛的中爪哇和东爪哇，居住在农村和沿海的爪哇人主要从事农业、种植业和捕鱼业，而居住在城镇的爪哇人，主要在政府机关和企业、事业部门工作，其余为商人和手工业者。爪哇人对王族、身居高位的官绅及长辈非常敬重，在上司面前毕恭毕敬，在父母生日或者结婚纪念日，儿女要向父母跪拜。爪哇人的王公后裔至今在其名前保留着贵族称号，并受到人们的尊敬。爪哇人在梵文的基础上于公元9世纪创造了自己的文字，爪哇语词汇丰富，有雅语、中等语和平民语之分，雅语又分为宫廷用语和长者用语，就连男性和女性使用的语言亦有区别。老人以逢八的倍数年龄为祝寿日，如七十二、八十大寿等。爪哇文学融合了外来文学的精髓，对印度尼西亚文学产生了重大影响。公元8世纪，印度两大史诗《摩诃婆罗多》和《罗摩衍那》传入爪哇，丰富了爪哇文学。随着印度文化一起传入的皮影戏，多以两大史诗中的故事为体裁，至今深受爪哇人的喜好。

爪哇人的宗教信仰是多元的，他们最早信仰拜物教，认为自然界的万物都有灵魂。他们还崇拜祖先灵魂及祖传圣物，王宫的器物、格利斯短剑、皮影戏傀儡和木偶等也成为顶礼膜拜的对象。爪哇人把最初信仰的万物有灵论等原始宗教与后来传入的印度教、佛教糅合在一起，成为爪哇印度教，至今在爪哇各地人们还能看到许多遗留的湿婆雕像。

目前，绝大多数爪哇人信奉伊斯兰教。但在部分仪式上尚能见到原始宗教的影子，而巫术在爪哇农村还相当流行，存在着神汉和巫师。爪哇人崇尚协商和互助精神，他们性情温存，举止谈吐文雅，讲究礼貌、待人热情。他们自我控制的能力和忍耐力比较强，有很强的自尊心，做事一般不喜欢被催促。到爪哇人家中做客应注意礼节，客人入门后，按主人相让的地方坐下，在主人让座前不能自行坐下。一般情况下，主人面对门坐，客人背对门坐。主人一般用咖啡和糕点招待客人，如用茶水待客，只倒一杯，客人喝光后不再续茶。

爪哇族历史悠久，文化发达。历史上曾创建麻喏巴歇和马打蓝等著名封建王朝，留下了丰富的文化遗产。伊斯兰教传入印度尼西亚后，大多数爪哇人改信伊斯兰教，但仍有不少人继续保持对印度教和“万物有灵”的部分信仰。爪哇人大部分居住在农村，从事种植水稻、旱稻、玉米、杂粮和经济作物。沿海居民则从事捕鱼业。居住在城市的主要是从事工商活动的人、政府公务员和企业职工。爪哇人的家庭大多数是一夫一妻制的小家庭，男女青年的婚姻大部分是自由恋爱。爪哇人喜欢皮影戏、舞蹈和音乐，文化修养一般比较高。

2. 巽他族

巽他族(Sunda)是印度尼西亚的一个民族，主要分布于爪哇岛西部。总人口约有3 100万。巽他人中大部分是穆斯林。起先巽他人主要聚居在西爪哇省、万丹省、雅加达和中爪哇省西部。其文化受到爪哇人的影响，但伊斯兰文化的特点更明显，社会等级制度则较弱。

3. 马都拉族

从种族上看，印度尼西亚民族属于蒙古人种马来类型。马都拉族(Madura)有近千万人，主要居住在爪哇岛东北方的小岛——马都拉岛和爪哇岛的东部地区。他们信仰伊斯兰教，多数从事农业、畜牧业和捕鱼业。马都拉人爱好斗牛和赛牛。

4. 马来族

马来族(Melayu)又称巫族，习惯上也称为马来人，是东南亚的一个民族。马来人是东南亚的土著之一。于全世界的民族相比，马来族是一个非常年轻的民族。马来人大多信奉回教，主要分布于东南亚的马来西亚、印度尼西亚、新加坡、文莱、泰国南部和菲律宾等。菲律宾的马来人则由于西班牙殖民缘故而信奉天主教。另外非洲的南非也有马来人。

Melayu这名称，据一些历史学家的说法，可能来自苏门答腊岛上一个约1500年前由印度人所建立的古国——末罗瑜(马来文亦是Melayu)。末罗瑜遗址位于现苏门答腊岛上一条河上游的支流巫来由河(Sungai Melayu)附近。后来末罗瑜被苏门答腊岛上的另一个著名古国三佛齐所并吞。另一种说法是马来(Melayu)这名词来自印度的梵文中一读音为(Malaya)的词。这梵文词的意思为山或高处。

5. 华族

华族即为长期居住在印度尼西亚的华人一族。1999年印度尼西亚全国大选，诞生了瓦希德民选政府，印度尼西亚进入了民主改革时期。2001年梅加瓦蒂接任统，继续实行多元民族、多元文化的政策，调整了华人政策，华人社会发生了巨大而深刻的变化。印度尼西亚是世界第四人口大国，除了中国本土之外，印度尼西亚华人在世界各国华人中人数最多，达800 万人。华人族群在印度尼西亚民族中排在爪哇族、巽他族之后，居第三位。

1602至1799年间是荷兰东印度公司对印度尼西亚进行掠夺、逐步使印度尼西亚沦为荷兰殖民地的时期，也是印度尼西亚华侨开始大量增加的时期。18 世纪60年代后，广东客家人大批移入西加里曼丹，最多时每年有3 000 名中国人移居此地。据统计，1830年，西加里曼丹华侨达15万人，1870年爪哇和马都拉华侨达17. 5 万人。据1930年荷兰殖民当局统计，第二次世界大战前印度尼西亚华侨多从事商业、农林渔业。第二次世界大战前，移居印度尼西亚的华侨达143 万人。

1945年8月印度尼西亚独立。1950年中国、印度尼西亚两国建交，1955年中国和印度尼西亚两国政府签订了《关于双重国籍问题的条约》，对解决印度尼西亚华侨华人双重国籍问题和归化为印度尼西亚籍起了重大作用。虽然印度尼西亚政府对华人入籍采取了种种限制，当时仍有80 万华人选择了印度尼西亚国籍。据统计，1965年，印度尼西亚有华侨华人350 万人，其中，加入印度尼西亚籍的华人为200 万人，华侨113 万人，此外还有一些持台湾护照未登记的华侨或无国籍者。

当今，对于印度尼西亚华人究竟有多少，众说纷纭。1995年美国康奈尔大学《印度尼西亚》学术刊物说印度尼西亚华人有600万人；1998年5月印度尼西亚发生社会大骚乱时，中国传媒称印度尼西亚华人有800万人。近几年，印度尼西亚华人社会普遍认为华人有1 000 万人。2002年3月印度尼西亚总统梅加瓦蒂访华期间对中国中央电视台称，印度尼西亚华人有2 000万人。

6. 米南卡保人

米南卡保人(Minangkabaus)约562万人(1978年)，主要分布在苏门答腊岛中部至西海岸一带。属蒙古人种马来类型。使用米南卡保语，属南岛语系印度尼西亚语族，与印度尼西亚语接近。有文字。原信印度教，14世纪后多改信伊斯兰教，属逊尼派，但仍残存印度教教规习俗、艺术珍品和神话传说，保留万物有灵信仰，每年收获前后举行祭祀稻灵仪式。7世纪前受印度文化影响，曾建末罗游王国，一度为室利佛逝所并，1275年再度复兴。14世纪又建米南卡保王国，与末罗游、巨港两王国并列，统治苏门答腊中部地区。17世纪初遭荷兰殖民统治。19世纪后参加反荷斗争，1945年与国内各族人民一起获得国家独立。米南卡保人保存浓厚的母权制（见母系氏族制）残余，社会最小基层单位为家族公房，由女性首领及其姐妹、女儿、孙儿女们组成。几个公房构成一个称为“苏库”（Suku）的母系氏族，按母系传代继承。年长舅父代表家族出席氏族会议。女子婚后居母家，丈夫在妻方住宿。现多改为入赘婚。一般由 4个氏族构成一个村社，成为基层行政单位。不动产归村社公有。有共同米仓、会议所和清真寺。主要从事农业，修筑梯田，种植水稻、旱稻、玉米、甘蔗、烟草、橡胶和咖啡等。部分人擅长经商。有编织、木雕、金属制品等手工业，兼营狩猎和渔业。另有少数米南卡保人分布在马来西亚。

7. 巴厘人

巴厘人（Bari）约270万人（1978年），主要分布在巴厘岛和龙目岛。属蒙古人种马来类型，为新马来人的后裔。使用巴厘语，属南岛语系印度尼西亚语族。有用古印度字母书写的巴厘文，现通用印度尼西亚语。信印度教，每村至少有两三座印度教寺院，全岛共有4 600余座。此外还保存祖先崇拜（见原始宗教）和巫术信仰。相信灵魂转世，认为火葬是解放灵魂的最神圣的安葬方式。1343年被东爪哇麻喏巴歇王国征服。16世纪麻喏巴歇王国被伊斯兰教徒灭亡以后，东爪哇的贵族、祭司、学者、文人、美术家、音乐家、舞蹈家多逃至巴厘岛避难，约经400年之久创造了巴厘文化，并使该岛成为保存印度教信仰和爪哇古老文化的地方。16世纪以后不断同荷兰殖民者进行斗争，第二次世界大战期间又同日本侵略者进行斗争，1945年与国内各族人民一起获得国家独立。巴厘人受印度文化影响，社会分为婆罗门、刹帝利、吠舍和首陀罗4个种姓。每村为一互助合作的自给自足单位，多属同一父系氏族（见父系氏族制）。实行种姓内婚。

虽然文化上深受爪哇人影响，但信奉印度教，这点与其他印度尼西亚人不同。语言属南岛（马来—玻里尼西亚〔Malayo-Polynesia〕）语系。生活以宗教为中心，它是印度湿婆教与佛教的混合体：崇拜祖宗、信仰精灵与巫术等。种姓是存在的，但因多数居民属于最低级的种姓，村民中没有严格的区分。例如在爪哇，不同的说话方式反映了社会地位的差别。

巴厘人主要从事农业，修筑梯田，栽种水稻，种稻技术甚高。各村都有统一使用的灌溉设施。此外，还种玉米、薯类、咖啡、烟草、椰子和茶，饲养牛、猪等家畜。制陶、纺织、木雕、金属制作、编织等手工艺精美。在舞蹈、音乐、绘画、诗歌以及宫室寺庙建筑等方面有卓越才能，在各种仪式中能表演富于印度教色彩的音乐与歌舞。

（三）印度尼西亚民族矛盾

印度尼西亚的民族矛盾主要是指印度尼西亚的爪哇族、巽他族、马都拉族以及马来族等民族排斥华人的一系列思想及行为。“印度尼西亚民族”这一概念是伴随着20 世纪初印度尼西亚原住民民族主义运动的兴起而产生的，因此，自萌发之日起就本能地具有一种“原住民主义”的倾向。这种倾向表现为：印度尼西亚民族只能由原住民各种族构成，华人不论其“土生化”程度如何，均为外来民族，没有资格或尚未有资格成为印度尼西亚民族的成员。

1998年的排华暴乱正是由于亚洲金融危机引发印度尼西亚政治局势的恶化，而导致政府将人民斗争的矛头转移到印度尼西亚华裔的身上。印度尼西亚独立后华人为印度尼西亚经济建设做出了卓越的贡献，在长期的经营中，华人群体积聚了大量的社会财富，控制了印度尼西亚社会经济的70%，特别是在工商业方面。然而印度尼西亚拥有1.6亿人口，华裔只占印度尼西亚人口的5%，因此各群体间巨大的贫富差距必然会导致相互间的对抗。而一旦社会动荡，政治上无权的华裔必然遭殃。

与此同时，在法制上，印度尼西亚政府对华人设立了一些歧视性的法律法规。1945年的印度尼西亚宪法就明确规定，印度尼西亚总统必须由原住民担任，这具有浓重的种族歧视意味。1967年印度尼西亚政府相继颁布了一些专门针对印度尼西亚华人的法律法规，比如禁止华裔使用华语，限制华裔宗教和文化习俗、更改华裔的族群称呼等等，总共有14项之多。但是其中影响最为深远的几条是：禁止使用华语并禁止出版华语报纸书刊，禁止华人成立公开的社会政治团体。这直接导致华人参与印度尼西亚政治生活的道路被堵死。一旦发生社会动荡，政治上无权的华人便遭遇灭顶之灾。

印度尼西亚在1997年和1998年出现了很多暴动行为。有时这些暴动是专门针对印度尼西亚华人的。有些暴动看起来是自发的，而有些似乎是被计划的。在1998年5月印度尼西亚发生社会排华大骚乱，华人成为袭击对象，仅首都雅加达财物损失就达10 亿美元，遭抢劫、破坏和焚烧的财物包括成千座商店和房屋，成千辆汽车和摩托车被烧和破坏，数十名妇女被强暴。大骚乱很快蔓延至许多大中城市。迄今人们对这场大骚乱记忆犹新，心有余悸。尽管如此，大多数华人仍然热爱印度尼西亚，表示愿意与当地人民一起克服重重困难，建设一个新印度尼西亚。

在1999年印度尼西亚全国大选之后，诞生了瓦希德民选政府，印度尼西亚进入了民主改革时期。2001年梅加瓦蒂接任总统，继续实行多元民族、多元文化的政策，调整了华人政策，华人社会地位也发生了巨大而深刻的变化。2005年8月，印度尼西亚政府与“亚齐独立运动”分离组织达成和平协议。2006年7月，印度尼西亚国会通过亚齐管理法。12月，亚齐举行地方选举，前“亚独运动”领导人伊尔万迪·尤素夫(Irwandi Yusuf)和穆罕默德·纳扎尔(Muhammad Nazar)当选省长和副省长。2012年4月，前“亚齐独立军”领导人宰尼·阿卜杜拉(Zaini Abdullah)和穆扎基尔·马纳夫(Muzakir Manaf)当选省长和副省长，任期至2017年。2006年7月，印度尼西亚国会通过新《国籍法》，取消部分带有种族歧视和性别歧视的内容。2008年10月，印度尼西亚国会通过《消除种族歧视法》。如今，印度尼西亚的种族矛盾也逐渐缓解，不同民族的人民也都开始相亲相爱，和睦相处。

四、文化构成

(一)印度尼西亚的教育历史

印度尼西亚的教育历史可分为三个时期:(1)约公元100—1522年，佛教与回教的宗教学校占统治地位。(2)1522—1945年，葡萄牙、西班牙、荷兰、英国及日本等国先后入侵，使教育殖民地化。(3)1945年印度尼西亚共和国成立以后，改变殖民地性质的教育，建立新型的印度尼西亚的教育制度，并为此作出不懈地努力。

1.基础教育

印度尼西亚实行义务教育制度，宪法规定，“所有的儿童在满6岁时，有最低享受六年义务教育的权利。8岁享有最低六年义务教育的权利。”即印度尼西亚儿童应在6岁至8岁之间上学。1978年，政府宣布小学免缴全部学费。初等教育机关除了教育部的小学之外，还有归宗教部管的宗教学校玛多拉萨。许多原住民儿童上午到小学，下午去玛多拉萨学习基础的宗教知识。

印度尼西亚的初等教育为六年。中等教育分初中和高中，各3年。得到小学毕业证书后，通过升学考试进入初中。初中分普通中学和职业中学。职业中学有技术中学和家政中学等。

初中毕业经入学考试进入高中阶段，高中分职业高中和普通高中，职业高中有技术高中，家政高中，经济高中和师范学校等。职高和普通高中在校生的比例是1∶2。

2. 华文教育

早在18世纪，华侨教育已在印度尼西亚萌芽，从大中城市到穷乡僻壤，都有华侨学校的存在。日本占据印度尼西亚的20世纪40年代，印度尼西亚华侨教育惨遭封杀。第二次世界大战后至1957年，华侨教育恢复发展，在各种有利条件的推动下，华文教育迅速发展。

1949年，据荷印联邦教育部调查，全印度尼西亚共有华校724所，学生17.2万人。1953年6月，印度尼西亚北苏门答腊外侨教育督察署长称，全印度尼西亚外侨学校1 321所，其中华校占1 294所，华校学生27万余人。1954年7月，印度尼西亚文教部外侨教育司代司长郑扬禄称，全印度尼西亚外侨学校1 500所。据此估计华校约1 400所，学生30万人。这些数字虽然不完全准确，但可看出华校得到空前发展，华文教育处于黄金时期。

1965年发生“九·三〇事件”，华文学校被封，华文学校的校舍和资产被接管和没收。至1966年5月，华文学校全被封闭，学生失学。华文学校和华人受华文教育的历史暂告终结，印度尼西亚成为没有华文教育的国家。

1990年印度尼西亚和中国恢复外交关系，新加坡英汉双语学校及台湾国际双语学校成功申办，开了政府允许开办中文国际学校的先例。

1998年苏哈托政权垮台，新政府推行民主改革，对华文教育采取更积极的关注和支持态度，华文学习从分散式的家庭补习，发展到公开的补习班。在正规学校，中文成为仅次于英文的强势选修外语。2001年，政府正式把华语纳入国民教育体系，作为初高中的选修外语课程。而在西加里曼丹、廖内、北苏门达腊、占卑、巨港等地区，汉语将列为中小学的主要选修课程。同时，印度尼西亚教育部对有关师资作出了三项规定：教师须具有大学中文系大专以上或同等学历；最少通过汉语六级水平考试；持有国内外华文教师专业培训证书。这就给正在崛起的华文教育提供更大的空间。

印度尼西亚教育部长法贾尔指出：在改革开放的时代，印度尼西亚政府不再限制中文教学。现在一些学校已有中文教学，中文补习班可以自由开办，大学里也可以设中文系。印度尼西亚各地正掀起学习华文的热潮。随着中印两国政治互信和经济联系的加强，印度尼西亚政府已把推广汉语、支持华文教育作为加强国际贸易与技术合作、发展国家经济需要的国策。印度尼西亚教育部也把汉语作为第二外语纳入国民教育系列。

当前印度尼西亚华文教育可以分为三个层次：第一层次为高层次，国家指定国立印度尼西亚大学和私立帕尔沙达大学培养汉语高级人才，学生毕业后从事政治、外交、经济、文化、军事、情报等工作。此外，各大城市的一些高等院校如雅加达的特立刹迪大学、日惹的卡查玛达大学等准备开设汉学系或中文专业。第二层次为各类商业、贸易、酒店、旅游、银行等专业华文培训班，但由于师资和教材不足，此类培训班发展较慢。第三层次为华文补习班，由华人社团举办，人数最多、规模较大，发展最快。

3. 教师教育

自独立以来，印度尼西亚政府既想保持各民族的多元性，又想加强各民族之间的凝聚力，于是实行了高度中央集权的教育体制，各级学校由国家统一管理和指导，通过全印度尼西亚省、特区教育机构和相关宗教、团体机构实施运行。此种管理不仅导致升学率和教学质量的下降，教师队伍状况也同样让人堪忧。

据2005年统计，印度尼西亚小学教师不仅严重缺编，而且合格率普遍较低，仅为33.81%，全国只有东西爪哇、雅加达、巴厘等6个省份的教师是合格的，其他20个省合格教师所占比例不够。初中教师中，印度尼西亚语教师合格者占6.99%，只有7个省份印度尼西亚语教师合格率高于平均数。实际上，印度尼西亚政府自1999年开始将教育权力下放。1999年地方政府法律的第22条款提出教育分权问题，重新勾勒了各级政府的权力和责任。权力下放后，县和自治市政府拥有了足够的空间发展教育，在教师管理上的权力包括对教育者学历、资格的规定，负责教师的雇佣、调动、解聘，自主提供除教师工资以外的额外津贴，并有一套评价体系来决定教师的晋升。如在2003年教育法第20条第42款规定：不管是学前教育、初等教育、中学还是大学等正规教育机构的教师必须至少具有高于其所教学校一级的毕业要求。因此，小学教师要两年初中毕业，初中教师要三年高中毕业，高中教师需要四年本科毕业。这就对教育者的学历资格提出了明确要求。政府规定教师的继续教育包括职前教育、晋升项目、在职培训、教师论坛等。

职前教育是各个教师都应具有法律要求的最低资格标准，没有达标者应参与晋升项目。晋升项目是由高等教育总理事会授权，由大学负责项目实施。意在为申请参加较高一级的教育课程，提高教师资格的最低标准。同时，各县负责组织和提供的在职培训项目和专业辅助活动。有一部分县把教师送到县城、其他县或者国外去参加实习项目或进行比较研究。在印度尼西亚，教师专业发展最有效的途径是通过教师论坛来实现的。论坛在小学称作教师工作小组；在初、高中称作学科问题教师工作小组。论坛是群体专业发展项目，它为更好的课堂实践提供专业发展活动。在教师论坛上，教师可以共享创造性的新观点、问题解决的方法以及分享成功与挫折。

（二）印度尼西亚的教育近况

印度尼西亚独立后进行了教育改革，借鉴美国式的教育制度。印度尼西亚各类学校的学制是：学前教育即幼儿园二年；初等教育即小学 6年（学生的年龄 7～12岁）；中等教育分为初中和初中中技（学生的年龄 13～15岁）以及高中和高中中技（学生的年龄 16～18岁），学制均为三年；高等教育即高等院校，学制五年（学生的年龄 19～23岁）。所以印度尼西亚的学制可以概括为“6、3、3、5”制，从小学到大学共 17年。大学毕业生毕业后还可考入研究生班。

印度尼西亚的学校分为国立和私立两类。国立学校由政府主办，多数为中小学，幼儿园和高等院校较少，办学质量较高。私立学校主要由政党、社团、私营企业和基金会创办，中小学较少，幼儿园和高等院校较多，办学质量一般较差，接受政府文教部和创办单位的双重领导。

印度尼西亚实行九年制义务教育以来，每年投入的教育经费也在不断增加，而且占国家总投资的比率也较高。由此促进了印度尼西亚教育事业的不断发展，各类学校学生数量的不断增加。根据印度尼西亚中央统计局提供的数据，2004年文盲率为8.5%，2006年教育预算开支4.69万亿盾，占GDP的1.5%。2000年小学入学率为95.5%，初中入学率为78.7%，高中入学率为49.1%，高中以上学历占10

岁以上公民的18.32%。2011年小学入学率为97.58%，初中入学率为87.78%，高中入学率为57.85%，15岁以上人口文盲率7.19%。2012年教育预算为286万亿盾，占财政总预算的20.2%。

表2–22　2008—2009学年各级学校数量及学生、教师人数

	学校（所）	学生（人）	教师（人）
小学	165 752	29 901 051	1 657 397
初中	42 069	11 429 881	846 150
高中	8 354	6 952 949	542 078
大学	3 533	4 792 874	261 652

资料来源：2010年印度尼西亚统计年鉴、印度尼西亚国家统计局。

独立以来，印度尼西亚的高等院校也获得了不断发展。目前，印度尼西亚国立高等院校已发展到49所，私立高等院校则有950所。主要的国立大学有设在雅加达的印度尼西亚大学、设在万隆的班查查兰大学、设在日惹的加查马达大学、设在泗水的艾尔朗卡大学、设在登巴萨的勿达雅纳大学以及设在乌戎潘当的哈沙努丁大学等。这些大学都是综合性的文理科大学。此外，较为闻名的学院有万隆的万隆工学院、雅加达附近的印度尼西亚工学院以及茂物的农学院等。主要的私立大学有雅加达的印度尼西亚基督教大学、万隆的天主教大学、伊斯兰大学等，这些大学也是综合性的文理科大学。

五、宗教信仰构成

印度尼西亚宪法规定宗教信仰自由，其建国指导思想"潘查希拉"五基原则第一条就是"信仰神道"，所以印度尼西亚政府承认人民选择不同信仰的自由，并支持正常的宗教活动，每年都拨专款用于扶助建设清真寺，教堂，宗教学校，发行宗教经书和开展各种宗教活动。印度尼西亚官方承认的宗教为伊斯兰教、基督教（新教）、天主教、印度教（当地称兴都教）和佛教五大宗教。据1980年全国人口普查（不包括伊里安查雅和东帝汶），在当时全国1.47亿人口中，伊斯兰教徒占88%，基督教徒占5.3%，天主教徒占2.5%，印度教徒占2.5%，信佛教及其他宗教的则占1.7%。

(一)印度尼西亚宗教的概况

1. 伊斯兰教

伊斯兰教是印度尼西亚信仰人数最多的宗教，但是关于伊斯兰教传入印度尼西亚的时间，印度尼西亚史学界有不同见解。有些学者认为，早在7世纪就有阿拉伯穆斯林商人来到苏门答腊北部，边经商，边传播伊斯兰教。但许多学者的看法是，13世纪下半叶伊斯兰教是由印度西部的胡茶辣和波斯的穆斯林商人传入印度尼西亚的，而不是阿拉伯人直接传入的。如果说13世纪下半叶伊斯兰教传入印度尼西亚并初步站稳脚跟，这种见解至少到目前为止是比较有说服力的。

从伊斯兰教传入至印度尼西亚主要岛屿的伊斯兰教化，经历了几个世纪的过程。这期间伊斯兰教迅速传播，主要原因有：一是马六甲海峡已成为东西方贸易要冲，有众多的印度和波斯的穆斯林商人来印度尼西亚沿海经商，他们还与当地妇女通婚，因而产生了新一代的穆斯林；二是信奉印度教和佛教的诸王国之间的战争，给伊斯兰教的传播造成有利条件；三是印度教和伊斯兰教中的神秘主义教义有不少相似处，伊斯兰教教义易为当地原信奉印度教的居民所接受；四是伊斯兰教以沙斐仪派作为传播手段，它主张容忍和尊重印度尼西亚人的一些习俗，包括祭祀祖先和印度教神祇，对改奉伊斯兰教的条件不太严格。

17世纪初荷兰开始入侵和统治印度尼西亚，殖民主义者不仅奴役印度尼西亚民族，还歧视印度尼西亚人多数人所信奉的伊斯兰教。印度尼西亚民族成了被压迫的民族，伊斯兰教也成了被压迫的宗教。于是保卫民族与捍卫宗教自然地结合在一起。当印度尼西亚人民尚未获得其他更好的思想武器时，伊一斯兰教便成为起义领袖动员群众的最有效、最现成的手段，而且又是完全合法的斗争形式。

荷兰殖民统治时期，印度尼西亚人民多次进行大规模的起义，例如1825—1830年爪哇人民的起义领袖蒂博尼哥罗要求“有权按照伊斯兰教的法律审判欧洲人”，这里主要指“审判荷兰殖民者”。印度尼西亚独立后不久，即1949—1962年期间印度尼西亚出现“伊斯兰教国运动”和“伊斯兰教军”，这是帝国主义支持的，旨在推翻合法的苏加诺政权的叛乱活动。对此，中央政府坚决镇压。该运动肆虐的13年中，2.3万人惨遭杀害，11. 6万幢房舍被烧毁，物资损失达6.4亿盾。

1967年苏哈托上台后，对伊斯兰教采取三大措施。一是积极扶植正常的伊斯兰教活动，例如兴建清真寺，1990年清真寺达55万座，比1985年增加了约5万座。以及大量印刷“古兰经”和伊斯兰教读本，鼓励伊斯兰教组织参加经济活动（如办银行和基金会等)，以便于更好地争取广大穆斯林。二是对伊斯兰教政党既利用又限制。苏哈托政权的建立，伊斯兰教政党是依靠的力量之一。后来为有利于控制包括伊斯兰教政党在内的一切政党势力，1993年当局简化政党，成立了建设团结党和印度尼西亚民主党。前者是由原先的四个伊斯兰教政党组成，后者则是由原先五个非穆斯林政党组成，专业集团实际上是印度尼西亚的执政党，1971年以来的普选中，它总是获胜，伊斯兰教政党势力逐渐削弱。三是坚决镇压伊斯兰教极端分子的破坏活动。例如1981年“印度尼西亚伊斯兰教革命委员会”成员袭击万隆警察哨所和劫持飞往泰国的印度尼西亚飞机；1984年先后发生雅加达丹戎不碌港流血事件和中央亚细亚银行爆炸事件；1985年又发生炸毁婆罗浮屠佛塔事件等等，其中有的伊斯兰教极端分子明确声称要推翻现政权，建立一个完全以伊斯兰教教规为基础的、政教合一的伊斯兰教国。在当局的坚决镇压下，上述破坏活动先后以失败告终。

2. 基督教和天主教

印度尼西亚的天主教徒和基督教徒在1980年分别达370万和780万人。16世纪上半叶天主教已传入马鲁古群岛，基督教则是17世纪由荷兰传入印度尼西亚的。1602年荷属东印度公司成立后，为了抵制葡萄牙人在印度尼西亚的天主教会势力，便将基督教圣经的《新约》和《旧约》译成马来语，1802年在荷兰海牙成立了“荷属东印度新教事务委员会”，以统一管理荷兰统治下的印度尼西亚的基督教活动。荷兰殖民政府在全国控制和大力资助基督教的同时，对天主教先后采取排斥、限制和开放的政策。

印度尼西亚独立后，天主教和基督教在印度尼西亚有相当大的发展，尤其是在1965年的“九·三〇事件”后。其中一个重要原因是，两教教会都获得西方国家有关基金会的大量资助。它们趁共产党及其群众组织遭到镇压和取缔，更积极地开办学校、医院和各种慈善事业，使两教教徒迅速增加。天主教党成立于1945年12月。印度尼西亚基督教党则成立于1946年11月。

3. 印度教

据统计，1980年印度尼西亚的印度教徒约360万人，占东南亚国家印度教徒450万至500万人中的70%～80%。他们主要集中在巴厘岛。公元1世纪前后，婆罗门教由印度的科罗曼德耳海岸，通过马六甲，传入印度尼西亚群岛。公元4世纪，印度教传入爪哇。从沿海逐步深入内地，受到宫廷王室的保护。爪哇的印度教是以密宗(Mantrayana)的形式传播的。爪哇人主要信奉湿婆教，也有些人信奉毗湿奴教。

公元5世纪，在七乙曼丹东部和爪哇西部分别出现崇奉印度教的古戴王国和多罗磨王国。关于5世纪爪哇婆罗门教的情况，中国古籍中也有记载。东晋高僧法显自陆路赴印度取经，在取海道归国途中曾于义熙七年(411年)飘泊至耶婆提。法显《佛国记》载:“乃到一国，名耶婆提。其国外道婆罗门兴盛，佛法不足言。”一些学者认为，耶婆提是指今日之爪哇。

印度教即新婆罗门教，是婆罗门教的革新运动，是从多神教向一神教发展过程中产生的。随着16世纪爪哇岛的全面伊斯兰教化，印度教徒主要集中于巴厘岛和龙目岛西部。据统计，1985年巴厘岛266万人口中，印度教徒占9 400人。印度尼西亚1945年独立后，印度教徒人数明显增加。1957年的印度教徒为140万人，至1980年已增加一倍多。1986—1987年度，全印度尼西亚有印度教庙宇34 283座。现印度教组织是:印度尼西亚印度教徒理事会。

4. 佛教

据世界佛教徒联谊会印度尼西亚分会估计，1980年印度尼西亚佛教徒为140万人左右。若按 1980年人口普查结果，印度尼西亚信仰佛教、孔教和其他不著名的宗教有306万人。由于皈依佛教没有仪式等原因，其信徒数字难于统计。公元1世纪，印度佛教文化传入印度尼西亚。在苏门答腊巨港、爪哇和苏拉威西西部曾发现过公元5世纪前的阿摩罗跋胝(Amaravati，印度佛教圣地)式的铜佛像。佛教正式传入印度尼西亚则是5世纪。7至11世纪，巨港一带的室利佛逝是东南亚最大的佛教中心。7世纪时中国唐朝高僧义净赴印度取经时曾三次在室利佛逝羁留，他的《南海寄归内法传》载:“南海诸洲有十余国，纯唯根本有部。……斯乃咸遵佛法，多是小乘，唯末罗游有大乘耳。”可见当时南海(包括印度尼西亚在内)主要流传有佛教，且小乘佛教占优势。可是后来，大乘佛教逐渐在南海占上风。8世纪下半叶，在中爪哇日惹附近兴建的婆罗浮屠陵庙，为迄今世界上最大佛塔，它是“一座大乘佛教陵庙”。

随着16世纪伊斯兰教传遍印度尼西亚主要岛屿，华人成为佛教的主体。现代印度尼西亚佛教组织流派众多，情况复杂。近十年来，不少华人佛教徒改信“日莲正宗”教派。后者是日本的佛教宗派之一。它在印度尼西亚的影响迅速增长，是与日本“日莲正宗”宗教团体的巨大经济实力有关，也与日本政治、经济势力扩展密不可分。

（二）印度尼西亚宗教的特点

1. 大多数居民信奉伊斯兰教，但伊斯兰教并非国教

印度尼西亚穆斯林为全国1.8亿人口的88%，是世界上穆斯林最多的国家，但是印度尼西亚以“播查希拉”为建国五原则，遵循45年宪法，实行政教分离，伊斯兰教不是国教，印度尼西亚不是伊斯兰教国。印度尼西亚独立后，苏加诺执政时期，伊斯兰教、天主教、基督教、印度教、佛教和孔教（即儒教）为官方承认的六大宗教，1967年开始执政的苏哈托政府不再把孔教作为合法的宗教。

2. 伊斯兰教在印度尼西亚政治生活中起着重要作用

荷兰殖民者入侵和统治印度尼西亚三个半世纪期间，印度尼西亚人民举行多次起义，伊斯兰教通常作为向异教徒（主要指荷兰殖民者）进行“圣战”的旗帜。印度尼西亚独立后，伊斯兰教是政府动员广大穆斯林捍卫革命成果、投入建设的精神力量。但一小撮反动分子也披着伊斯兰教的外衣，进行叛乱活动或煽动排华骚乱。当今各派政治力量都努力争取广大穆斯林群众的支持。在今后很长的时间内，伊斯兰教仍将在印度尼西亚政治斗争中发挥举足轻重的影响。

3. 五大宗教受原始宗教和当地习俗的影响

印度尼西亚的宗教徒在信奉某一宗教时，还普遍接受原始宗教的影响，例如爪哇族一般都信鬼魂。苏门答腊巴达克族将世界分为三界，上界是神及其家族的住处，中界为人类生活之地。下界则是死人、鬼怪的场所。三界区分不严，因为有些鬼魂呆在中界，还有些人死后升入天界。巴达克人的这种信仰显然是原始宗教与婆罗门教（印度教的前身）的结合。

印度尼西亚穆斯林对死者进行三日祭、七日祭、四十日祭和百日祭等，则是伊斯兰教与当地习俗相结合的一个例子。印度尼西亚接受外来宗教，不是囫囵吞枣，而是结合社会需要加以“印度尼西亚化”（尤其是“爪哇化”），例如爪哇等岛曾接受印度教，但印度的印度教徒中存在的种性制度没有在该岛留下深刻影响。

4. 不同宗教、教派和睦相处

长期以来，印度尼西亚存在着多种宗教，一种宗教也往往有不同教派。但在历史上从未发生过因宗教信仰造成的严重冲突。这至少有以下几个原因：一是作为印度尼西亚绝大多数人信奉的伊斯兰教是以和平方式传入的，在传入时期就没有和当地原有宗教（如印度教、佛教等）发生冲突；二是伊斯兰教吸收当地原有宗

教和习俗的某些成分，易于为群众接受；三是印度尼西亚民族，特别是影响最大的爪哇族具有“容忍”的特性，这种特性在宗教生活中则体现在容忍不同宗教信徒的存在；四是印度尼西亚独立后宪法规定“潘查希拉”为建国五原则，其中第一项原则就是“信仰神道”，它意味着公民有选择任何一种宗教的自由。无论苏加诺执政时期，还是苏哈托执政时期，都强调遵循“潘查希拉”，号召不同宗教信徒和睦相处，一贯反对建立伊斯兰教国的主张，坚决镇压极端分子利用宗教制造的任何骚动和叛乱。

（三）印度尼西亚宗教间的矛盾

印度尼西亚独立后，政府一直强调不同宗教的信徒应该相互容忍，相互尊重，和平共处。然而事与愿违，宗教磨擦与宗教冲突（主要是伊斯兰教与基督教之间）从来也没有停止过。尤其在经受了东南亚金融危机打击之后，宗教冲突更是此起彼伏。从雅加达到东努沙登加拉省的古邦，再到马鲁古省的安汉，伊斯兰教徒和基督教徒之间相互残杀，造成了上千人死亡和受伤，两教关系恶化到不可收拾的地步。

16世纪，伊斯兰教已成为印度尼西亚群岛大部分地区的主要宗教。与此同时，基督教也随着西欧殖民者的入侵进入了这块土地。自从基督教在印度尼西亚落脚后，矛盾与磨擦便成了其与伊斯兰教关系的主要内容。同时，西方殖民者的统治是造成印度尼西亚伊斯兰教徒和基督教徒百年纷争与冲突的关键因素。从此，两教关系便蒙上一层阴影。虽然两教关系在独立后的一段时期内有所缓和，但几百年纷争所留下的创伤并没有在各宗教徒心中抹平，彼此之间仍存在着心理隔阂。

尽管独立初的印度尼西亚主张宗教信仰自由，但对如何保证宗教信仰自由，却没有作更为详细的规定。当时官方的宗教政策只是空洞地重复宪法：保证宗教自由，不同宗教的信徒应该互相容忍，互相尊重。印度尼西亚官方之所以没有制定更为详细的宗教政策，原因是当时的领导者把主要精力放在国家的团结与统一上，颁布五项建国原则的目的是为了维持国内民族主义、共产主义与穆斯林的力量平衡，以保证国家的团结与统一。政府不愿再制定新的宗教政策来打破这种平衡。由于宗教信仰自由政策缺乏详细的准则以规范各宗教教徒的言行，这也为各教派间的争论与对抗埋下了隐患。

在一个多元宗教国家，如果政治经济问题处理不好，往往转化为复杂的宗教问题，从而导致宗教矛盾的激化和宗教冲突的产生。印度尼西亚之所以在金融危机之后爆发大规模的宗教冲突，正是这一原因。在印度尼西亚，政府一直强调政教分离，反对宗教干预政治，尤其反对国家政权伊斯兰化。在有领导民主时期，虽然苏加诺的纳沙贡原则主张民族主义、宗教（主要是指伊斯兰教）和共产主义三大政治势力的团结和联合，但实际上苏加诺的目的之一是借其他两大政治势力来防止伊斯兰教势力的膨胀，以维持国家的世俗政权。因此，当国内出现伊斯兰教国运动时，他总是毫不留情地给予坚决打击。苏哈托上台后，继续沿用苏加诺的政策，严格控制伊斯兰教思想，对伊斯兰教极端分子的叛乱和骚动给予严厉镇压。由于印度尼西亚的宗教与政治舞台有着密切的关系，因此政治上的争斗必然会带来宗教上的摩擦与冲突。除政坛斗争外，经济形势的恶化也是造成宗教冲突的一个重要因素。

综上所述，由于历史的原因，印度尼西亚各宗教徒之间一直存在着心理隔阂，而独立后的印度尼西亚又未能采取正确的宗教信仰自由政策，再加上政治集团对宗教势力的利用及贫富分化问题，所以，每当国家出现政治危机和经济衰退时，政治经济问题便转化为宗教问题，宗教冲突也就在所难免。可以说，当今印度尼西亚宗教关系出现如此局面，是其历史、政治、经济等各种因素长期相互作用的结果。

第三节　人口的分布、迁移和流动

一、人口分布特点和地区差异

（一）人口分布特点

被人们誉为“千岛之国”的印度尼西亚，是一个拥有一万多个岛屿的群岛国家。然而，印度尼西亚是人口增加较快的国家之一，在2013年印度尼西亚人口约2.48亿，到2020年，将增加到约2.6亿人。2025年将增至2.8亿人，而2050年，印度尼西亚人口将达约3.3亿人。

印度尼西亚的人口分布主要呈现以下特点：

（1）人口基数大。印度尼西亚的人口数量仅次于中国、印度、美国，居世界第四位。印度尼西亚进行过四次人口普查：一次在荷兰殖民主义统治时期，即1930年，三次在国家独立以后，即1961年、1971年和1980年。根据这几次普查资料，1930年印度尼西亚的人口为6 073万人，1961年为9 701 8万人，1971年为1.192亿人，1980年为1.475亿人。到1981年底，印度尼西亚人口已接近1. 5亿人（不包括伊里安查亚省内各地区的人口），发展到2013年，印度尼西亚人口大约增长到2.5亿。

（2）人口分布极不均衡。美国学者马克斯威尔·史丹帕在其《发展中国家的人口及其规划》一书中指出："印度尼西亚的主要问题与其说是人口增长过快，还不如说是分布极端不平衡。"1985年，印度尼西亚全国人口密度每平方千米70人，比15年前增加了15人，为全世界人口密度的2倍多，爪哇岛更甚。由于占全国60.7%左右的人口集中居住在仅占全国面积7%的爪哇岛上，致使该岛人口密度每平方千米高达753人，成为世界上人口最稠密的地区之一。其中中爪哇北部沿海地带每平方千米竟高达2 400人。1990年，印度尼西亚全国人口密度每平方千米上升到93人，比5年前增加了23人，上升幅度显著提高。2000年，印度尼西亚全国人口密度每平方千米上升到109人，比10年前增加了16人，人口密度继续增大。2010年，印度尼西亚全国人口密度每平方千米上升到124人，比10年前增加了15人，称为世界上人口最稠密的国家之一。

（3）城市人口迅速增加。由于城乡差别日益扩大，大批农民流入城市。据报道，印度尼西亚10万以上人口的城市，1930年只有7个，1960年增至20个。城市人口占全国总人口的比重由1961年的15%提高到1980年的25%。70年代，印度尼西亚城市人口增长率保持在较高比率（其中乌戌潘当和棉兰分别为47.2%和79.2%），比全国人口增长率1.9%，高出1倍多。其中，首都雅加达的人口数量已由1950年的170万增至1980年的650万。截至2013年，印度尼西亚城镇化人口已达13 045万人，城镇化率达50%以上。

（4）人口构成年轻化。1988年，印度尼西亚全国25岁以下的人口占全国总人日的58%，而60岁以上的老年人仅占2%。由于印度尼西亚人口构成年轻化，进入和即将进入结婚年龄的人口特别多，因而造成了庞大的生育队伍，2013年，印度尼西亚现有人口的平均年龄为27.2岁，人口年轻且数量庞大，人口红利仍将持续较长时间。印度尼西亚年均人口增长率约达1.5%，为印度尼西亚政府和社会带来了严峻挑战。

总的来说，印度尼西亚的人口过多、过密，给印度尼西亚的社会和经济均带来较为严重的问题，主要体现在：

（1）粮食问题，虽然印度尼西亚有大量的土地和海域，但主要粮食作物如大米、大豆、小麦、牛肉、白糖、玉米、花生等至今仍无法自给自足，需要依靠进口，如气候变化导致全球或亚洲粮食危机，印度尼西亚将被严重拖累。

（2）城镇化快速发展导致基础设施无法跟上，根据报告，到2025年印度尼西亚将有约1.95亿人口（约占全国人口65%）居住在城镇，而目前印度尼西亚各城镇在居民用水、卫生等基础设施上均未达到应有水平，发展压力巨大。

（3）能源危机可能加重，目前印度尼西亚无论是油气、电力或新能源的发展，都因科技、资金和人才等问题而停滞不前，随着经济的发展和人口的增长，将逐渐成为重要的经济和社会问题。

（4）贫困人口数量居高不下，目前印度尼西亚贫困人口已减少至约3 000万人，但预计到2020年，贫困人数将上升为约5 100万，成为印度尼西亚政府亟需解决的重大问题。

（5）产生社会建设和生态环境等问题，随着人口的快速增长，教育、卫生、交通、住房、生态环保等问题日渐突出，将影响印度尼西亚整体发展。

（二）人口分布的地区差异

印度尼西亚各岛屿的人口分布极不均衡。总面积仅为13.5平方千米的爪哇与马都拉，1980年共有人口9 130万人，即占全国人口的62%，而面积达54.1万平方千米的苏门答腊岛的居民为2 800万人（占全国人口的19%）；面积为55.1万平方千米的加里曼丹岛的居民为670万人（占4.5%）；面积为41.3万平方千米的伊里安查亚省仅有人口120万人（占0.8%）。

表2–23　1930—1980年印度尼西亚几个面积最大的岛屿人口的分布情况（单位：百万人）

	1930年	1961年	1971年	1980年
爪哇与马都拉	41.7	63.0	76.1	91.3
苏门答腊	8.3	15.7	20.8	28
加里曼丹	2.2	4.1	5.2	6.7
苏拉威西	4.2	7.1	8.5	10.7
其他岛屿	4.2	7.1	8.6	11.1

数据来源：印度尼西亚国家统计局：*Statistics Indonesia*，http：//www.bps.go.id/。

在各岛屿，各地区的人口分布也不平衡。通常，在可以从事灌溉耕作的地方人口密度最大，而土地贫瘠的山区则不可能吸引大量居民。例如，在多山而离海遥远的中加里曼丹省，人口数比耕作业和贸易往来条件较优越的西加里曼丹省的人口少3/5。表2-24显示了1971—2010年印度尼西亚人口在各省的分布。爪哇岛从1971—2010年间，一直是人口最密集的地区。2010年，西爪哇省人口达4 305万人，中爪哇省人口达3 238万人，共占印度尼西亚总人口的31.7%。也就是将近1/3的印度尼西亚人口生活在爪哇岛。

表2-24 1971—2010年印度尼西亚各省人口分布表(单位：万人)

省份	人口(万人)					
	1971年	1980年	1990年	1995年	2000年	2010年
亚齐省	200.86	261.13	341.62	384.76	393.09	449.44
北苏门答腊省	662.18	836.09	1 025.60	1 111.47	1 164.97	1 298.22
西苏门答腊省	279.32	340.68	400.02	432.32	424.89	484.69
廖内省	164.15	216.85	330.40	390.05	495.76	553.84
占碑	100.61	144.60	202.06	237.00	241.38	309.23
南苏门答腊省	344.06	462.98	631.31	720.75	689.97	745.04
明古鲁	51.93	76.81	117.91	140.91	156.74	171.55
楠榜	277.70	462.48	601.76	665.78	674.14	760.84
邦加	n.a.	n.a.	n.a.	n.a.	90.02	122.33
廖岛省	n.a.	n.a.	n.a.	n.a.	n.a.	167.92
雅加达	457.93	650.34	825.93	911.27	838.94	960.78
西爪哇	2 162.35	2 745.35	3 538.44	3 920.68	3 572.95	4 305.37
中爪哇	2 187.71	2 537.29	2 852.06	2 965.33	3 122.89	3 238.27
日惹特区	248.94	275.08	291.31	291.68	312.23	345.75
东爪哇	2 551.70	2 918.89	3 250.40	3 384.40	3 478.36	3 747.68
万丹	n.a.	n.a.	n.a.	n.a.	809.88	1 063.22
巴厘岛	212.03	246.99	277.78	289.56	315.12	389.08
西努沙登加拉	220.35	272.47	336.96	364.57	400.93	450.02
东努沙登加拉	229.53	273.72	326.86	357.75	395.23	468.38
西加里曼丹	201.99	248.61	322.92	363.57	403.42	439.60
中加里曼丹	70.19	95.44	139.65	162.75	185.70	221.21

续表

省份	人口（万人）					
	1971年	1980年	1990年	1995年	2000年	2010年
南加里曼丹	169.91	206.46	259.76	289.35	298.52	362.66
东加里曼丹	73.38	121.80	187.67	231.42	245.51	355.31
北苏拉威西	171.85	211.54	247.81	264.91	201.21	227.06
中苏拉威西	91.37	128.96	171.13	193.81	221.84	263.50
南苏拉威西	518.06	606.22	698.16	755.84	805.96	803.48
东南苏拉威西	71.41	94.23	134.96	158.69	182.13	223.26
哥伦打洛	n.a.	n.a.	n.a.	n.a.	83.50	104.02
西苏拉威西	n.a.	n.a.	n.a.	n.a.	n.a.	115.87
马鲁古群岛	108.96	141.10	185.78	208.65	120.55	153.35
北马鲁古	n.a.	n.a.	n.a.	n.a.	78.51	103.81
西巴布亚省	n.a.	n.a.	n.a.	n.a.	n.a.	76.04
巴布亚岛	92.34	117.39	164.87	194.26	222.09	283.34
印度尼西亚	11 920.82	14 749.03	17 937.89	19 475.48	20 626.46	23 764.13
备注：1. 此数据包括非长期居民在内；2. n.a.表示数据未收集						

数据来源：印度尼西亚国家统计局，*Statistics Indonesia*，http：//www.bps.go.id/。

表2–25显示了1978—2010年印度尼西亚人口密度的变化。爪哇和马都拉的人口密度最大，1986年为每平方千米690人，同期全国平均密度为每平方千米77人，加里曼丹人口的平均密度每平方千米不超过12人，而伊里安查亚每平千米仅3人。总的来说，1978—2010年间，印度尼西亚的人口密度越来越高，从1978年的每平方千米约68人上涨到2010年每平方千米大约124人，将近翻了一番。

表2–25　1978—2010年印度尼西亚人口密度表（单位：人/平方千米）

年份	1978	1983	1990	2000	2010
人口密度	68	75	93	109	124

数据来源：印度尼西亚国家统计局，*Statistics Indonesia*，http：//www.bps.go.id/。

爪哇农业人口的日益过剩已成为印度尼西亚的一个极其严重的问题。中爪哇靠直葛的北部沿海地区的人口密度特别大，早在20世纪60年代，这里每平方千米即多达2 400多人。在日惹、梭罗、古突士、茉莉芬各区、布兰塔斯河谷地区、泗水和克拉克桑之间的沿海地区及玛琅地区，每平方千米达600～750人。邻近雅加达与井里汶各区的人口密度为每平方千米700多人。

当然，除人口稠密的地区以外，爪哇还有一些地区，例如南万丹与南部山区(西爪哇山区南部)人口较少，那里每平方千米不足200人。爪哇高山地区的气候和土壤条件都不适合发展耕作业，因而那里的人口也不多。但是，采取在爪哇内部人口重新分配的办法未必能解决问题。这就促使印度尼西亚政府特别重视岛际的人口流动，即将爪哇岛的无地和少地的农民迁移到其他岛屿。

二、人口的迁移和流动

"人口迁移"(population migration)是人口移动的一种形式，是指人口分布在空间位置上的变动。一般指的是人口在两个地区之间的空间移动，这种移动通常涉及人口居住地由迁出地到迁入地的永久性或长期性的改变。

人口流动(population flow)是人口在短期离开后又返回原居住地的现象，一般指离家外出工作、读书、旅游、探亲和从军一段时间，未改变定居地的人口移动。人口流动不属于人口迁移，比人口迁移更为普遍和经常，流动的人口不能称为移民。人口流动分为周期流动和往返流动。

(一)印度尼西亚人口的国内迁移和流动

作为世界上的人口大国，印度尼西亚从独立后就一直面临着人口分布极不均衡的问题。爪哇和马都拉占全国土地面积的6.9%，但人口却占全国人口的61.9%。这种人口分布的不平衡，影响到印度尼西亚土地和矿产资源的充分开发和利用。20世纪60年代下半期以来，由于人口持续增长，印度尼西亚国内人口分布不平衡的矛盾更加尖锐。为了解决人口问题，印度尼西亚政府长期以来推行一种所谓的"国内移民计划"(Transmigration Program)。

印度尼西亚独立后，国内移民计划成为其经济发展战略的一部分。建国总统苏加诺称国内移民计划为"关系印度尼西亚民族生死存亡的问题"，并在1965年确定了每年迁移150万人的目标，该数字相当是当时爪哇每年增加的人口。1966年苏哈托上台后继承并推动了国内移民计划的实施。从1969年开始，印度尼西亚的国内移民计划被纳入五年发展计划中。“第一个五年发展计划（1969—1974年）”时期，国内移民计划被视为发展爪哇以外地区农业的强有力手段，移民计划被纳入各省开发自然资源的总计划中。在该五年计划的头两年里，当局提出了重新安置老移民的方针，包括提供和接济移民食物，修筑急需的道路、桥梁等，这大大促进了移民工作。在这整个五年计划期间，有18.2万多人被安置在定点移民区。“第二个五年发展计划（1974—1979年）”时期，国家和地方制订的经济发展计划都同移民问题紧密地联系起来，印度尼西亚政府把南苏门答腊、西加里曼丹以及南苏拉维西三个经济优先发展地区作为主要移民迁入区。政府计划在这五年里资助迁移25万户家庭，并争取动员20万家庭作为自发移民迁移。但这些指标并没有实现。“第三个五年发展计划（1979—1984年）”期间，政府制订了一个种植园发展规划，把移民土作和种植园发展战略结合起来。政府打算有组织有计划地从爪哇岛迁出50万户居民（按每户5人计算），分散到苏门答腊、加里曼丹以及苏拉维西等地15个省的250个安置区去。第一年内移民50 000户，以后每年递增25 000户。计划中规定，移民到达目的地后，每户分给两公顷土地。在移居的第一年里，政府提供基本生活资料和用具，一年后自立。移民区将兴建学校、商店、公路等配套设施。20世纪70年代末和80年代初由于石油价格坚挺，印度尼西亚的国家收入增加，再加上世界银行的资助，印度尼西亚的国内移民计划土作取得了较大进展。到1989年，累计共约100万个家庭（约500万人）作为官方移民计划被迁移到外岛，此外还有约2～3倍于这个数字的自发移民或其他形式的移民也迁移到外岛。20世纪80年代中期以后，由于国际石油价格下跌，印度尼西亚政府大幅削减预算，加上国内外非政府组织对该计划所带来的负面影响的不断抨击以及国际金融援助的大幅下降，到20世纪90年代早期，移居者的年移居数量己开始减少，如“第六个五年发展计划（1994—1999年）”的发展目标是搬迁60万个家庭，实际只有30万个家庭被迁移，“第七个五年计划”的头一年，移民工作成效更是不尽人意。

下表中1929—1931年以及1942—1949年移民数字为零，这分别与1929—1933年世界性经济危机和二战中日本侵略东南亚以及战后印度尼西亚的民族独立运动有关。1989—1994年没有具体的移民数字。

表2-26 1905年—2000年1月印度尼西亚的移民数据

年份	移民目标（家庭）	实际迁移数量	
		家庭	人数
1905—1928		5 922	27 388
1929—1931		0	0
1932—1941		35 225	162 600
1942—1949		0	0
1950—1965		84 576	390 402
1966—1968		6 003	27 712
1969—1974	38 700	36 483	182 414
1974—1979	250 000	118 000	544 688
1979—1984	500 000	53 5 000	2 469 560
1984—1989	750 000	230 000	1 061 680
1989—1994	550 000		
1994—1999	600 000	300 000	1 500 000
1999—2000	16 235	4 409	22 000

资料来源：M.Adriana Sri Adhiati and Armin Bobsien ed., *Indonesia's Transmigration Programme-An Update*, http：//dte.gn.apc.org/ctrans.htm.以及Philip M. Fearnside："Transmigration in Indonesia：Lesson from its environmental and Social Impacts", *Environmantal Management*, Vo1.21.

印度尼西亚国内移民计划具有以下特点：

首先，从国内移民对象的选择来看。为了保证国内移民计划的成功，印度尼西亚政府对移民的选择是具有一定标准的，通常移民必须符合下列条件：（1）是印度尼西亚国民且必须是真正的农民；（2）必须是强壮和健康的个人；（3）移民户主年龄必须在20～40岁之间，最小家庭成员大约为6个月，最大家庭成员不超过60岁；（4）鼓励以家庭形式移民；（5）避免移民家庭有过多的幼童，否则移民家庭刚开始时的负担将过于沉重；（6）不接纳种植园工人；（7）户主必须已婚，但不允许为了被招募而进行的结婚；（8）不接受孕妇；（9）不接受未婚男子；（10）鼓励某个乡村作为一个整体迁移。在这种情况下，前面9条规定可以被忽略。此外，移民也被要求有一定的教育水平，如能阅读等。在宗教信仰上对移民也有一定的要求，以便在移民安置点的新环境中不同民族和不同宗教的群体能和平共处。而对加入政府“种植园中心”(NES)制度的移民则有更严格的要求，如：户主的年龄限制为18～35岁之间；小孩人数限制为3个；具有读、写能力；必须遵守NES体制的规章等。此外，移民计划还对从前的军队成员给予特殊安排(如他们可以是单身，年龄可延至54岁)。在以下情况也可给予移民优先考虑：与水利设施的建设有关，或是经常受洪水和地震威胁的地区；可以进行整个村庄的移民。

第二，从移民类型来看，印度尼西亚国内移民包括三种不同的类型。主要的移民群体是受政府赞助的移民，即官方移民，他们由政府出资运送到安置点，政府给他们提供基本安置条件和一些生活必须品。另外，政府的援助还包括建设简单的乡村公路，安装供水设备，修建学校、清真寺以及一个简单的康复中心。移民安置点被预期在5年后实现自给自足，在此期间移民安置点的行政控制是由省级政府承担。第二种移民类型为自费的、自发参与移民计划的家庭。这些人得到同样数额的土地，并从政府的相同的社会经济服务中受益。然而，政府对这种类型移民的直接支持力度较小，而且是以信贷形式而不是补贴的形式提供。这种方式的移民主要由小农场主“种植园中心”(NES)来组织。这个机构的组织者是农业部种植园理事会。在新环境中，移民先在种植园当工人，当土地被开垦和种植后，他们就随之成为小块农田的拥有者。他们必须保证不把种植园的份额转让给第三者。第三种移民类型为居住在移民安置点内或靠近移民安置点的当地移民，他们从政府那里得到与自发移民同样的利益。这种移民通常是由于其世代居住的场所在政府的开发项目中被征用面临流离失所的困境，诸如因政府修建水坝或中央加里曼丹大型发展项目(PLG)而带来的人口迁移，或者是那些由于自然灾害影响或政府划定自然保护区而失去家园的人们。在所有移民中，大部分是属于政府完全资助的类型。例如在1979—1984年间，大约366 000个移民家庭是政府赞助移民，而169 000个家庭则是利用他们自己的资源迁移的。然而，从1970年代后期开始自发移民的数量开始增加，在1984—1987年间大约59%的移民家庭被认为是自发迁移。

第三，从政府对移民的援助措施来看。(1)为了保证移民工作的成效，印度尼西亚移民部在正式移民之前通常要进行较详尽的规划。这种规划通常分为三个阶段：第一阶段是对安置点的宏观计划，其任务是确定移民安置点，选择那些容易迁入，与市场有连接，土壤质量好的地区；第二阶段是对已确定的安置点做详细的研究，诸如地理、地形、气候、水文等与农业发展相关的重要因素；第三阶段是充实和完善移民计划。要根据已经完成的地形调查情况绘制出1:20 000的地图，还要进行坡度勘测、土壤调查，以及研究土地使用和森林分布状况，预算水的供给量等问题；最后要制定可行性计划，包括怎样建立一个新村庄并使其长期存活下去。(2)从经济上对移民给予保证，使移民个人及其家庭看到近期的和长远的自身利益。在“第一个五年发展计划”期间，政府政策充分强调有关移民个人及其家庭福利的实现。“第二个五年发展计划”又要求在移民区移民的人均收入要比在原来地区高。此外，政府还重视自发移民的作用，在经济上给他们与全部由国家负担的移民以同等待遇，如土地、房屋、食物、种子、暂时免征税等，并鼓励自发移民迁入就业机会比较多且经济较发达的地方去。当然，更重要的是满足移民对土地自主权的愿望。政府在“第二个五年发展计划”中规定：在没有水利灌溉的地区，每户移民家庭可分得4～5公顷土地，而在水利灌溉地区则分2公顷土地。1972年以来，政府在原来有关土地政策基础上又进一步制定了土地分配三三制，即分给移民的土地的1/3(至少3公顷)归移民家庭直接所有，1/3是令为国家销售而耕种的土地，1/3是备以后迁入的人口以及移民孩子成人后需用的土地，这种做法极大提高了移民的积极性。(3)政府还不断完善移民行政区划。政府规划每一移民区至少由10个乡组成，每个乡约500户人家，重点将其中的一个乡发展成为小城镇，移民中心建立之后，最终发展成为省属和县属的一个行政区域。这样，原来的移民区不再是游离于地方的一块“孤岛”。(4)政府还不断完善移民领导管理机构。1972年《基本移民》修正后，有关移民管理的所有权归于迁移合作部，以防止机构重叠。1974年，印度尼西亚又成立了扩大移民地区发展机构，设中央、省、县三级。由于三级机构都包括了来自各有关部门的代表，处理如移民教育、医疗卫生、银行信贷等问题就有了直接的可能性。总之，扩大移民地区发展机构对于实施和监督移民区的发展，保证计划的有效实行起到了重要作用。1983年以后，移民部单独承担了计划和实施移民的任务，这个部拥有一个移民研究和发展中心，一个移民工作人员发展培训中心，一个名为“PyFarmers”的移民训练中心和一个深入研究关于移民基本问题的移民研究所。另外，还有19个地方政府接收移民。

第四，从移民接收地来看，在印度尼西亚政府的国内移民统一划规划下，大量来自爪哇和马都拉等地的居民被重新安置，主要是到苏门答腊、加里曼丹、苏拉威西、马鲁古和西巴布亚等人口稀少、资源丰富的地区。

（二）印度尼西亚人口的国际迁移和流动

国际迁移（international migration），是相对于国内迁移（internal migration）的一个概念，人口学中指通过国界从一个国家到另一个国家的人口移居行为。印度尼西亚人口的国际迁移和流动主要是指印度尼西亚华侨移民。华侨对印度尼西亚的开发和建设作出了重大的贡献，在印度尼西亚社会政治、经济、文化发展中占有极其重要的地位。

由汉至明，华侨移居印度尼西亚以自由移民为主，他们普遍受到印度尼西亚居民的欢迎，且在当地享有很高的礼遇。其移民印度尼西亚的原因大约有三种：因经商印度尼西亚，在当地留居；因避祸逃兵而入印度尼西亚；由于宗教文化交流而旅居印度尼西亚。此外，被掠夺或被强制而长留印度尼西亚的也有。从16世纪中叶的明朝中期到19世纪鸦片战争前300年间，印度尼西亚华侨人数急剧增加，活动的区域更为扩大。华侨遍布于爪哇的巴达维亚、下港；苏门答腊的旧港，婆罗洲的坤甸、马辰、三发、喃吧哇。在这些华人集中的地方，都有特定的华人社区，保持着中国的传统文化和生活方式，他们在当地的社会经济生活中起着举足轻重的作用，在印度尼西亚形成了有浓郁的中国特色的华侨社会。

1840年鸦片战争后的100年间，中国人大规模出国，形成移民高潮。每年平均在10万人以上，累计出国人数超过1 000万人，足迹遍及全世界，形成了海水到处便有华侨的格局。印度尼西亚又是华侨移居的首选地。19世纪60年代至20世纪30年代，移居印度尼西亚的华侨人数急剧增加，具体人数可见下表。

表2–27 1860—1930年移居印度尼西亚的华侨人数（单位：人）

年份	1860	1870	1880	1890	1900	1905	1920	1930
移居人数	221 000	260 000	344 000	461 000	537 000	563 000	809 000	1 233 000

数据来源：印度尼西亚国家统计局：*Statistics Indonesia*，http：//www.bps.go.id/。

印度尼西亚华侨是华侨中具有典型意义的一支，她的出现和发展有它本身的规律性。综观印度尼西亚华侨移民的历程及动因，符合人口迁移的“推拉理论”（推拉理论的推因素主要是指迁移者对目前居住地的各种不满因素，如失业、自然灾害、经济收入、居住条件、政治原因、宗教原因等；拉因素是指迁入地各种可能满足迁移者某种意愿的因素。这些因素对迁移者产生排斥力或吸引力，两方面因素相互作用，迁移者在权衡得失中作出是否迁移的抉择）。印度尼西亚华侨除非自主移民之外，无不受国内政治、经济等的推因素和印度尼西亚社会政治、经济、文化的拉因素的影响，是在权衡推与拉双方面因素的利弊得失之后作出迁移抉择的，是推因素和拉因素共同影响所产生的结果。

（二）印度尼西亚人口近三十年的人口迁移

表2-28显示了1980—2010年近三十年迁进印度尼西亚的人口数。1980年，首都雅加达是最吸引人口流入的地方，大约有766 363万人迁入，紧随其后的是西爪哇和楠榜。1985年，虽然流入雅加达的人口有所下降，但是雅加达依然是最吸引人口流入的地方。而流入西爪哇地区的人口继续上涨，与此同时，楠榜省开始失去对人口的吸引力。1990年时，西爪哇已经超越雅加达，称为印度尼西亚最吸引人口的地方，大约有135万人在这一年迁入西爪哇。2010年，西爪哇吸引新流入的人口约105万，是落后地区（如：北马鲁古）的三十几倍。这表明，印度尼西亚的人口分布极其不均衡，人口的流动也很不均衡。

表2-28　印度尼西亚1980—2010年人口迁进表

省份	1980年	1985年	1990年	1995年	2000年	2005年	2010年
亚齐省	51 208	37 692	56 326	28 498	15 369	n.a	63 987
北苏门答腊	95 586	59 600	107 882	103 258	139 887	107 330	123 962
西苏门答腊	93 117	75 757	129 049	138 531	109 016	108 252	130 180
廖内	98 652	91 881	245 465	147 518	358 815	213 867	294 957
廖岛	n.a	n.a	n.a	n.a	206 664	154 291	210 056
占碑	107 273	52 647	136 397	57 057	109 534	66 347	110 114
南苏门答腊	221 165	105 064	212 196	128 011	163 250	65 994	117 396
邦加	n.a	n.a	n.a	n.a	36 536	19 906	60 808
明古鲁	66 902	33 386	82 831	65 933	68 832	32 668	47 827
楠榜	507 803	126 677	212 298	114 206	149 013	91 858	92 439
雅加达	766 363	684 001	833 029	594 542	702 202	575 173	643 959
西爪哇	551 960	560 460	1 350 596	1 117 615	109 7 021	730 878	1 048 964
万丹	n.a	n.a	n.a	n.a	620 299	290 876	465 080
中爪哇	183 761	171 473	384 753	351 942	354 204	327 604	301 417
日惹特区	98 856	112 331	161 740	165 324	196 586	189 890	227 364

续表

省份	1980年	1985年	1990年	1995年	2000年	2005年	2010年
东爪哇	203 175	165 731	328 607	438 446	185 966	250 155	243 061
巴厘	37 254	235 65	65 967	58 177	87 225	76 589	102 425
西努沙登加拉	26 221	26 762	37 401	45 914	59 964	26 947	47 648
东努沙登加拉	25 976	20 050	27 107	32 741	69 910	33 348	49 339
西加里曼丹	39 380	19 331	43 809	44 752	49 202	16 449	42 650
中加里曼丹	49 699	33 328	78 791	36 477	124 387	31 513	122 969
南加里曼丹	61 704	55 752	98 330	69 244	89 320	62 574	103 455
东加里曼丹	112 620	83 976	194 531	138 627	155 498	149 389	213 558
北苏拉威西	45 498	14 783	34 736	21 852	54 504	28 863	48 042
哥伦打洛	n.a	n.a	n.a	n.a	9 257	11 082	26 695
中苏拉威西	83 595	28 067	70 034	70 833	75 328	52 297	61 961
南苏拉威西	65 208	48 453	119 455	13 7 341	80 648	107 989	120 638
西苏拉威西	n.a	n.a	n.a	n.a	33 739	26 104	37 206
东南苏拉威西	51 014	69 547	71 143	56 937	110 289	40 716	64 097
马鲁古群岛	46 904	23 860	68 701	22 968	18 657	9 615	29 236
北马鲁古	n.a	n.a	n.a	n.a	14 764	10 365	24 462
巴布亚岛	33 420	52 771	73 776	53 298	49 736	38 996	66 562
西巴布亚省	n.a	n.a	n.a	n.a	25 890	15 897	53 905

数据来源：印度尼西亚国家统计局，*Statistics Indonesia*，http：//www.bps.go.id/。

表2-29显示了1980—2010年近三十年从印度尼西亚迁出的人口数。1980年，中爪哇和东爪哇是人口迁出最多的地方，大约有91万人和57万人分别从中爪哇和东爪哇迁出。1985年，中爪哇依然是人口迁出最多的地方。与此同时，也有三十几万人从雅加达、西爪哇和东爪哇迁出。1990年时，中爪哇迁出的人口达116万，比1985年的60万将近翻了一番。2010年，中爪哇迁出人口将近98万，是落后地区（如：北马鲁古）的四十几倍。这表明，印度尼西亚的人口流出也极其不平衡。

表2–29　印度尼西亚1980—2010年人口迁出表

省份	1980年	1985年	1990年	1995年	2000年	2005年	2010年
亚齐省	28 248	21 269	49 389	48 478	161 581	n.a	38 802
北苏门答腊	177 289	163 858	277 647	198 873	358 521	201 898	372 644
西苏门答腊	153 239	133 285	173 220	144 607	233 945	128 758	150 709
廖内	53 757	45 656	92 903	126 372	88 708	98 794	125 814
廖岛	n.a	n.a	n.a	n.a	41 340	8 605	54 847
占碑	36 178	32 160	64 033	52 695	83 346	51 367	52 689
南苏门答腊	132 011	111 645	198 841	187 213	151 956	106 772	129 814
邦加	n.a	n.a	n.a	n.a	33 773	17 791	17 054
明古鲁	15 899	14 082	28 595	35 739	35 831	29 982	26 910
楠榜	45 594	85 136	135 907	165 921	149 258	110 869	154 420
雅加达	382 326	398 737	993 377	823 045	850 343	734 584	883 423
西爪哇	468 441	350 074	495 727	448 779	631 753	443 039	595 877
万丹	n.a	n.a	n.a	n.a	207 358	132 867	192 983
中爪哇	908 302	607 532	1 159 694	732 415	1 017 494	662 193	979 860
日惹特区	72 933	102 453	120 777	111 019	129 530	87 741	103 492
东爪哇	570 555	336 177	647 348	410 609	529 037	344 266	528 370
巴厘	52 404	26 688	56 127	45 298	47 353	38 959	41 216
西努沙登加拉	38 987	15 722	36 853	34 916	50 714	32 340	40 982
东努沙登加拉	34 713	24 598	45 620	43 248	54 989	30 200	67 484
西加里曼丹	28 431	18 534	44 686	34 030	45 682	32 955	42 144
中加里曼丹	15 989	18 306	37 015	43 071	24 903	47 273	34 506
南加里曼丹	46 061	50 782	76 447	56 360	62 612	41 824	55 292
东加里曼丹	20 334	30 456	68 192	76 009	42 817	47 478	73 039
北苏拉威西	38 259	30 230	51 272	48 142	38 830	31 813	45 473
哥伦打洛	n.a	n.a	n.a	n.a	33 448	15 616	16 820
中苏拉威西	17 282	12 008	28 038	28 017	30 555	27 464	39 174
南苏拉威西	147 855	89 819	161 050	149 148	185 215	148 333	208 570
西苏拉威西	n.a	n.a	n.a	n.a	19 078	21 887	20 053
东南苏拉威西	29 575	12 771	36 681	38 806	22 251	30 685	42 613
马鲁古群岛	26 995	24 547	38 899	45 936	92 781	30 417	30 179
北马鲁古	n.a	n.a	n.a	n.a	28 480	16 529	14 887
巴布亚岛	16 191	18 760	31 631	26 496	24 329	25 117	38 803
西巴布亚省	n.a	n.a	n.a	n.a	17 623	12 015	16 835

数据来源：印度尼西亚国家统计局，*Statistics Indonesia*，http://www.bps.go.id/。

表2-30　印度尼西亚1980—2010年人口净移民表

省份	1980年	1985年	1990年	1995年	2000年	2005年	2010年
亚齐省	22 960	16 423	6 937	-19 980	-146 212	n.a	25 185
北苏门答腊	-81 703	-104 258	-169 765	-95 615	-218 634	-94 568	-248 682
西苏门答腊	-60 122	-57 528	-44 171	-6 076	-124 929	-20 506	-20 529
廖内	44 895	46 225	152 562	21 146	270 107	115 073	169 143
廖岛	n.a	n.a	n.a	n.a	165 324	145 686	155 209
占碑	71 095	20 487	72 364	4 362	26 188	14 980	57 425
南苏门答腊	89 154	-6 581	13 355	-59 202	11 294	-40 778	-12 418
邦加	n.a	n.a	n.a	n.a	2 763	2 115	43 754
明古鲁	51 003	19 304	54 236	30 194	33 001	2 686	20 917
楠榜	462 209	41 541	76 391	-51 715	-245	-19 011	-61 981
雅加达	384 037	285 264	-160 348	-228 503	-148 141	-159 411	-239 464
西爪哇	83 519	210 386	854 869	668 836	465 268	287 839	453 087
万丹	n.a	n.a	n.a	n.a	412 941	158 009	272 097
中爪哇	-724 541	-436 059	-774 941	-380 473	-663 290	-334 589	-678 443
日惹特区	25 923	9 878	40 963	54 305	67 056	102 149	123 872
东爪哇	-367 380	-170 446	-318 741	27 837	-343 071	-94 111	-285 309
巴厘	-15 150	-3 123	9 840	12 879	39 872	37 630	61 209
西努沙登加拉	-12 766	11 040	548	10 998	9 250	-5 393	6 666
东努沙登加拉	-8 737	-4 548	-18 513	-10 507	14 921	3 148	-18 145
西加里曼丹	10 949	797	-877	10 722	3 520	-16 506	506
中加里曼丹	33 710	15 022	41 776	-6 594	99 484	-15 760	88 463
南加里曼丹	15 643	4 970	21 883	12 884	26 708	20 750	48 163
东加里曼丹	92 286	53 520	126 339	62 618	112 681	101 911	140 519
北苏拉威西	7 239	-15 447	-16 536	-26 290	15 674	-2 950	2 569
哥伦打洛	n.a	n.a	n.a	n.a	-24 191	-4 534	9 875
中苏拉威西	66 313	16 059	41 996	42 816	44 773	24 833	22 787
南苏拉威西	-82 647	-41 366	-41 595	-11 807	-104 567	-40 344	-87 932
西苏拉威西	n.a	n.a	n.a	n.a	14 661	4 217	17 153
东南苏拉威西	21 439	56 776	34 462	18 131	88 038	10 031	21 484
马鲁古群岛	19 909	-687	29 802	-22 968	-74 124	-20 802	-943
北马鲁古	n.a	n.a	n.a	n.a	n.a	n.a	9 575
巴布亚岛	17 229	34 011	42 145	26 802	25 407	13 879	27 759
西巴布亚省	n.a	n.a	n.a	n.a	8 267	3 882	37 070

数据来源：印度尼西亚国家统计局，*Statistics Indonesia*，http：//www.bps.go.id/。

表2–30显示了1980—2010年近三十年印度尼西亚人口的净移民数。苏门答腊、雅加达、中爪哇、东爪哇、南苏拉威西一直是人口净流出地区，表明印度尼西亚政府一直在努力调整人口分布，促进人口密集地区的人口迁出。

三、人口的城镇化

人口的城镇化通常指人口向城镇集中或由乡村地区转变为城镇地区，从而变乡村人口为城镇人口，使城镇人口比重不断上升的过程。反映人口城镇化的指标，是城镇人口占总人口的百分比。

印度尼西亚是一个农业国，大多数人口住在农村地区。现在，城市人口比农村人口增长的速度快得多。这主要是由于人口流动的关系。例如1961—1971年，城市人口的年平均增长率为3.8%，而农村人口则每年平均增长1.8%。1971—1976年，城市人口的增长速度也比农村人口快，年平均增长率分别为2.8%和1.8%。因此，在1971—1976年间，城市人口从2 080万人增至2 330万人，而农村人口则从9 850万人增至10 769万人。

城市人口从1930年占总人口的7%增至1961年的14.9%，1971年的17.4%和1976年的18%，表明城市化进程正在加快。这有其积极的一面，也有消极的一面。一方面，商业、工业、银行业、行政机关、文化中心等机构不断发展，而城市化通常又大大超过基础设施部门的发展和工业建设速度。另一方面，由于农民丧失土地的进程日益加速和农业人口过剩，越来越多的人涌向城市寻找较好劳动条件，人数之多超过了城市的承受力。这就导致市郊人口稠密，贫民窟与临时住房数量增多，土地被非法占领，食用水和电力不足，基本卫生条件没有保障，有随时引起火灾的危险。新的城市居民大多数文化教育程度低，没有生产技能，他们大多充实到城市贫民和流民的行列。从下表可以很明显地看出印度尼西亚从1960年到2013年的城镇化人口及城镇化比率。

表2–31　1960—1990年印度尼西亚的城镇化

年份	城镇化比率(%)	城镇化人口(人)
1960	14.586	12 936 717
1961	14.8 266	13 471 478
1962	15.0 672	14 027 737
1963	15.3 078	14 606 831

续表

年份	城镇化比率（%）	城镇化人口（人）
1964	15.5 484	15 210 772
1965	15.789	15 841 074
1966	16.0 454	16 514 649
1967	16.3 018	17 215 641
1968	16.5 582	17 943 182
1969	16.8 146	18 695 806
1970	17.071	19 472 358
1971	17.5 202	20 497 934
1972	17.9 694	21 558 688
1973	18.4 186	22 655 261
1974	18.8 678	23 788 626
1975	19.317	24 959 515
1976	19.8 744	26 310 807
1977	20.4 318	27 705 778
1978	20.9 892	29 145 131
1979	21.5 466	30 629 803
1980	22.104	32 160 094
1981	22.901	34 093 267
1982	23.698	36 087 488
1983	24.495	38 138 286
1984	25.292	40 238 999
1985	26.089	42 383 895
1986	26.988	44 738 568
1987	27.887	47 139 929
1988	28.786	49 588 234
1989	29.685	52 085 483
1990	30.584	54 633 190

数据来源：世界银行数据库，http：//data.worldbank.org/。

雅加达市是印度尼西亚的首都，全国最大的城市、经济、政治和文化生活的中心。雅加达的城市化造成的后果特别明显。1930年雅加达人口仅有53.3万人，1948年有82.3万人，而到1961年已增至290万。1961—1971年，雅加达人口的增长速度也很快。1971年全市共有460万居民。可见，10年之中首都人口就增加了170万人，每年平均增加17万人。到1980年，雅加达人口增至650万人，即从1971年至1380年的10年间，平均每年增加了19万人。1972年，统计机构对雅加达市进行了抽样调查。调查结果查明，在该市的某些区，于不同年份抵达的外来居民人数之多竟占该区总人口的80%～90%。例如在丹绒不碌，外来人口占90%，在巴油兰和特贝特新区占80%～89%、在门滕、甘比尔、新巴刹占70%～79%。首都人口的平均密度为每平方千米8 000人左右，但在一些地区，人口密度更高。

表2-31显示了印度尼西亚1960—1990年的城镇化发展变化。1960—1990年间，印度尼西亚的城镇化水平发展极其迅速，从1960年的14.6%到1990年的30.6%，其城镇化水平在30年时间里翻了一番，表明印度尼西亚城市人口的增加迅猛。

表2-32显示了印度尼西亚1991—2013年近20年的城镇化发展变化。1991—2013年间，印度尼西亚的城市居民数依然保持高速增长，截至2013年，印度尼西亚的城镇化人口达1.3亿，占全国总人口的52%。

表2-32　1991—2013年印度尼西亚的城镇化

年份	城镇化比率（%）	城镇化人口（人）
1991	31.578	57 404 487
1992	32.572	60 231 116
1993	33.566	63 110 551
1994	34.56	66 039 209
1995	35.554	69 014 778
1996	36.8 436	72 617 957
1997	38.1 332	76 285 636
1998	39.4 228	80 024 705
1999	40.7 124	83 845 898
2000	42.002	87 758 432
2001	42.789	90 700 002

续表

年份	城镇化比率(%)	城镇化人口(人)
2002	43.576	93 705 083
2003	44.363	96 775 940
2004	45.15	99 914 149
2005	45.937	103 119 791
2006	46.7 344	106 418 819
2007	47.5 318	109 785 533
2008	48.3 292	113 208 004
2009	49.1 266	116 669 236
2010	49.924	120 155 328
2011	50.6 858	123 572 811
2012	51.4 476	127 005 702
2013	52.2 094	130 453 347

数据来源：世界银行数据库，http：//data.worldbank.org/。

印度尼西亚的城市化率从1960年的14.6%上升到 2013年的 52.2%，早已进入国际公认的城市化加速发展时期(30%为临界线)，推进城镇化的条件已经成熟。印度尼西亚快速的城市化发展必将有力地支持其经济的持续增长，并为农村剩余劳动力提供广阔的就业空间；然而城镇人口的过快增长也难免给就业、环境和社会带来压力，因此，有效控制人口是印度尼西亚政府一直以来的难题。

第四节　劳动人口

亚洲金融危机后，印度尼西亚经济经过痛苦的改革后，宏观经济一直表现良好，经济增长稳定，通货膨胀率和利率都在合理区间运行，政府预算也控制得很好，即使2008年爆发的金融危机对印度尼西亚经济成长也影响不大。然而，随着2013年5月传出美国会逐步退出量化宽松政策的消息后，印度尼西亚经济增长的各项指标急剧恶化，通货膨胀率高企，贸易赤字扩大，短期资本外流，股市波动，印度尼西亚央行被迫提高利率，最终导致经济增长放缓。

受外围世界经济的影响，2013年印度尼西亚经济增长放缓。根据印度尼西亚统计局的数据，2013年，印度尼西亚经济增长5.78%。GDP从2012年的8 229兆盾增长到9 083兆盾。这是2010年以来印度尼西亚经济增长率首次低于6%以下，显示出印度尼西亚经济增速放缓。然而，作为东盟经济领头羊的印度尼西亚经济增速仍然高于东盟五国(印度尼西亚、马来西亚、菲律宾、泰国和越南)5.0%的平均增长率。印度尼西亚人均GDP也保持增长，从2010年的3 353万盾(3 010.1美元增加到2013年的3 754万盾(约3 059美元，以2013年12月30日印度尼西亚盾汇率计算)，按印度尼西亚盾计算增长12%。

一、劳动力资源

印度尼西亚的劳动力资源相对而言还是比较丰富的，从下表中可明确看出印度尼西亚的劳动力人口总数和劳动力人口占总人口比例，从1990年到2012年印度尼西亚的劳动力人数逐年稳定增加，从1990年劳动力总人数约740多万到2012年劳动力总人数增至1 100多万，短短十几年，劳动力总人数翻了近一倍。而劳动力总人数占人口总人数也从1990年的65.5%增长到2012年的67.8%，处于逐年稳定增长的状态，这一系列的涨幅与印度尼西亚的人口不断增长有直接关系，也和印度尼西亚的经济实力不断增加息息相关。

表2–33　1990—2012年印度尼西亚的劳动力人口

年份	劳动力总人数(人)	劳动力人数占总人数比例(%)
1990	74 394 191	65.50
1991	76 111 318	65.30
1992	77 701 128	65.00
1993	80 640 879	65.80
1994	83 169 754	66.20
1995	86 293 532	67.00
1996	89 271 572	67.60
1997	89 358 375	66.00
1998	90 716 292	65.40
1999	95 923 681	67.60
2000	97 648 031	67.40

续表

年份	劳动力总人数（人）	劳动力人数占总人数比例（%）
2001	99 203 166	67.20
2002	100 611 493	67.00
2003	102 515 240	67.20
2004	104 371 427	67.40
2005	106 377 062	67.70
2006	107 904 549	67.70
2007	109 421 521	67.70
2008	110 968 624	67.70
2009	112 927 742	67.90
2010	114 503 985	67.80
2011	116 379 606	67.80
2012	118 378 606	67.80

资料来源：印度尼西亚国家统计局，http: //data.worldbank.org/。

根据世界银行的资料显示，印度尼西亚的劳动人口和非劳动人口如下表所示，劳动人口中又分为工作人员和失业人员，而非劳动人员一般是处于受学业教育的状态，或者是在家中处理家庭内务等等工作，从表中可以看出，从2006年到2013年，印度尼西亚的劳动人口不断上升的同时非劳动力人口以及失业人口也在不断的上升。

表2–34　2006—2009年劳动及非劳动人口的分布情况表

年份	2006年	2007年	2008年	2009年
1. 劳动人口	106 281 795	108 131 058	111 477 447	113 744 408
1.1工作	95 177 102	97 583 141	102 049 857	104 485 444
1.2失业	11 104 693	10 547 917	9 427 590	9 258 964
2. 非劳动人口	52 975 885	54 220 990	54 088 545	54 520 040
2.1学业学习	13 978 325	14 320 491	13 281 107	13 665 903
2.2家庭内务	30 806 003	31 133 071	32 122 769	32 578 420
2.3其他	8 191 557	8 767 428	8 684 669	8 275 717

资料来源：印度尼西亚国家统计局，http: //data.worldbank.org/。

表2-35　印度尼西亚2010—2013年劳动及非劳动人口的分布情况表

年份	2010年	2011年	2012年	2013年
1. 劳动人口	115 998 062	119 399 375	120 417 046	121 191 712
1.1工作	107 405 572	111 281 744	112 802 805	114 021 189
1.2失业	8 592 490	8 117 631	7 614 241	7 170 523
2. 非劳动人口	55 019 354	51 256 764	52 448 924	53 907 000
2.1学业学习	14 199 461	13 944 026	14 307 802	14 971 720
2.2家庭内务	32 419 795	30 005 869	31 447 888	32 185 937
2.3其他	8 400 098	7 306 869	6 693 234	6 749 343

资料来源：印度尼西亚国家统计局，http：//data.worldbank.org/。

（一）年龄与性别

印度尼西亚的劳动力大部分是中青年，并且随着时间的推移，人口数量增长，中青年所占比重也是不断增加，印度尼西亚1971—1985年农业劳动力所占百分率如下表，从表中可以清晰地看到农业劳动力所占的比重，即最小年龄组及最高年龄组所占比重较大，而中间年龄组所占比重较小。

表2-36　1971—1985年各年龄段农业劳动力所占百分率

年龄＼年份	1971	1980	1985
10～14	79.7	73.9	73.8
15～19	70.4	59.6	59.2
20～24	62.2	50.3	47.6
25～29	62.9	49.8	47.2
30～34	61.9	50.9	48.2
35～39	64.0	53.3	52.4
40～44	63.9	54.9	54.3
45～49	65.5	58.8	56.6
50～54	68.6	61.4	60.8
55～59	70.5	63.9	63.7
60～64	75.0	68.1	68.3
65以上	77.7	70.0	69.0

资料来源：1971年印度尼西亚人口普查D辑、1980年S辑第2期、1985年抽查第5辑。

印度尼西亚1990—2000年男女劳动力所占百分率如下表，从表中可以清晰地看到男女劳动力所占比重的变化，从1990年到2000年以来，男女劳动力各自占男女各自总人数的比例大致均不断增加，然而，在1997年和1998年这种比例有些许减少，这是因为这段时间处于世界性的金融危机，由此可以看出，世界金融危机对印度尼西亚的男女劳动力人数比例是有较大的影响的。

表2-37　印度尼西亚1990—2000年男女劳动力占男女各自总人数百分比（>15岁）

年份	女性劳动力占女性总人数百分比（%）	男性劳动力占男性总人数百分比（%）
1990	50.20	81.10
1991	49.30	81.50
1992	48.40	81.80
1993	49.60	82.20
1994	50.70	82.00
1995	50.90	83.30
1996	51.10	84.40
1997	49.20	83.10
1998	49.70	81.20
1999	50.80	84.70
2000	50.30	84.80

资料来源：印度尼西亚国家统计局，http：//data.worldbank.org/。

印度尼西亚2001—2012年近十几年间男女劳动力所占百分率如下表，从表中可以清晰地看到男女劳动力所占比重的变化，从2001年到2012年以来，男女劳动力各自占男女各自总人数的比例稳步增加，同时，女性劳动力的比例依然相对于男性劳动力的比例相对较小，这主要是收到印度尼西亚传统文化和观念的影响。

表2-38　印度尼西亚2001—2012年男女劳动力各自占男女总人数比例表

年份	女性劳动力占女性总人数百分比（%）	男性劳动力占男性总人数百分比（%）
2001	49.90	84.80
2002	49.40	84.90
2003	49.60	85.00
2004	49.80	85.20
2005	50.00	85.40
2006	50.40	85.10

续表

年份	女性劳动力占女性总人数百分比（%）	男性劳动力占男性总人数百分比（%）
2007	50.80	84.80
2008	51.20	84.30
2009	51.20	84.70
2010	51.20	84.50
2011	51.30	84.50
2012	51.30	84.40

资料来源：印度尼西亚国家统计局，http：//data.worldbank.org/。

（二）教育程度

虽然印度尼西亚就业队伍日益庞大，但劳动力素质略显不足，文化程度可以说是比较低。在1983年，10岁以上的10 450万居民中，有近2 850万人（占27.2%）没有上过小学，有61.79%的人上过小学（包括毕业的与没毕业的）。这意味着在10 岁以上的居民中，近89%的人是小学以下文化程度，剩下的11%分别为初中、高中和大学文化程度的居民。

表2–39　印度尼西亚1983年劳动力和非劳动力的文化程度表

文化程度	劳动力	非劳动力	合计
未上过学	15 115 240	13 382 279	28 497 549
小学未毕业	19 356 264	23 012 822	42 369 086
小学毕业	11 436 643	10 739 627	22 176 315
初中毕业	2 717 140	3 582 707	6 299 847
高中毕业	3 013 507	1 107 688	4 511 195
大学毕业	448 991	96 266	545 257
四答不出者	22 141	32 268	54 409
总计	52 109 926	52 343 702	104 453 628

资料来源：印度尼西亚国家统计局，http：//data.worldbank.org/。

从1998年到2008年，伴随着劳动力人数的一直攀升，劳动力的文化程度也不断提高，但是比重仍然不高，在1998年，小学、中学和大学的文化比例分别为50.60%、18.4%和4.20%，由此可以看出，大部分有文化的劳动人口也只是停留在小学文化水平，仅仅只处于认字的阶段，无法达到国际劳动文化水平，直至2008年，小学、中学和大学的文化比例分别为53.50%、22.30%和7.10%，这个比例就1998年而言略有提高，但是其文化程度仍旧在低端水平。

表2-40　印度尼西亚1998—2008年劳动力各文化程度所占比例

年份	劳动力总人数	大学文化比例（单位：%）	小学文化比例（单位：%）	中学文化比例（单位：%）
2008	110 968 624	7.10	53.50	22.30
2007	109 421 521	6.50	55.70	20.60
2006	107 904 549	6.20	55.10	21.90
2005	106 377 062	5.60	57.60	20.70
2004	104 371 427	5.30	56.40	20.20
2003	102 515 240	4.50	57.70	20.00
2002	100 611 493	4.90	54.00	19.20
2001	99 203 166	5.00	53.20	19.00
2000	97 648 031	4.60	53.20	19.40
1999	95 923 681	11.70	27.50	7.80
1998	90 716 292	4.20	50.60	18.40

资料来源：印度尼西亚国家统计局，http://data.worldbank.org/。

表2-41和2-42分表展现了印度尼西亚2004—2008年以及2009—2013年的劳动力受教育情况。2004—2008年间，印度尼西亚的劳动力受教育程度普遍停留在中小学水平。2009—2013年间，印度尼西亚劳动力受教育程度在一定基础上有所上升，但上升比率不高，而且还有一定的起伏情况。

表2-41　印度尼西亚2004—2008年劳动力受教育程度人数统计表

受教育程度	2004年	2005年	2006年	2007年	2008年
未受教育	336 027	342 656	234 465	145 750	79 764
未完成小学教育	668 269	670 055	614 960	520 316	448 431
小学	2 275 281	2 540 977	2 675 459	2 753 548	2 216 748
初中	2 690 912	2 680 810	2 860 007	2 643 062	2 166 619
高中（普通）	2 441 161	2 680 752	2 842 876	2 630 360	2 204 377
高中（职业）	1 254 343	1 230 750	1 204 140	1 114 675	1 165 582
文凭I / II / III /学院	237 251	322 836	297 185	330 316	519 867
大学	348 107	385 418	375 601	409 890	626 202
总计	10 251 351	10 854 254	11 104 693	10 547 917	9 427 590

资料来源：印度尼西亚国家统计局，http://data.worldbank.org/。

表2-42 印度尼西亚2009—2013年劳动力受教育程度人数统计表

受教育程度	2009年	2010年	2011年	2012年	2013年
未受教育	60 347	59 066	92 142	123 213	109 865
未完成小学教育	415 955	547 164	552 939	590 719	513 534
小学	2 143 747	1 522 465	1 275 890	1 415 111	1 421 653
初中	2 054 682	1 657 452	1 803 009	1 716 450	1 822 395
高中（普通）	2 133 627	2 111 256	2 264 376	1 983 591	1 841 545
高中（职业）	1 337 586	1 336 881	1 082 101	990 325	847 052
文凭I / II / III /学院	486 399	538 186	434 457	252 877	192 762
大学	626 621	820 020	612 717	541 955	421 717
总计	9 258 964	8 592 490	8 117 631	7 614 241	7 170 523

资料来源：印度尼西亚国家统计局，http：//data.worldbank.org/。

随着印度尼西亚的劳动力教育水平的提高，其劳动力文化水平也在缓步提升，从下图可以明显看出，印度尼西亚2012年劳动力各教育程度所占总人口的比例，就业人口中小学以下教育程度达 5 460万人，占总人数的47.9%；初中程度为 2 030万人，占20.3%；高等教育程度为 1 120万人，其中大学水平约790万人，占6.96%。由此可以看出，直至2012年，印度尼西亚的劳动力受教育情况依旧不容乐观，普遍劳动力的文化教育程度依旧不高。

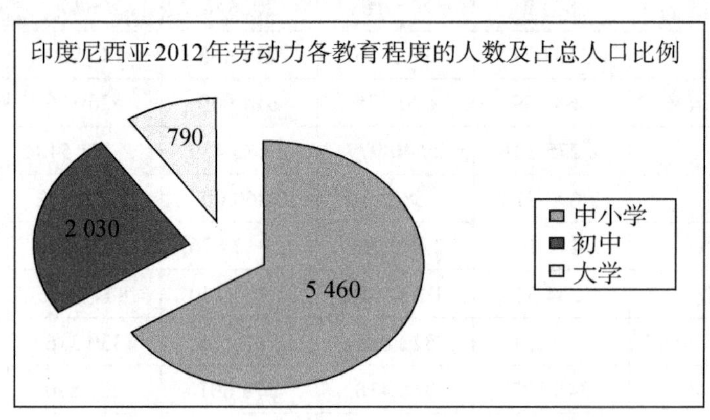

图2-16 印度尼西亚2012年受教育人数图

资料来源：印度尼西亚国家统计局，http：//data.worldbank.org/。

（三）产业分布

产业结构是指各产业的构成及各产业之间的联系和比例关系。在经济发展过程中，由于分工越来越细，因而产生了越来越多的生产部门。这些不同的生产部门，受到各种因素的影响和制约，会在增长速度、就业人数、在经济总量中的比重、对经济增长的推动作用等方面表现出很大的差异。各产业部门的构成及相互之间的联系、比例关系不尽相同，对经济增长的贡献大小也不同。简单从印度尼西亚产业结构来说，将其产业分为第一产业、第二产业和第三产业。从1990年至2012年各个部门产业就业比例如下表所示，从表中可以看出，虽然各个产业的就业比例均不相同，但是基本上是从1990年开始第一产业便逐步向第二、第三产业转型。到2012年的时候，第一产业的就业比例从刚开始的1990年的55.90%下降到了38.30%。同时，第二产业和第三产业从1990年的13.7%和30.2%稳步增加到了19.30%和42.30%。这说明，印度尼西亚正逐步地将第一产业向第二、第三产业转型，并且进行得比较顺利。

表2-43　印度尼西亚劳动力产业分布

	第一产业/农业就业比例（%）	第二产业/工业就业比例（%）	第三产业/服务业就业比例（%）
1990	55.90	13.70	30.20
1991	53.90	14.50	31.40
1992	54.90	14.10	30.90
1993	50.60	15.70	33.50
1994	46.10	18.70	35.00
1995	44.00	18.40	37.60
1996	44.00	18.10	37.90
1997	41.20	19.00	39.80
1998	45.00	16.30	38.80
1999	43.20	17.80	38.90
2000	45.30	17.40	37.30
2001	43.80	18.70	37.50
2002	44.30	18.80	36.90

续表

	第一产业/农业就业比例（%）	第二产业/工业就业比例（%）	第三产业/服务业就业比例（%）
2003	46.40	17.70	35.90
2004	43.30	18.00	38.70
2005	44.00	18.70	37.20
2006	42.00	18.60	39.30
2007	41.20	18.80	39.90
2008	40.30	18.80	40.80
2009	39.70	18.80	41.50
2010	38.30	19.30	42.30

资料来源：印度尼西亚国家统计局，http：//data.worldbank.org/。

从印度尼西亚2010年到2012年主要行业劳动力人数分析表可以看出，主要行业包括农业、林业、狩猎和渔业、采矿和采石、制造业、电力、天然气和水、建筑业、批发贸易、零售贸易，餐馆和酒店、运输、存储和通讯、融资、保险、房地产和商业服务和社区、社会和个人服务等等。其中，农业、林业、狩猎和渔业的劳动力人数比其他行业的劳动力人数都要高，这与印度尼西亚的产业结构相符合，仍旧是以第一产业为主。

表2–44　印度尼西亚2010—2012年各个主要行业的劳动力人数分析表

主要行业	2010年		2011年		2012年	
	2月	8月	2月	8月	2月	8月
农、林业、狩猎和渔业	42 825 807	41 494 941	42 475 329	39 328 915	41 205 030	38 882 134
采矿和采石	1 188 634	1 254 501	1 352 219	1 465 376	1 620 028	1 601 019
制造业	13 052 521	13 824 251	13 696 024	14 542 081	14 211 562	15 367 242
电力、天然气和水	208 494	234 070	257 270	239 636	297 805	248 927
建筑业	4 844 689	5 592 897	5 591 084	6 339 811	6 103 457	6 791 662
批发贸易、零售贸易，餐馆和酒店	22 212 885	22 492 176	23 239 792	23 396 537	24 020 934	23 155 798

续表

主要行业	2010年		2011年		2012年	
	2月	8月	2月	8月	2月	8月
运输、存储和通讯	5 817 680	5 619 022	5 585 124	5 078 822	5 191 771	4 998 260
融资、保险、房地产和商业服务	1 639 748	1 739 486	2 058 968	2 633 362	2 779 201	2 662 216
社区、社会和个人服务	15 615 114	15 956 423	17 025 934	16 645 859	17 373 017	17 100 896
总计	107 405 572	108 207 767	111 281 744	109 670 399	112 802 805	110 808 154

资料来源：印度尼西亚国家统计局，http：//data.worldbank.org/

二、劳动力就业

就业是指参与市场性生产活动（有报酬的工作）和某些非市场性生产活动（无报酬的工作），其中包括自用物品的生产，不包括某个人自己的家庭杂务，比如做饭、打扫卫生、照看家中的孩子和老人。劳动力参与率是指活跃的成年人口（年龄在15～64岁之间，或15岁和超过15岁的人口）参与就业活动的数量。

从下表可以看出，印度尼西亚的劳动力总失业率在2000年至2006年之间是有一定的升高的，而在2005年之后又开始有一定的降低，从2005年总失业率11.2%降低到2010年的7.1%。

表2–45　印度尼西亚1996—2010年失业率情况分析表

年份	总失业率（%）	15～24岁劳动力失业率（%）	女性失业率（%）
1996	4.40	15.50	5.50
1997	4.70		
1998	5.50		6.10
1999	6.30	19.00	6.80
2000	6.10	19.90	6.70
2001	8.10	24.10	10.60
2002	9.10	27.90	
2003	9.50	27.90	13.00

续表

年份	总失业率（%）	15～24岁劳动力失业率（%）	女性失业率（%）
2004	9.90	29.60	12.90
2005	11.20	32.40	14.20
2006	10.30	30.40	13.40
2007	9.10	25.10	10.80
2008	8.40	23.30	9.70
2009	7.90	22.20	8.50
2010	7.10		8.70

资料来源：印度尼西亚国家统计局，http：//data.worldbank.org/。

据印度尼西亚官方声明，截至2013年2月，劳动力人口15岁以上1.21亿，其中就业人数1.14亿，失业率5.92%。按行业统计，就业人口主要分布在农业（39%）、商贸（23%）、工业、建筑业（20%）及服务业（16%）。近年来，印度尼西亚人口虽稳定增长，但生育率有所下降。据专家预测，2020—2030年，印度尼西亚15岁以下儿童人数将从6 100万降至5 420万，15～64岁劳动适龄人口数量将达顶峰1.9亿。

下表是印度尼西亚从2004年到2013年15岁的劳动力就业情况，主要的就业情况有自由个体户、家庭成员帮扶下的个体户、终身雇佣者、雇员、农业自由员工、除农业外的自由员工以及志愿工作者等等。很明显可以看出印度尼西亚的劳动力主要是依靠雇佣关系进行工作活动，个体户以及自由职业的人数较少。

表2-46　印度尼西亚2004—2013年劳动力的主要就业情况统计表

就业情况 年/月		自由个体户	家庭成员帮扶下的个体户	终身雇佣者	雇员	农业自由员工	除农业外的自由员工	志愿工作者
2004		18 309 300	21 512 400	2 965 900	25 459 600	4 449 900	3 732 800	17 292 100
2005	2月	17 480 200	21 239 100	2 908 700	25 741 100	4 950 600	4 090 100	18 538 300
	11月	17 296 000	20 987 200	2 849 100	26 027 900	5 534 800	4 325 400	16 938 000
2006	2月	18 301 661	20 632 984	2 813 769	25 972 945	5 886 366	4 244 130	17 325 247
	8月	19 504 632	19 946 732	2 850 448	26 821 889	5 541 158	4 618 280	16 173 796

续表

年/月 就业情况		自由个体户	家庭成员帮扶下的个体户	终身雇佣者	雇员	农业自由员工	除农业外的自由员工	志愿工作者
2007	2月	18 667 332	20 848 535	2 847 692	26 869 051	6 278 500	4 267 100	17 804 997
	8月	20 324 527	21 024 297	2 883 832	28 042 390	5 917 315	4 458 857	17 278 999
2008	2月	20 081 133	21 599 782	2 979 406	28 515 358	6 130 481	4 798 856	17 944 841
	8月	20 921 567	21 772 994	3 015 326	28 183 773	5 991 493	5 292 262	17 375 335
2009	2月	20 810 300	21 636 761	2 968 481	28 913 118	6 346 122	5 151 536	18 659 126
	8月	21 046 007	21 933 546	3 033 220	29 114 041	5 878 894	5 670 709	18 194 246
2010	2月	20 456 735	21 922 813	3 016 154	30 724 161	6 324 719	5 284 598	19 676 392
	8月	21 030 571	21 681 991	3 261 864	32 521 517	5 815 110	5 132 061	18 764 653
2011	2月	21 149 311	21 308 835	3 594 568	34 513 624	5 575 925	5 158 700	19 980 781
	8月	19 415 464	19 662 375	3 717 869	37 771 890	5 476 491	5 639 857	17 986 453
2012	2月	19 543 475	20 367 416	3 930 591	38 135 062	5 356 265	5 970 608	19 499 388
	8月	18 440 722	18 761 405	3 873 041	40 291 583	5 339 998	6 202 093	17 899 312
2013	2月	19 139 344	19 380 757	4 026 097	41 561 419	5 001 220	6 423 026	18 489 326

资料来源：印度尼西亚国家统计局，http：//data.worldbank.org/。

尽管印度尼西亚拥有充足的劳动力，但缺乏掌握技能的熟练劳工，大部分劳动力的素质有待提高。在印度尼西亚就业人口中，小学以下文化程度5 460万人，占就业总数的47.9%，大学以上文化程度790万人，仅占就业总数的6.9%，大部分印度尼西亚工人最多只具备初中文化程度，缺乏技能和知识，多从事低收入职业，如制鞋、纺织、种植、食品加工和家具等劳动密集型产业，人均收入偏低。此外，印度尼西亚的就业情况并不乐观，就业率没有完全得到保障。

据世界银行统计，印度尼西亚约18%的年轻人失业，是世界平均水平的6倍，且约53%的印度尼西亚年轻人通过中介公司谋职，无固定或正式职业，劳动保障不健全，易成为社会的不稳定因素。

印度尼西亚的劳工组织较多且比较活跃。截至2012年，劳工部注册工会91家，未注册工会不计其数。上述工会由全印度尼西亚劳工联盟、印度尼西亚工人福利联盟、印度尼西亚工会联盟和印度尼西亚工人大会联盟统辖。全印度尼西亚劳工联盟是印度尼西亚政府批准最早，人数最多的工会联盟组织，下属16个注册工会，入会工人超过200万。近年来，印度尼西亚工会组织主要在提高最低工资标准、取消劳务中介、保障福利待遇三个方面代表工人反映诉求，争取权益，常组织区域或全国性的示威游行。

专家指出，要从人口红利中获益，政府需要改革教育体系，让更多人接受教育，同时加强对工人的技能培训，改善就业环境，拓宽就业渠道，并让更多的妇女进入劳动力市场。只有在充分利用人口数量优势的同时，实现人力资源质量的转变，才能有效释放人口红利，实现经济可持续增长。此外，政府还应关注完善社会保障体系，为适龄劳动人口提供足够的社会服务，解决其后顾之忧；建立有效机制，确保各项政策的落实；采取适当措施应对人口增加带来的环境和社会问题等。

第三章　工业地理

第一节　发展工业的条件

一、自然资源

印度尼西亚是世界最大的群岛国之一，拥有17 508座岛屿，坐落在北纬6°和南纬11°之间，从东经97°蔓延到东经141°，位于亚洲和大洋洲两大洲之间。这个战略位置对整个国家的文化、社会、政治和经济影响巨大。

在印度洋和太平洋之间纵长3 977千米的印度尼西亚，拥有包括海域在内的1.9万平方千米的总面积。印度尼西亚最大的四个岛屿是：面积为473.606平方千米的苏门答腊岛，539.460平方千米的加里曼丹岛（世界第三大岛屿），189.216平方千米的苏拉威西岛和421.981平方千米的巴布亚岛。

二、人力资源

根据印度尼西亚2013年人口普查结果显示，2013年印度尼西亚总人口达2.48亿人，是世界第四人口大国，一半以上人口年龄低于30岁，印度尼西亚还将继续享受人口红利，经济发展潜力巨大。印度尼西亚的劳动力价格在亚洲地区具有竞争性。有100多个民族，其中爪哇族47%，巽他族14%，马都拉族7%，印度尼西亚华人5%，约1 000万人，在印度尼西亚商贸和工业中发挥重要作用。民族语言200多种，通用印度尼西亚语。印度尼西亚无国教，但规定一定要信仰宗教不然视为共产党（共产主义及其相关活动在印度尼西亚为非法），约87%的人口信奉伊斯兰教，是世界上穆斯林人口最多的国家。6.1%的人口信奉基督教新教，3.6%信奉天主教，其余信奉印度教、佛教和原始拜物教等。

印度尼西亚实行9年制义务教育。2012年教育预算开支286万亿盾，占财政总预算的20%，2011年小学入学率为97.58%，初中入学率为87.78%，高中入学率为57.85%，15岁以上人口文盲率为7.19%。印度尼西亚的著名大学有雅加达的印度尼西亚大学、日惹的加查马达大学、泗水的艾尔朗卡大学、万隆理工学院等。印度尼西亚的两亿多人口中，适龄劳动力约有1.3亿，本土失业率较高。总体来看，印度尼西亚外籍劳务市场较小，外籍劳务人员多为外资企业及合资企业的高级技术人员。

三、基础设施

在经历了20世纪90年代末的金融和社会危机后，目前印度尼西亚的政治和经济面貌发生了重大变化，逐渐走上了稳定发展的道路。过去几年来，印度尼西亚年均经济增长率超过5%，2009年在全球金融危机影响下，经济增长仍达到4.5%，2010年为6.1%，2011年经济增长达6.5%，在东南亚地区增长最快。在墨西哥洛斯卡沃斯举办的“二十国集团”(G20)领导人第七次峰会上，有关印度尼西亚补贴、投资环境和基础设施等问题受到G20成员国关注。虽然印度尼西亚政府大力推动基础设施建设，但基础设施落后问题一直困扰印度尼西亚政府，并成为影响其国际竞争力的重要因素。

(一)基础设施情况

印度尼西亚公路总长437 759千米，其中258 744千米为铺面道路，城市有公共汽车，连接泗水及马都拉岛的苏腊马都大桥为印度尼西亚最长的桥梁；于爪哇、马都拉岛及苏门答腊岛建有铁路，其中爪哇岛的铁路路线最为密集，铁路总长5 042千米，其中565千米完成电气化，水路交通如岛际、远洋及内河运输等在国内交通相当重要，主要港口包括丹绒不录(雅加达)、丹绒佩拉(泗水)、三宝垅、马辰、巨港、望加锡、潘姜(楠榜)等。

印度尼西亚是“万岛之国”，因此拥有676座机场，国营航空公司印度尼西亚鹰航空有33条国内及18条国际航线，另一家国营航空麦巴迪航空则以国内线为主，另有数十多家私营航空公司，国际机场也有直航至许多国家，但首都雅加达的交通十分混乱。

虽然印度尼西亚政府提出着力打造贯穿印度尼西亚全境的六大“经济走廊”，建设总额达2 000亿美元的电力、交通等基础设施工程项目计划，目前印度尼西亚基础设施比其他发展中国家仍较落后。最近7年中，印度尼西亚基础设施方面的投入少于国民生产总值(GNP)的4%，使印度尼西亚基础设施建设仍较其他东盟国家落后。一般情况下，国家基础设施投入经费应为GNP的5%左右，根据世界银行的调查报告，亚太国家的基础设施建设经费平均达GNP的7.2%，而2012

年印度尼西亚的基础设施建设经费只占GNP的3.9%～4%，2013年也只占4.4%～4.5%。基础设施建设在印度尼西亚无法获得较多的财政支持，主要由于其他项目占用大部分的支出经费。其中教育经费占国家支出预算的20%，特别津贴占支出预算的比例也较高。

目前印度尼西亚的基础设施主要由中央政府建设，其次为私营企业、地方政府和国营企业。虽然印度尼西亚中央政府兴建基础设施占大部分，但实际拨付建设基础设施的经费却仍较少，2005—2012年印度尼西亚中央政府基础设施建设经费只占国民生产总值的1.5%。而私营企业在印度尼西亚建设基础设施的比例约2%，仅为其他亚太地区私企基础设施建设比重（20%）的1/10。

（二）国际竞争影响力

目前，基础设施落后已经成为印度尼西亚经济发展的最大障碍。印度尼西亚缺乏道路、港口和发电站等基础设施，无法适应经济增长需要。由于印度尼西亚的道路和港口现状仍较落后，使商品的运输成本增加（印度尼西亚企业平均运输成本要占其总收入的30%），以至于商品在国内的成本高于直接进口。例如，中国的橙子、大蒜和澳大利亚的牛肉等都比本土产品便宜。印度尼西亚的最东部省份巴布亚的水泥售价是爪哇岛的10倍。作为全球最大能源生产国之一，印度尼西亚目前至少有5 000万人没用上电，在首都雅加达的900万人口中，约一半人没有用上自来水。2004—2009年，印度尼西亚建成的高速公路只有125千米，新建高速公路项目进展缓慢，已有公路网络也快速老化，国内一半的公路亟待维修。印度尼西亚的港口目前也已处于饱和状态，据估计，未来7年，印度尼西亚最大的货运港丹绒不碌港的集装箱吞吐量至少需要增加两倍才能满足进出口贸易发展的需要。很多跨国公司希望进军这个东南亚规模最大、发展最快的消费市场，但落后的港口、频繁的停电以及糟糕的道路，让许多公司望而却步。虽然2011年的外商投资总额达到近200亿美元，但仍只是苏哈托执政时期最高水平的一半。

2009—2010年印度尼西亚竞争力在全球142个国家中位于第54名，2010—2011年位于第44名，但2011—2012年又下滑至第46名。基础设施已成为制约印度尼西亚经济增长的最大瓶颈之一，既使印度尼西亚国际竞争力下滑，也直接影响国内外投资者投资意愿。

（三）外资和私营企业参与机会多

根据印度尼西亚政府有关数据，从2010—2014年印度尼西亚基础设施建设共需1 400万亿印度尼西亚盾（约合1 489.6亿美元）的资金投入，但印度尼西亚政府只能提供约420万亿印度尼西亚盾（约合446.9亿美元）或30%的经费，为此印度尼西亚政府十分希望外资和本国私营企业参与投资基础设施。根据印度尼西亚《2011—2025年经济发展总体规划》，至2014年印度尼西亚基础设施共需4 000万亿印度尼西亚盾（约合4 256亿美元）的资金投入，其中印度尼西亚国家预算将提供755万亿印度尼西亚盾（约合803亿美元），印度尼西亚国营企业将提供900万亿印度尼西亚盾（约合958亿美元），其余2 300多万亿印度尼西亚盾（约合2 447亿美元）将从国外和本国私营企业获得支持，这就为外资与私企企业提供了投资的空间与机会。此外，印度尼西亚政府正努力为私营企业投资创造各种有利条件并建立合理的法律框架，同时进一步加强宏观经济调控，包括调整税率及投资政策等。

四、市场

印度尼西亚的GDP于2013年第一季同比增长6%，较2012年第四季的6.1%稍低。近年，印度尼西亚GDP实质增长强劲，自2010年以来均高于6%。2011年，印度尼西亚经济表现强劲，GDP增长6.5%，是自1997年至1998年亚洲金融危机以来最大的升幅。2013年，印度尼西亚国民生产总值增长5.78%，全年固定资产投资增长4.71%，外国直接投资同比增长22.4%，国内投资增长39.0%。私人消费占印度尼西亚GDP超过一半，一直是该国经济增长的重要支柱。

2012年下半年，印度尼西亚通胀率低于5%，但踏入2013年开始微升，于5月达5.5%（同比），主要原因是印度尼西亚盾汇价持续疲弱、最低工资上调及进口限制收紧。印度尼西亚2013年的通胀率为4.3%。印度尼西亚的经济增长持续强劲，而政府亦考虑对汽油及柴油的价格分别一次调高过44%及22%（削减补贴），短期内这两项因素均可能会带来通胀压力。

印度尼西亚的主要贸易伙伴包括日本、中国、新加坡及美国。2012年，印度尼西亚的对外贸易表现不振，出口下跌6.6%，进口增长则放缓至8.1%。出口下跌主要因为其他国家对印度尼西亚天然资源的需求疲弱，如煤及棕榈油。另一方面，印度尼西亚私人消费强劲，支持进口持续增长。2012年，印度尼西亚的主要出口产品为矿物燃料、原材料及电气设备。与此同时，主要进口产品包括机器、电气设备及钢铁。

除了最低工资调高外，投资者也须考虑印度尼西亚的整体营商环境。根据世界银行的《2013年全球营商环境报告》，在185个经济体中，印度尼西亚排名第

128位。在“开办企业”、“获取电力”及“破产处理”方面被视为在印度尼西亚营商的主要障碍。

印度尼西亚自1995年1月1日成为世界贸易组织成员国以来，不断削减关税和非关税贸易壁垒。目前，该国的进口关税大多从价征收。大部分产品的进口关税率在0～20%之间。不过，某些食品、酒类、香水、化妆品或梳洗用品、塑料、陶瓷制品和汽车的关税则为30%～170%不等。

在印度尼西亚，大部分进口货品须缴付增值税。目前增值税的标准税率是10%。此外，大屏幕电视机、运动器材、地毯、珠宝等若干类货品须征收奢侈品销售税，税率从10%～200%不等。

然而，货品输往巴淡（Batam）、民丹（Bintan）和吉里汶（Karimun）等位于新加坡以南的自由贸易区，则可免征进口关税、增值税和奢侈品税。这些自由贸易区，特别是巴淡，是新加坡制造商热门的离岸生产基地。

虽然印度尼西亚政府一直致力减少受进口限制的物品数量，一些进口货品仍受到一定限制，如特别许可证和限制进口量等。这些货品包括大米、糖、酒类、药品、发动机和泵、汽车及汽车电池等。

印度尼西亚是东盟成员国，承诺落实东盟共同有效优惠关税计划。在这项计划下，东盟内部所有工业产品的贸易只征收0～5%进口关税。东盟已分别与中国、日本、韩国、印度、澳洲和新西兰签订自由贸易协定。

印度尼西亚是中国—东盟自由贸易协定的签署成员，根据该协定，自2005年7月起中国出口货品可免关税进入印度尼西亚市场，而大部分货品的关税则在2010年取消，此举有利于两国进一步增加贸易往来。2012年，中国与印度尼西亚的双边贸易额达511亿美元，增长4.1%。2011年，中国（216亿美元，占13.3%）超越日本，成为印度尼西亚非石油出口的最大进口国。在印度尼西亚的出口中，对中国出口所占的比重，由2004年的8.5%增加至2011年的13.3%。在印度尼西亚的非石油进口中，中国是最大来源地，从中国进口所占的比重，由2004年的11.6%上升至2011年的18.7%。

印度尼西亚已开始收紧外商投资规例，大概与2014年的总统选举有关。印度尼西亚政府订立规例，要求所有矿场经营到第10年时，至少有51%股权须由印度尼西亚人持有，此举将迫使外国采矿公司转移部分所持股权。再者，印度尼西亚政府向出口矿石征收20%的税款。此外，该国亦实施新银行拥有权规例，对印度尼西亚银行的拥有权作出多种限制，规定单一股东的持股量不得超过40%，适用于外国及本土股东。

五、工业化政策

印度尼西亚政府正在努力转向，以实现新的发展模式来应对未来的需求和全球竞争的挑战。可持续发展、良好的监管、问责制、透明度、民主和参与的优势，将成为发展过程中的成果。第二届印度尼西亚内阁的管理，政治上寻求建立一个良好的经济社会秩序，国家的经济目标是达到更高水平的人均国民生产总值。其他目标包括增强国际竞争力；提高就业率；稳定价格水平；普及健康；促进良好的教育；发展优质环境；安全与和平；人民自由等等。印度尼西亚政府设立以下三项作为2010—2014印度尼西亚中期发展议程中要达到的目标。

福利：通过经济发展来实现人民福利；

民主：实现尊重负责任的自由和人权的民主社会；

公平：实现公平和公正的发展。

承担的任务是规划2010—2014年发展所需的必要努力，来实现印度尼西亚2014年愿景，即实现人民繁荣，民主和正义的印度尼西亚，但这同时不能与影响2010—2014全球和国内环境的条件和挑战分隔开来。

如今，印度尼西亚已成长为和10年前完全不同的国家，不仅实施了影响深远的制度改革，还一跃成为东南亚地区最富有活力的民主国家之一。

改革的第一阶段从1998年到2003年，主要是政治和经济变革，以民主化和政府分权为特点。印度尼西亚近500个省、地区和市政府承担着大约40%的公共开支。尽管历经困难险阻，但政府分权有效地减少了地区间冲突，推动了政治稳定，为国家经济发展提供了更加合理的空间分布。第二阶段始于2004年，主要是稳固民主制度，重归政治和宏观经济大局稳定，其间最引人注目的当属印度尼西亚的首届总统直选和债务水平首次降到占GDP的35%以下。政府通过一揽子政策改革计划，采取了多项措施解决投资环境的各方面问题，这些政策涵盖了私人投资者关心的主要领域，如税收、关税、投资框架和金融行业。在制度改革方面，政府制定了制度框架和协调机制，并加强了监管力度。在省政府层面，许多地方政府都对公共行业体系进行了改革，引入基于绩效的预算体系和一站式的公共服务。政府还通过法律改善投资环境，直接的举措是在2007年出台了《第25号投资法》，间接的举措则是通过1999年的《第24号法律》执行开放资本账户政策。后者旨在改善金融基础设施，支持直接投资和组合投资的资本流入。

印度尼西亚的宏观经济稳定，为稳定宏观经济，印度尼西亚政府和货币监管机构联手，致力于严肃财政和货币纪律，稳固金融架构。印度尼西亚从1997—1998年的经济危机吸取了经验教训，出台相关政策，旨在通过谨慎的措施和深化金融市场来强化政策的传导，从而提高金融市场效率。此外，政府还进一步提升了财政预算能力，做到更加精准，并采取积极的债务和现金管理措施，全力降低债务占GDP的比重，以改善财政的可持续性。同时，在货币政策框架方面也采取了相关措施。1999年，政府下令，要求印度尼西亚银行从控制通胀和稳定汇率两方面稳定物价，同时授予印度尼西亚银行出台相关政策的独立权。

2005年，印度尼西亚银行把BI率作为政策汇率，这标志着全面实施“通货膨胀目标框架”的开始，这一举措提高了政府实现通货膨胀目标的效率。2008年，印度尼西亚银行再次推出新举措，将隔夜拆借利率作为运营目标，以提高货币政策效率。金融行业体制改革通过谨慎行事和深化市场来改善金融市场的健康状况并提高效率。金融行业改革对进一步提高印度尼西亚经济增长率和经济的适应能力十分重要。

在银行业，改革主要集中在加强银行资金管理，引入风险管理和监控，提升监管能力上。改革采用了巴塞尔原则，鼓励收购和兼并。资本市场、债务市场以及非银行金融机构也进行了相同的改革。其中债务市场的一大突破是2002年发行可交易国债，这不仅有利地深化了金融市场，还极大地减少了对外国融资的需求，增加了经济的适应性。

坚定的改革步伐产生了积极的成果，特别是在过去这五年间。印度尼西亚重归高位增长，再次成长为一个自信的中等收入国家，并增强了区域和全球威望，成为和印度、中国比肩的强劲经济体。印度尼西亚的经济增长率达到十年以来的新高，并在2008—2009年的全球经济危机期间依然表现强劲。2002年以来，印度尼西亚每年的实际GDP增长率一直保持在5%～6%，2009年，人均实际GDP超过了1997年亚洲金融危机之前的水平。政府稳健的财政管理和财政统一政策有效地降低了政府债务水平，到2009年底，已降至31.5%。投资占GDP比重逐步增加，但仍旧低于危机前水平。2009年，印度尼西亚的投资占GDP比重为23%，比2002年的19%有明显提高，标志着商业环境的结构性改善。

制度框架效率的提高以及稳健的财政货币政策还有助于大幅降低通货膨胀预期和汇率。占金融业总资产80%的金融行业和银行业一直保持健康发展势头，并未像其他地区那样遭受不利金融市场的影响。印度尼西亚的银行业发展成熟，监管到位，过去五年中，在建立合理的法律和管理框架方面取得了长足发展，有效推动了公共金融管理现代化。

2010年4月2日，经合组织把印度尼西亚的国家风险等级排名从原先的5降到4。在161个成员国中，印度尼西亚是本次会议唯一被降低风险等级的国家，促成此次升级的主要因素是印度尼西亚出色的宏观经济指标。印度尼西亚成为全球金融危机期间最具适应性的经济体之一，并在2009年成为少数几个实现增长的国家。宏观经济的稳定表现主要得益于得力的前瞻性经济政策，推进了结构的改革，以及良好的债务管理。此前，标准普尔也于2010年3月12日将印度尼西亚的长期外币等级从BB-升级到了BB，并把长期本地货币等级维持在BB＋。两者的前景都是积极的。同时，印度尼西亚在世界经济论坛发布的全球竞争力指数排名中也有所提高。2009—2010年全球竞争力排名中，印度尼西亚从2003年的第72位上升至第54位。这让印度尼西亚在与债权人（特别是出口信用债权人）谈判时，处于更加有利的地位。

2008—2009年全球经济紧缩期间，印度尼西亚经济仍然在这两年分别保持着6%和4.5%的增长率。同时，印度尼西亚国内需求旺盛，特别是消费需求，并呈包容性增长。由于贸易占GDP比重较低，为50%左右，因此，和别的国家相比，印度尼西亚不太容易受外部冲击的影响。由于市场供给充足且卢比汇率升值，因此通货膨胀有所缓和，2010年3月仅为3.4%。同时，失业率从2005年的11%下降至2009年的7.9%。失业率降低有力地减少了贫困，从2003年起，贫困率每年降低1%，2009年，贫困率为15%。

从外部平衡来看，国际收支平衡表现良好，且2009年，经常账户实现盈余105亿美元，资本账户盈余23亿美元。这也积累了可观的国际货币储备。2010年3月，储备额达718亿美元，前提是印度尼西亚能抵抗住外部冲击。事实证明，强劲的经济基础是抵御全球经济下行影响的有力武器，并能迅速将市场的风险偏好转为资产等级。2010年3月底，汇率上升了24%，从2009年2月的最低点12 020卢比兑换1美元变成9 090卢比兑换1美元，这主要是受到外国资本净流入的影响。由于交易对手风险复苏，且市场蔓延缩小，因此，近期信用紧缩带来的流动性限制很快就得到了恢复。

印度尼西亚的经济发展前景看好。全球经济复苏，投资加速导致的出口增长情况好转，因此，经济增长率达到了最高值6.1%，并在2011年达到6.5%，此后将逐渐恢复接近7.0%的增长率。2010年的投资增长达到9%，而在2011年，达到11%，这主要是由于基础设施建设上高额的公共资金开支推动了更多的私人投资，并降低了风险溢价。在财政方面，通过稳健的财政政策，印度尼西亚降低了债务在GDP中的比重。据预测，这一趋势还将持续。通货膨胀将继续缓和，由于产出缺口还很大足以应对需求的增加，且卢比汇率保持稳定，因此，2011年通货膨胀率有望实现目标范围内的低端数值5%±1%。中期来看，通货膨胀将和地区平均值3.5%～4.0%持平。从外部来看，经常账户和资本账户将分别持续盈余50亿美元和80亿美元，继续支持收支平衡的盈余状态，并使国际货币储备达到新高。经济基础的有利发展以及充足的市场流动性将维持金融市场的稳定性，特别是银行业的稳定性。比如，2010年信贷将增长17%～20%，并抑制NPL（不良债权）在5%以下。

稳定的宏观经济基础，不断加强的外部流动性，逐步缩减的政府债务比例，加上稳健的财政政策和结构改革的平稳推进，这些都有望在未来几年保证经济的稳定增长，并保持良好发展势头。

尽管成果卓著，但新挑战重重，还需进一步努力。印度尼西亚经济发展的主要问题是如何把可利用的资源转化为更加积极的成果。现如今的发展更大程度上依赖于通过加强各级政府的责任感和执政能力来提高政府的效率，以及确保未来发展由私营行业推动。在资源配给、激励体制和透明度上，印度尼西亚还有较大改进空间。

尽管投资率不断提高，但仍低于危机前水平。政府已采取措施，通过一揽子政策改革计划来解决投资环境等各方面问题，但挑战依旧存在。此外，制度问题还是该领域的一大障碍，很多改革都必须有效且平等地推进。提高印度尼西亚基础设施质量是提升印度尼西亚竞争力的又一重大问题，我们正全力以赴完成这一任务。从经济发展前景来看，随着全球经济的进一步复苏，挑战的出现依旧存在很高的不确定性，而这也将决定印度尼西亚2010年以后的经济增长速度。

此外，印度尼西亚政府在2010年取消了大宗商品出口信用证限制，允许外国游客在印度尼西亚购物可获10%的退税，并与巴布亚新几内亚（简称巴新）、香港签订避免双重征税协定。

六、外商投资监管

（一）投资数额与时间的限制

印度尼西亚对最低投资限额没有作出特别的规定，只是投资条例要求合资形式的外国投资企业中的外资比例不得少于5%；超过5%的股份允许在印度尼西亚国内证券市场或直接协商形式转卖给印度尼西亚企业和他人；对于独资形式的外商直接投资企业在15年内必须将部分股份通过国内证券交易市场或直接协商转卖给印度尼西亚的企业和个人。但新的投资法取消了原来最低投资额限制和要求外资股份逐步转让的规定，进一步放松了对外商投资的限制在投资期限上，外商直接投资的企业经营期限为30年，对于扩大投资或是社会发展重要的企业，其经营期限经批准后可以延长。

（二）出资比例

一般情况下印度尼西亚政府允许外商投资企业外方可以拥有100%的股权，但在投资基础设施的外资项目（如，港口、电站、通讯、海运、供水、铁路、核电等基础设施）医疗卫生服务等时，必须采用与印度尼西亚方合作方式进行，且印度尼西亚方在公司中的股份不少于5%。对于空运、电信业的投资，外资控股不得超过49%。

（三）土地使用

外商投资企业在印度尼西亚可以享有建筑权、开发权和土地使用权。原来印度尼西亚商业用途的土地、建筑物土地和其他土地使用权分别为60年、50年、25年。新投资法大幅延长土地权法定期限，其中商业用途土地使用权最长95年，建筑物土地使用权最长80年，其他土地使用权最长70年。土地权法定期限大幅延长，增强了投资者对未来风险的可预期程度和投资信心。

（四）用工管理

印度尼西亚劳工市场具有较高的封闭性，对外资企业用工有严格的限制，特别是雇佣非印度尼西亚公民时限制更严。印度尼西亚《商业机构法令》第三章第5条规定，批发商在雇佣员工时，最多可雇佣10个外籍员工作为专家或管理人员，且每雇佣1个外籍员工须至少雇佣3个印度尼西亚籍员工；外籍雇员必须是大学毕业或具有同等学力，且必须在其即将服务的领域有3年以上的工作经验。该章第7条还规定，零售商最多只能雇佣3个外籍员工，且须受上述同样的限制。印度尼西亚外国投资法规定外资企业有义务教育及训练当地人，要求外企必须雇用一定数量的当地人并对当地雇员进行培训。为此，外企要按照外籍人员的数量，每人每月交纳100美元的培训费，作为对印度尼西亚员工进行培训的基金。印度尼西亚实行工人区域最低工资制，对不同区域确定不同的最低工资额，以维护印度尼西亚国民的利益。

（五）投资争端解决

新《投资法》明确了政府与投资者的争端，如协商不成，可由双方同意的国际仲裁机构仲裁或通过诉讼程序解决。而中国于1994年11月18日与印度尼西亚签署了《促进和保护投资协定》，并约定：一旦中国成为《关于解决国家和他国国民之间投资争端公约》的成员国，双方的争议就将提交“解决投资争端国际中心”进行调解或仲裁。争端解决机制的明确，在相当大程度上保护了投资者特别是外国投资者的利益，促进了外商投资者的信心与积极性。

七、对外国投资的优惠政策

（一）优惠政策框架

东盟旅游部长会议（东盟旅游论坛）于1999年1月在新加坡举行，各国一致同意对外资投资旅游业提供以下优惠措施：兴建观光旅馆、休闲中心、高尔夫球场可免税，外资可持有100%股权；旅游设施进口手续简化并免征关税。印度尼西亚考虑将旅游土地使用年限延长为70年（目前为30年），使旅游业成为吸引外资的火车头。印度尼西亚投资部考虑像泰国一样成立投资单一窗口，帮助外商办理各项繁杂事务；投资部还将授权印度尼西亚驻外使领馆办理外商投资申请前的协调、咨询事务，以使外商能在入境10天内完成所有行政手续。

1998年12月，东盟各国首脑峰会在越南河内召开，这次会议发表了包括《河内宣言》、《河内行动计划》、《东南亚自由贸易区》及《共同优惠税率计划》在内的《大胆措施方案》。在该方案中，印度尼西亚对外商的优惠措施有：所有制造业均允许外资拥有100%股权（包括经审核的批发零售业）。外商可拥有已登记注册的新银行的100%股权。1亿美元以下的投资案，审核时间将在10天内完成。

1999年1月，印度尼西亚政府第七号总统令，公布了恢复鼓励投资的“免税期”政策。对纺织、化工、钢铁、机床、汽车零件等22个行业的新设企业给予

3～5年的所得税免征。如投资项目雇用工人超过2 000人，或有合作社20%以上的股份，或投资额不少于两亿美元，则增加1年优惠。对于已超过30%的规模进行扩大再生产的项目，减免其资本货物以及两年生产所需材料的进口关税。对于某些行业或一些被视为国家优先出口项目和有利于边远地区开发的项目，政府将提供一些税收优惠。上述行业及项目将由总统令具体决定。对出口加工企业减免其进口原料的关税和增值税及奢侈品销售税。对位于保税区的工业企业，政府还有其他的鼓励措施。①

（二）行业鼓励政策

1. 行业优惠

自2007年1月1日起，印度尼西亚政府对6种战略物资豁免增值税，即原装或拆散属机器和工厂工具的资本物资（不包括零部件），禽畜鱼饲料或制造饲料的原材料，农产品，农业、林业、畜牧业和渔业的苗或种子，通过水管疏导的饮用水，以及电力（供家庭用户6 600瓦以上者例外）。

2007年2月，为吸引外商进入印度尼西亚，与当地企业合作从事渔类加工业，印度尼西亚政府准备采取多项税收措施，具体包括免除国内加工鱼产品的出口税，减轻渔业加工机械进口税，减免收人税及增值税，在综合经济开发区和东部地区投资的企业还可获得土地建设税减免优惠。2009年，印度尼西亚政府进一步明确对工业发展用机器、货物和原料免征进口税。2010年，对部分行业的投资给予财政奖励或税收优惠。印度尼西亚政府将对至少10个营业部门提供财政奖励以支持其发展，即食品饮料业、纺织业、电子行业、交通运输业、通讯信息产业、基础金属与机器工业、石化工业、农畜产品加工业、林业和海洋产品加工业、创意产业。此外，印度尼西亚政府还拟对环保型企业、大型投资项目、在落后地区投资的基建项目，以及具有较多附加值、提供广泛就业机会和运用先进科技的工业部门提供税收减免等优惠。②

2. 税收优惠

根据2007年印度尼西亚《有关所规定的企业或所规定的地区之投资方面所得

① 商务部国际贸易经济合作研究院、商务部投资促进事务局、中国驻印度尼西亚大使馆经济商务参赞处共同编撰：《对外投资合作国别（地区）指南——印度尼西亚2012版》。

② 商务部国际贸易经济合作研究院、商务部投资促进事务局、中国驻印度尼西亚大使馆经济商务参赞处共同编撰：《对外投资合作国别（地区）指南——印度尼西亚2012版》。

税优惠的第1号政府条例》，印度尼西亚政府对有限公司和合作社形式的新投资或扩充投资提供所得税优惠。

提供的所得税优惠包括：

（1）企业所得税税率为30%（根据新《所得税法》，2010年后为25%），可以在6年之内付清，即每年支付5%；

（2）加速偿还和折旧；

（3）在分红利时，外资企业所缴纳的所得税税率是10%，或者根据现行的有关避免双重征税协议，采用较低的税率缴税；

（4）给予5年以上的亏损补偿期，但最多不超过10年。

上述所得税优惠，由财政部长颁发，并且每年给予评估。

3. 投资便利

2007年8月，印度尼西亚中央与地方政府实行投资审批一站式服务。实行一站式服务之后，每个部门都派代表到投资统筹机构办事处，以便加快办理审批手续。依据2007年第25号《投资法》第30条第7款，需要中央政府审批的投资领域，包括对环保有高破坏风险的天然资源投资、跨省级地区的投资、与国防战略和国家安全有关的投资。

（三）地区鼓励政策

2009年，印度尼西亚通过了经济特区新法律。根据该法，印度尼西亚在2010年成立2～3个特别经济区。在特别经济区开展业务的公司，可以享受税收（包括增值税、销售税及进口税等）、土地使用等方面的优惠政策。政府将简化投资人申请设立公司或申办其他事项的手续。

第二节 工业结构

印度尼西亚是东盟最大的经济体，农业、工业和服务业均在国民经济中有着重要地位，其中农业和油气产业为传统支柱产业。1997年印度尼西亚在亚洲金融危机中蒙受重创，经济严重衰退，货币大幅贬值。经过10多年的经济改革和结构调整，印度尼西亚经济逐步回到发展轨道，个人消费、投资和出口等逐渐成为经济增长的引擎。

1. 工业及油气产业在国民经济中占较大比重

印度尼西亚主要工业部门有采矿、纺织、轻工等。工业发展方向是强化外向型制造业。2012年，工业产值达1 871.51万亿盾，同比增长3.8%，占GDP的21%。印度尼西亚是目前东南亚石油储量最多的国家。政府公布的石油储量为97亿桶，天然气储量176.6 万亿标准立方英尺（TCF）。石油产业是印度尼西亚最重要的工业部门，在20世纪70年代和80年代初期，因为石油出口的景气，带动了整个印度尼西亚经济较快的增长。但石油产业的发展受国际局势的影响很大，油价的波动给石油产业带来的冲击是经常性的。

虽然印度尼西亚在2008年的全球金融危机和2009年的欧债危机影响下，经济增长有所下滑，但是国民经济还是实现了正增长。在过去的十年发展过程中，印度尼西亚的经济发展是根据本国自然资源和低廉劳动成本优势基础上，构建国内的产业结构，所以油气业、矿产业、制造业以及农、渔业得到了迅速发展，成为了印度尼西亚主要的支柱型产业。

2. 产业结构的变化

产业结构反映了各个产业部门之间的构成比例及其相互制约、相互联系的关系。一个国家经济发展的过程，不仅表现为国内生产总值的增长，而且必然伴随着产业结构演进的过程，经济发展的有序阶段性表现在产业结构的有序阶段性，随着国内经济的迅速发展，国内产业结构也会发生一系列的重大变化。印度尼西亚的产业结构发展的特点是从农业为主到以工业为主，进而发展为以服务业为主。这是产业结构的工业化和服务化的趋势。印度尼西亚三大产业结构中，第一产业占15.04%；第二产业占46.04%，其中工业占35.86%，建筑业占10.18%；第三产业占38.92%。在工业增加值中，制造业占GDP的比重为23.59%，采矿业占比11.44%，电力、燃气及水的生产和供应业占0.83%。

3. 工业领域及结构

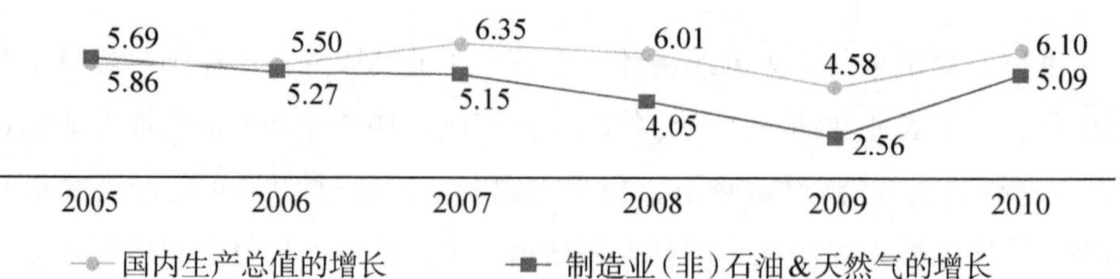

图3–1 国内生产总值和制造业的增长（石油气&天然气）

表3–1　印度尼西亚主要经济指标

序号	经济指标	2005	2006	2007	2008	2009	2010
1	经济增长（%）	5.7	5.5	6.3	6.2	4.5	6.1
	非石油和天然气	6.6	6.1	6.9	6.8	4.9	6.5
2	通货膨胀（%）	17.1	6.6	6.7	11.1	2.78	6.96
3	履行机构利率（3个月）	12.75	9.75	8.0	9.3	6.55	6.55
4	汇率（卢比/美元）	9 713.0	9 050.0	9 130.0	9 691.0	9 400.0	8 991.0
5	失业率（%）	11.2	10.3	9.1	8.3	8.4	7.14
6	分困率（%）	16.0	17.8	16.6	15.4	14.15	13.13

资料来源：印度尼西亚经济事务协调部、中央统计局数据。

工业领域结构：

国内生产总值（2007年）：4 330亿美元；（2008年）：5 110亿美元；（2009年）：5 610亿美元；（2010年）：7 000亿美元；（2011年）：8 461.6亿美元；（2012）：8 782亿美元。

人均收入（2007年）：1 942美元；（2008年）：2 271美元；（2009年）：2 590.1美元；（2010年）：2 963美元；（2011年）：3 510.6美元；（2012年）：3 563美元。

自然资源（占国内生产总值的11.2%）：石油和天然气、铝土岩、银、锡、铜、金、煤炭。

农业（占国内生产总值的15.3%）：产品——木材、橡胶、大米、棕榈油、咖啡。土地——17%的耕地。

制造业（占国内生产总值的24.8%）：纺织和纺织产品、鞋类、电子产品、家具、纸类产品。

贸易：出口（2011年）：2 036.2亿美元，包括原油、天然气、粗棕油、煤炭、设备、纺织品和橡胶。

主要出口伙伴——中国、日本、新加坡、美国、泰国等。

进口（2011年）：1 773亿美元，包括原油和燃料、食品、化学品、生产资料、消费品、钢铁。

主要进口伙伴——日本、中国、美国、新加坡 和马来西亚等。

工业发展方向是强化外向型制造业。2010年制造业占GDP比重为25.2%。主要部门有采矿、纺织、轻工等。锡、煤、镍、金、银等矿产产量居世界前列。2009年产锡4.6万吨，煤2.08亿吨，镍580.2万吨，金127.7吨，银326.7吨；2012年产煤

3.86亿吨，汽车销售111.6万台，摩托车销售714万辆；纺织品出口额125亿美元。

第三节　能源工业

一、油气工业

印度尼西亚位于欧亚大陆与印澳板块、太平洋板块接触带，属于西、南太平洋区重要的矿产资源带，石油、天然气资源丰富，是东南亚主要产油国，是全球最大液化天然气生产国之一，曾是亚洲唯一的欧佩克成员国。据统计，印度尼西亚油气勘探仍侧重于苏门答腊、加里曼丹、纳吐纳和爪哇等地的陆地和近海，印度尼西亚有45%以上的盆地尚未投入二维地震以及更高程度的地质勘探，油气资源潜力较大。印度尼西亚共有66个油气盆地，其中15个盆地生产石油天然气，海上盆地面积150万平方千米，约1/3分布于深水区，陆上盆地面积为80万平方千米，约1/5分布于勘探困难区。印度尼西亚政府公布的石油储量为97亿桶，折合13.1亿吨，其中核实储量47.4亿桶，折合6.4亿吨①，探明石油储量的大部分位于陆上，其中中苏门答腊是印度尼西亚最大的石油生产省，拥有Duff和Minas两大印度尼西亚国内最大的油田。印度尼西亚的原油品质范围很广，其中大部分原油的API度处于22度至37度之间。印度尼西亚两大原油出口品种苏门答腊轻质油或米纳斯原油的API度为35度，而更重的Duff原油的API度为22度。

印度尼西亚天然气储量176.6万亿标准立方英尺，折合4.8万亿～5.1万亿立方米②。该国的主要天然气田包括：苏门答腊岛北部的阿伦气田（Arun）、加里曼丹岛东部的巴达克气田（Badak）、爪哇海的小型气田、Kangean区块、伊利安岛的一些区块，以及东南亚最大的纳土纳D-Alpha气田。尽管印度尼西亚的天然气资源丰富，并且是世界最大的液化天然气（LNG）出口国，印度尼西亚能源需求总量的50%仍然依靠石油供应来满足，印度尼西亚国内天然气分销基础设施较少。印度尼西亚油气开发技术落后，石油、天然气的勘探开发基本上依靠国外石油公司，石油基准价格是财政收入的量化标准。近年来印度尼西亚石油产量逐渐下降，自2003年以来，印度尼西亚已成为石油净进口国，2008年初印度尼西亚宣布退出石

① 《对外投资合作国别（地区）印度尼西亚2012版》.中国商务部，http://fec.mofcom.gov.cn/gbzn/upload/yindunixiya.pdf。
② 《对外投资合作国别（地区）印度尼西亚2012版》，中国商务部，http://fec.mofcom.gov.cn/gbzn/upload/yindunixiya.pdf。

油输出国组织，目前印度尼西亚原油日产量约93万桶。

石油和天然气为印度尼西亚国民经济的支柱产业，2012年，油气产业约为309.28亿美元（约合2 905.9亿印度尼西亚盾），占政府收入的24%，油气出口收入占出口总收入的15%。印度尼西亚为亚洲第二大石油生产国，石油产量居世界第20位。印度尼西亚的石油生产在1976年达到顶峰，并且持续了近20年时间，1995年因油田老化且缺乏投资产量开始下降。

印度尼西亚目前石油日产量不足100万桶，日消费量120万桶。2006年石油产量为4 990万吨，比2005年下降5.8%。2007年为4 740万吨，比2000年下降33.7%。2008年为4 910万吨。2013年6月，印度尼西亚石油消耗量约136万桶/天，而石油产量仅82.6万桶/天。由于国内炼油能力不足，其中30%～40%原油出口，如何满足国内能源需求一直困扰着印度尼西亚政府。印度尼西亚成品油产量只能满足70%的国内需求，还需依靠进口成品油。2011年，印度尼西亚进口成品油量达40万桶/天。

近年来，由于在勘探新油井方面没有实质进展，印度尼西亚原油产量逐年下降。2012年，印度尼西亚生产石油86万桶/天，较93万桶/天的预算目标减少了8%。2013年初，印度尼西亚国家预算案设定的原油产量目标位90万桶/天，后修订为84万桶/天。英国石油公司（BP）预计，未来10年如无大的新发现，在生产量和储量不变的情况下，印度尼西亚的石油将于2024年被消耗完。

印度尼西亚是亚洲最大的天然气生产国，也是仅次于卡塔尔和马来西亚的世界第三大液化天然气（LNG）出口国。2006—2009年，印度尼西亚天然气产量上升32.5%。2006年日产量为82.8亿立方尺，2007年日产量为89.1亿立方尺，2008年日产量为99.46亿立方尺，2009年日产量为109.69亿立方尺。印度尼西亚正在加强天然气勘探，努力增加天然气产量，满足长期LNG供应合同需求和国内需求，其中几个在建的新项目，如在西巴布亚岛的东固（Tangguh）LNG厂已初具规模。印度尼西亚最重要的纳土纳（Natuna）气田D-Alpha区块预计将在2017年开始商业开采，生产天然气主要供应国内市场。

印度尼西亚大部分天然气是作为液化天然气出口，但近年来国内天然气消费量逐年上升，2008年的天然气出口和国内需求比率为50∶50。印度尼西亚出口天然气最多的国家为日本（占41%，年出口额49亿美元），其次为韩国（占38%，年出口额49亿美元）、中国福建（占11%，年出口额9.31亿美元）和中国台湾（占9%，年出口额18亿美元），另外的1%出口至美国和泰国。印度尼西亚政府制订了今后20年的发展目标：到2025年天然气所占比例将从2005年的23%增加到33%，使天然气成为最重要的能源之一。

由于油气田老化严重，传统区块的天然气产量很难增加，印度尼西亚近年来开始关注非常规天然气如页岩气和煤层气（CBM）的开发。据印度尼西亚能矿部估计，印度尼西亚苏门答腊岛、加里曼丹岛、巴布亚岛和爪哇岛等地区总共蕴藏约574万亿立方英尺（TCF）的页岩气资源。印度尼西亚将首先尝试开发苏门达腊岛页岩气区块，然后再扩展到其他地区，以逐步增加国内天然气供应。

印度尼西亚政府2013年首先提供约4个开发页岩气的工作合同。其中，国家石油和天然气公司（Pertamina）成为印度尼西亚第一家开发页岩气的公司，2013年5月已签署北苏门答腊省页岩气区块的合同。来自澳大利亚和加拿大等国的数家公司也开始竞标苏门达腊岛北部和中部地区约4个页岩气区块合同。美国雪佛龙公司和康菲石油公司也表示有兴趣在印度尼西亚开发页岩气。

二、煤炭工业

印度尼西亚煤炭资源丰富，据印度尼西亚能矿部统计，2010年印度尼西亚煤炭资源储量为1 049亿吨，已探明储量211亿吨，其中54亿吨为商业可开采储量，煤炭质量优质。由于很多地区尚未探明储量，估计煤炭资源总储量达900亿吨以上，是世界第四大煤炭储藏国。

印度尼西亚煤炭生产和出口的优势主要表现在以下四个方面：首先是资源分布集中，海运方便。印度尼西亚煤炭矿区主要分布在苏门答腊和加里曼丹两岛，其中苏门答腊占67%，加里曼丹占31%，均临海，加之煤企多自备港口，海运方便，基本不存在运输瓶颈，且比陆路运输成本低；其次是煤质好。印度尼西亚煤的优点是灰分低，硫分低，有的矿井原煤灰分低至1%以下，硫分低达0.1%以下，是属于特优质的环保煤；第三是距离目标市场近。印度尼西亚出口煤矿距海岸线很近，具有铁路运距近和内陆水运便利等优良条件。同时，印度尼西亚距离主要的煤炭出口市场中国、印度、韩国的海运距离约是澳大利亚的1/2，海运成本低；第四是生产的集中度高。

印度尼西亚全国有164家煤矿企业，其中包括34家煤炭开采合同制企业，129家授权煤炭生产企业以及1家印度尼西亚国营煤矿企业Bukit Asam公司。2011年，拥有煤矿开采权的10家企业的煤炭产量占全国总产量的80%。阿达罗（Adaro）和卡尔蒂姆·普里马公司（Kahim Prima）是印度尼西亚最大的两家煤炭企业，吉代阔力口压阿贡公司（Kideco Jaya Agung）和阿鲁特明公司（Arutmin）是第三和第四大煤炭生产商。最后是矿井多为露天开采，99%为露天矿，采掘成本低。

印度尼西亚是世界煤炭生产和出口大国之一，2009年煤炭产量达到2.54亿吨，2011年3.25亿吨，2012年和2013年分别达到3.86亿吨和4.5亿吨。印度尼西亚煤炭2/3出口到中国、印度、日本、中国台湾、中国香港和韩国，1/3供国内发电厂发电。印度尼西亚于2005年超过澳大利亚，成为世界最大动力煤出口国，占全球煤炭贸易量的比重超过1/4。近年来，由于国内发电及水泥工业发展迅速，印度尼西亚对燃煤的需求量不断提高。

特别是随着印度尼西亚两期1 000万千瓦电站项目陆续建成发电，印度尼西亚国内对煤炭的需求将持续增长。鉴于此，印度尼西亚政府近来强调煤炭生产须优先满足国内需求，然后才可考虑出口。为抑制煤炭出口过快增长，印度尼西亚政府限定2009—2025年间每年的出口量均在1.5亿吨左右。2014年上半年印度尼西亚煤炭产量还是达到2.13亿吨，同比增长7.6%，出口煤炭1.58亿吨，同比增长6.8%。印度尼西亚政府限制煤炭生产和出口，但是为了“以量补价”，并履行此前签订的购销合同，印度尼西亚最大的6家煤炭生产企业2014年上半年产量还是上升了11.7%。

三、电力工业

印度尼西亚的水电、火电、风电和地热等各类电力资源都比较丰富，但电力生产发展水平较低。随着经济的快速发展，电能缺口却越来越大，兴建电力设施已经成为当务之急，据预测从2010年至2018年，印度尼西亚电力需求可能将按每年10%增加。作为全球最大能源生产国之一，印度尼西亚全国用电普及率仅为65%，属于电力比较缺乏的国家。

截至2010年6月30日，印度尼西亚全国发电总装机容量约为31 121兆瓦，电站的类型包括燃煤、天然气、燃油、地热和水电站，其中印度尼西亚国家电力公司拥有的发电站装机容量约占全国总装机容量的83%；私人投资的独立电力生产商发电站装机容量约占全国总装机的14%：企业自备电厂装机容量约占全国总装机容量的3%。2006年7月，印度尼西亚政府颁发第71号总统令，责令国电公司建设总装机容量为10 000兆瓦的加速火电站计划，也就是第一批加速电站计划，这些电站计划在2014年全部建成并投入运营。

印度尼西亚作为世界人口第四大国，缺电问题十分突出，严重影响了人民生活，同时也阻碍了经济发展。印度尼西亚电力行业电力基础设施落后，电力生产方式极不合理，发电能源单一，电力市场缺乏竞争，电力政策频繁更换。因此，应该对电力行业进行改革，允许私人企业加入供电行列，促进竞争提高电力行业效率，全国上下提倡节约用电，堵塞生产及生活中的浪费漏洞，打击电力部门人员私自卖电行为及不法分子的偷电行为，并鼓励节电电器生产行业发展，调整电价机制，利用价格杠杆平衡市场，纠正价格与成本脱钩的局面，重视基础设施建设，吸引国外工程承包商到本国建造电站。

1. 印度尼西亚电力行业的发展历程及现状

印度尼西亚电力行业起步于荷兰殖民者统治时期，经过曲折漫长的发展过程，形成现在以国营电力公司为主导并允许私有电力公司经营的局面。

（1）发展历程

印度尼西亚电力行业随着印度尼西亚国家命运的兴衰而起伏，其发展历程十分曲折。印度尼西亚电力行业的发展大概可以分为三个阶段，首先是荷兰殖民者统治时期的起步阶段，随后是印度尼西亚人民为取得电力行业的自制权而奋勇斗争的阶段，之后为印度尼西亚独立后电力行业的平稳发展阶段。

起步阶段：印度尼西亚电力行业的历史可以追溯到19世纪荷兰殖民者统治时期，当时荷兰的一些公司及生产糖、茶的工厂为满足自身需要而建立了一个发电站，但这家发电站并不以营业为目的，不对公众提供用电。NV Nign（一家荷兰公司，开始时从事天然气贸易）将其业务扩展到电力，自此专门以营业为目的并为公众提供用电的电力公司开始起步。1927年，荷兰政府建立了第一家国营电力公司LB，同期还出现了很多地方性电力公司。

印度尼西亚人民夺取电力行业掌控权的阶段：第二次世界大战期间，荷兰向日本投降，1942年，日本开始统治印度尼西亚，日本政府接管了所有的电力、天然气公司并替换了所有工作人员。1945年8月17日，印度尼西亚宣布独立，青年军（Youngsters）与电力劳动者共同接管了所有日本拥有的电力和天然气公司。

发展阶段（私有化改革阶段）：1964年12月，印度尼西亚国营电力公司（PLN）成立，这是印度尼西亚的第一个真正属于自己国家的电力公司，PLN的建立揭开了印度尼西亚电力发展崭新的一页，也是印度尼西亚电力迈入发展阶段的标志。从PLN成立到1992印度尼西亚第一次进行电力行业改革的近30年间，印度尼西亚国营电力公司一直是印度尼西亚唯一的电力供应者，也是电力行业的掌权者。1992年，第37号总统令允许私人部门参与电力供应。自此，大型商业企业开始进入供应公共用电的行业。

(2)印度尼西亚电力的发展现状

目前，印度尼西亚所用电力的大部分仍由国营电力公司PLN生产供应，PLN分为爪哇—巴厘岛系统及岛外系统两个部分并分别管理，爪哇—巴厘岛系统比较完善，其发电量及用电量占整个PLN用电量的90%左右。由于国营电力没有能力向整个印度尼西亚输电，剩余部分由独立电力生产商(IPP，Independent Power Producers)生产。2003年印度尼西亚人均电力消耗量仅为0.42兆瓦小时，远远低于世界平均水平(根据世行的发展指标，1997年世界2.31兆瓦小时)。印度尼西亚电力需求年均增长为10%～15%，相对来讲电力无论在发电量、配电量还是装机容量方面的增长速度都比较慢，近几年来，由于供电紧张，印度尼西亚每年约有30%以上的新申请的用电客户被电力部门拒之门外。

2. 印度尼西亚电力发展面临的阻碍因素及问题

尽管印度尼西亚电力较之过去已取得了较大发展，但其仍然面临着许多棘手问题，包括电力基础设施落后、发电能源单一、发电企业的垄断以及政府出台的关于电力的政策法规频繁更换等。

(1)电力基础设施落后

电力基础设施落后是阻碍印度尼西亚电力发展的关键因素之一。印度尼西亚现在所使用的发配电设施相当大部分都是20世纪60年代建成的，设备陈旧老化，很多电厂已无多少可挖掘潜力。装机容量不足使印度尼西亚发电能力增长受到阻碍。1999—2002年间，印度尼西亚电力装机容量的增长速度始终落后于发电量的增长速度，装机容量的有限性势必限制发电量的增长。同时，输电网络设施的落后造成大量电力无法及时输送，近几年来印度尼西亚输电量与发电量之间一直存在10亿瓦小时左右的缺口。

(2)电力生产方式不合理

印度尼西亚电力生产方式不合理，发电能源单一，且大部分使用成本较高的燃油和煤炭。据统计，2002年印度尼西亚全部发电量中，成本最低的水力和地热发电仅占10.8%和3.1%，而天然气发电占32.8%，燃油和煤炭发电量高达53.2%。大量依靠火力发电使印度尼西亚发电成本居高不下，加之电费涨价又是各界政府非常敏感的问题之一，因此被长期束之高阁，从而影响电力部门的积极性，致使电力危机进一步加剧。由于发电主要依赖石油、天然气等燃料，印度尼西亚发电成本对油价十分敏感，近年来国际油价的上涨使印度尼西亚发电成本大幅上升。2001年印度尼西亚电力公司的收费标准平均每千瓦时(KWH)为279盾，但发电平均成本却高达400盾，入不敷出，以致国营电力公司无多余的预算从事建设。尽管印度尼西亚政府允许电价适当上浮，但相对来说电价仍然偏低。由于电价太低，民间与外国业者对从事电厂投资的热情不高。

（3）国营电力公司垄断严重

国营电力公司垄断严重，私有企业份额很小，印度尼西亚电力市场缺乏竞争。尽管印度尼西亚自 1992年起便允许私有企业介入供电，但是国营电力公司的绝对垄断地位始终没有改变。

（4）电力政策频繁更换

电力政策频繁更换，使得投资者眼花缭乱不敢轻易动作，同时政策更换过快，很多政策在效果出现前就被迫停止，电力行业的正常发展受到影响。2004年底，印度尼西亚宪制法院推翻了要向国际投资者开放电力工业的立法，印度尼西亚宪制法院裁决，2002年通过的这项法律即要在电力工业方面促进效率和开放全面竞争，是违反印度尼西亚宪法的。这一举措无疑会进一步打击投资者对电力行业的兴趣，使印度尼西亚扩大电力生产以缓和长期电荒的努力受挫。除此之外，动荡的社会局势，政府部门中普遍存在的腐败问题以及自然灾害等，都对印度尼西亚电力行业的有序发展造成了不利影响。

3. 政府为促进电力行业发展所采取的措施

电力短缺是印度尼西亚面临的长期问题，各界政府对此都十分关注，面对电力供应的紧张局面，印度尼西亚政府已采取了一些积极和强制性的措施，促进电力行业发展，力求保障全国基本稳定的电力供给。主要措施有如下：

（1）对电力行业进行改革

对电力行业进行改革，允许私人企业加入供电行列，促进竞争提高电力行业效率。印度尼西亚电力改革开始1992年，之后经历了金融危机以及社会动荡，到 2002年再次提上日程。2002年 20 号新电力法规定，印度尼西亚电力零售市场的竞争行为将于 2007年开始，并将在 2007年底前开放爪哇、巴厘及巴谭等岛的发电业竞争。同时，在 2004年印度尼西亚矿产与能源部发布的《国家电力发展计划》中也指出对电力行业应该进行改革，并从电力供应链分割、引入竞争、扩大私人企业参与程度、以及电价合理化等方面做了具体部署。

（2）提倡节约用电

全国上下提倡节约用电，堵塞生产及生活中的浪费漏洞，打击电力部门人员私自卖电行为及不法分子的偷电行为，并鼓励节电电器生产行业的发展。

（3）调整电价机制

调整电价机制，利用价格杠杆平衡市场，纠正价格与成本脱钩的局面。印度尼西亚政府自2002年起允许印度尼西亚国家电力公司（PLN）每季平均上调电价6%，稍高于盈亏点，使投资者有利可图。电价机制的调整是印度尼西亚能源领域全面自由化的一部分，目的是为该领域吸引更多的投资者以缓解印度尼西亚电力供应的紧张局面。

（4）重视基础设施建设

印度尼西亚新政府十分重视基础设施建设，将其作为振兴印度尼西亚经济的重要措施。为了改善投资环境，政府有关部门正紧锣密鼓地制订和修改相关政策法规，以促进商界在基础设施方面的投资。

（5）积极吸引国外工程

印度尼西亚政府积极吸引国外工程承包商到本国建造电站，弥补其电力设施落后的缺陷。

4. 印度尼西亚电力发展前景

印度尼西亚在2005年颁布的《国家电力发展计划》中指出，2008年使全国电力普及率达到63.5%，到2013年使电力普及率达到75.2%，人均电力消耗量从2003年的0.42兆瓦小时增长到2013年0.68兆瓦小时。印度尼西亚电力未来发展方向有以下几个特点。

（1）优化发电能源结构

火电、水电、核电和地热电是印度尼西亚未来电力大产业的五大支柱，其中适当发展火电和核电，大力发展水电和地热电为奋斗目标。印度尼西亚现有2 700万千瓦的地热资源，但目前只利用了80万千瓦；印度尼西亚水电的可开发总量是75 000兆瓦，小水电的可开发量是7 500兆瓦（10%），其中只有200兆瓦已经被开发。可见，印度尼西亚在地热发电、水电方面有相当大的潜力，未来的发电能源也会朝这个方向发展。

（2）电力市场开放并引入竞争

电力市场将被细分为生产、传输、销售、销售代理商、市场管理部以及电力系统管理部等七大部分，以防止控制过于集中影响行业公平竞争。

（3）大力投资电厂及输配电设施建设

据国家电力计划，到2010年，印度尼西亚建成11座电站，2013年印度尼西亚将新增装机容量23 443兆瓦，使总的装机容量达到54 528兆瓦，需要投资234

亿美元用于电厂建设，另外70亿～80亿美元用于输电线路和变电站建设。

（4）推动绿色电力发展

随着社会发展，印度尼西亚政府开始重视电力发展对环境可能带来的不利影响，并要求电厂建设及运营过程中务必将对环境影响控制到最低限度。总之，印度尼西亚电力发展仍面临着很多不确定因素。印度尼西亚政府及商界必须共同努力兴建电力基础设施，开发本国富足的发电能源，并提高电力行业的效率，印度尼西亚电力行业才能进入真正的发展期。

四、新兴清洁能源

印度尼西亚是世界地热能源储藏量最大的国家，印度尼西亚的地热资源约占全球总量的40%。储藏量约为2 900万千瓦，占全球总量的40%。目前，印度尼西亚地热发电装机已达120万千瓦。但随着印度尼西亚2004年成为原油进口国，且该国电力需求以7%的年增速增长，印度尼西亚政府决定大力推广地热能，计划到2025年，将地热装机提高至900万千瓦，占比达12%，或将成为全球最大的地热利用国。尽管优势明显，但印度尼西亚的地热发电能力现阶段远远落后于美国和菲律宾。由于缺乏开发资金以及政府各部门的协同配合不够密切，迄今为止印度尼西亚运转的地热发电站只有7家，地热发电输出功率仅1 189兆瓦，不到全国能源用量的4%。为此，政府已出台专门的法令，以加快地热能源的开发利用，同时积极吸引国内外投资。

印度尼西亚政府准备投资6亿美元，在北苏门答腊省建设全球最大地热发电站，其总发电能力约为33万千瓦，预计能在2014年投入生产。印度尼西亚矿物与能源部制定的地热能源开发利用规划中明确规定：至2020年，地热发电的最终指标为6 000兆瓦，其中2008年须达到2 000兆瓦，2012年3 442兆瓦，2016年4 600兆瓦和2020年6 000兆瓦。水电能源、太阳能开发提上议事日程。

印度尼西亚水电开发潜力巨大，拥有756.7亿瓦的水电潜能，主要集中在爪哇岛以外的伊里安查亚省和加里曼丹岛，而这些地区对电力的需求还处于相当低的水平，因此，目前印度尼西亚的水电资源并未得到充分利用，水电实际装机能力为43亿瓦，利用率仅5.6%。印度尼西亚政府计划在2010—2019年的电力建设总纲（RUPTL）期间，选择25个地区兴建水力发电站，总装机容量将达524万千瓦，需要的投资约104.8亿美元。

印度尼西亚地处赤道两旁，地理位置处于热带地区，非常接近赤道，常年受日照时间较长，是太阳能运用的理想国家。全国目前太阳能电站提供的电力仅1.35万千瓦，印度尼西亚政府已在多个地方逐渐大规模试点投资太阳能产业。印度尼西亚太阳能辐射资源平均约为4.8千瓦时每平方米每天。其中苏拉威西省，伊查安查亚省和巴里的大部分地区辐射量为6～6.5千瓦时每平方米每天，山区辐射量为4.5～5.5千瓦时每平方米每天；在低地形地区如加里曼丹省，苏门答腊省和爪哇，辐射量约为4～5千瓦时每平方米每天。印度尼西亚国营电力公司计划在2011年至2015年期间，在全国1 000个岛屿建设太阳能发电站。建设工程将分为两个阶段，第一阶段是2011年至2012年，要在100个岛屿兴建太阳能电站；第二个阶段是2012年至2015年，在900个岛屿设有太阳能电站。

第四节　冶金工业

印度尼西亚国有企业克拉卡陶钢铁公司年产能约500万吨，占印度尼西亚钢铁产量的大半。目前印度尼西亚国内市场年钢铁需求量800万吨，需求缺口约200万吨，每年从日本、韩国、俄罗斯、印度、中国等国进口钢材以弥补需求不足。2007年印度尼西亚进口钢材700万吨。由于预计2009年印度尼西亚政府将限制钢铁进口，许多印度尼西亚钢铁进口商大量进口囤积钢铁产品，以期在限制进口后能高价抛售，2008年印度尼西亚国内进口钢铁量达到1 000万吨。据印度尼西亚中央统计局统计，印度尼西亚2008年进口的钢铁产品中，72%为钢卷、钢坯、生铁和废钢，进口额为82.9亿美元，28%为热轧板卷（HRC）、热轧镀层板（HRP）、冷轧板卷（CRC）、线材、螺纹钢、管材，进口额约33.5亿美元。

印度尼西亚钢材的主要用途：电站等项目大量用各种管材，桥梁等基础设施主要用线材、螺纹钢和角钢，汽车工业所需的各种钢铁板材，造船所需的特种钢板。另外印度尼西亚还需要用钢铁板材制造各种日常生活用品，小至铁钉等。

目前，印度尼西亚钢铁产品缺乏竞争力，无法与国外产品竞争，主要原因是：

（1）大部分钢铁企业规模小，技术落后，设备陈旧，难以形成规模效应。以克拉卡托钢铁公司为例，其大部分的生产设备多为20世纪七八十年代的设备。在过去的10年中，印度尼西亚的钢铁企业未能进行设备更新改造，生产能力和技术水平未能得到提升。

（2）目前印度尼西亚商业银行的贷款利率为美元4%～8%，印度尼西亚盾11%～20%。较高的贷款利率使得印度尼西亚钢铁企业负担沉重，技术更新缓慢，创新能力差。

（3）产品品种较为单一。印度尼西亚钢铁企业的产品主要为热轧板卷，冷轧板卷。

（4）部分企业经营不善，资产需要进行拍卖重组，但目前重组工作尚未完成。

（5）印度尼西亚的部分钢铁生产原料不能自给，通过进口来补充，新投资的供国内钢铁生产用的铁矿石和煤炭基地近期内不能投产。目前印度尼西亚每年仍需从国外进口200万吨铁矿砂。虽然印度尼西亚国内自然资源丰富，生产钢铁的原材料也多有分布，但由于印度尼西亚自身的体制等方面的原因，目前还不能完全自给。

总之，印度尼西亚钢铁产品生产成本高的情况近期内有不会明显改善，国产钢铁和进口产品的价格差也不会明显缩小。

金融危机发生以来，印度尼西亚国内市场需求疲软，企业资金周转困难，原材料价格上涨。2009年第一季度，印度尼西亚钢铁消费量同比下降25%。国内钢铁企业产品严重积压。目前印度尼西亚钢铁企业产量只达到其最大产能的40%。印度尼西亚最大的国有钢铁企业克拉卡陶钢铁已有部分工厂停产，年产量约300万吨。

第五节　制造工业

印度尼西亚工业发展方向是强化外向型制造业。2010年制造业占国内生产总值比重为25.2%。工业的增长率不仅大大高于农业的增长率，甚至高于国内生产总值的发展速度，从而使得工业在国民经济中的地位不断提高。据统计，从20世纪60年代至2000年，印度尼西亚的工业部门产值占国内生产总值的比重从14%升至44%。[①] 2003—2011年，印度尼西亚工业产值占国内生产总值的比重基本保持在接近50%的水平（如表3-2）。在工业部门的快速发展中，制造业发展较为突出，工业的发展有一半是得益于制造业的发展（见图3-2）。尤其是自进入21世纪以来，科技突飞猛进的发展以及人才的高强度培养，为印度尼西亚进

① 王勤：《东盟五国产业结构的演变及国际比较》，《东南亚研究》，2006年第6期。

一步开发和利用经济资源提供了条件和可能性。再加上中国—东盟自由贸易区的建设，为印度尼西亚的工业发展拓宽了国家之间互相交流、互相援助的空间。

印度尼西亚的工业制造业有30多个不同种类的部门，主要有纺织、电子、木材加工、钢铁、机械、汽车、纸浆、纸张、化工、橡胶加工、皮革、制鞋、食品、饮料等。其中纺织、电子、木材加工、钢铁、机械、汽车是出口创汇的重要门类。

表3–2 印度尼西亚工业产值占国内生产总值（GDP）的比重（单位：%）

年份	2003	2004	2005	2006	2007	2008	2009	2010	2011
印度尼西亚	43.75	44.63	46.54	46.94	46.80	48.06	47.65	46.98	47.15

数据来源：世界银行网站，www.worldbank.org。

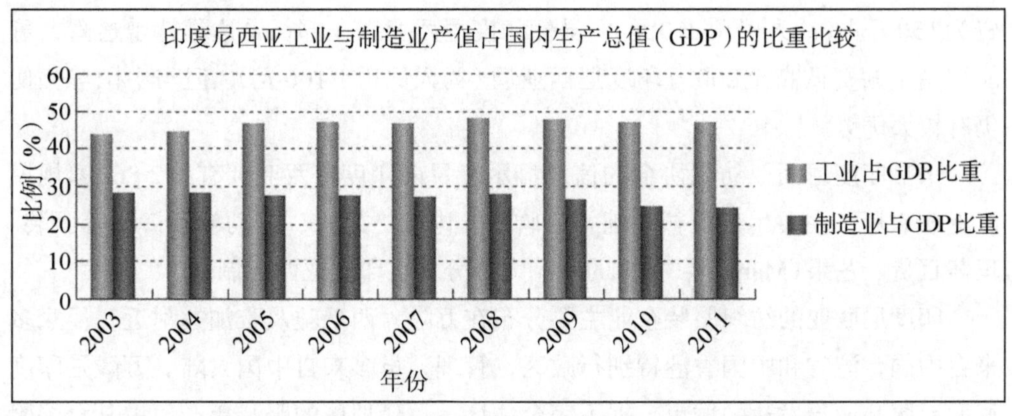

图3–2 印度尼西亚工业与制造业产值占GDP的比重比较

数据来源：世界银行网站，www.worldbank.org。

（一）纺织服装业

纺织成衣业为印度尼西亚制造业重要领域之一，印度尼西亚中央统计局（BPS）数据显示，纺织、皮革及运动鞋产业合计产值对印度尼西亚经济成长贡献度约为9%，2012年印度尼西亚纺织品出口达125亿美元（约合1 174.46亿盾），2008年至2013年间该等产业年平均成长率达4%。2012年纺织成衣业就业人口约达290万人，约占非油气制造业就业人口比重21.7%。

印度尼西亚政府正大力支持国内服装业的发展。作为世界第四大人口国及全球伊斯兰教徒最多的国家，印度尼西亚市场对于符合宗教要求同时又跟得上潮流的服饰的需求量非常大，据估计，其市场总值高达1 000亿美元，约合6 082亿人民币。20世纪90年代中期，印度尼西亚丧失了亚洲制造大国地位，如今似乎重新又燃起了制造业大国的复兴之望，全球缝企目光再度聚焦印度尼西亚市场。

印度尼西亚扼守马六甲海峡，是东盟最大的经济体。其纺织服装、鞋帽制造业已迅速发展为印度尼西亚的重要产业，产值、出口额和就业规模在其全国各行业中居领先地位。印度尼西亚产业供应链已相当完备，制纤、纺纱、织布、染整、成衣制造等一应俱全，一跃成为世界十大纺织服装生产国和出口国之一。其中，政策的强力支持是印度尼西亚纺织服装、鞋帽制造业迅速崛起的重要保障。印度尼西亚政府优先发展的9个工业部门中，纺织、制鞋和皮革、家具业均在其中。

丰富而廉价的劳动力则是其快速发展的主要优势，在印度尼西亚的9 400万就业人口中，12%集中在制造业（约1 130万人），纺织业的就业人数约占制造业的15%（约175万人，不包含200万间接就业的人口）。印度尼西亚工人每月基本工资为150万盾（约人民币810元），虽然印度尼西亚工业部长希达雅特曾透露，可能把基本薪资调高至200万印度尼西亚盾（约人民币1 100元），但与中国等相比仍有较大优势。

来自印度尼西亚纺织协会的信息显示，目前印度尼西亚拥有约2 869家规模以上成衣厂，主要生产衬衫、棉衫、胸衣、内衣、外衣、运动衫和裤子等服装。玛莎百货、芒果（Mango）、扎拉的产品大部分均在印度尼西亚制造。

印度尼西亚的纺织服装企业主要分布在万隆、西爪哇及雅加达附近，厂家多来自中国台湾省和中国香港特别行政区，管理人员多来自中国大陆。万隆是印度尼西亚服装业最发达的城市，据不完全估计，万隆地区的服装年产值占其全国服装的40%以上。近年来，由于劳动力成本提高，印度尼西亚位于东、西爪哇的部分大型服装厂选择向日惹和中爪哇等地区迁移，形成多点开花的局面。

内外需的增长拉动了印度尼西亚纺织服装、鞋帽制造业的快速发展。内需方面，印度尼西亚国内政局稳定，经济发展势头强劲。

近几年来，该国2.45亿人口对纺织服装、鞋帽的庞大需求有增无减，形成了稳定的内销市场；外需方面，根据印度尼西亚工业部的统计，2013年，印度尼西亚出口纺织品服装126.8亿美元，其中，服装出口73.8亿美元，纱线出口24.2亿美元，面料出口18亿美元，纤维出口5.6亿美元，其他纺织品出口5.1亿美元。本财年，印度尼西亚纺织协会制定的纺织服装的出口目标为133亿美元，较去年高4.88%。印度尼西亚服装和鞋帽产品在美国、欧盟、日本、中东、非洲等国家或地区都有一定的市场。作为各大国际知名品牌的生产基地，印度尼西亚近两年纺织服装出口额平均约130亿美元左右，其中出口美国超过90亿美元，年增长率13%，是美国进口服装排名前五名的国家。

2013年以来，随着印度尼西亚国内生产成本的上涨，引进智能、高效、价格实惠的缝制设备逐渐成为当地服装、鞋帽企业采购设备的趋势。但印度尼西亚缝制设备更新换代的需求释放相对平缓，仍处于发展初期，尚未形成越南市场般的快速增长局面。

近年来，印度尼西亚市场对中国缝机产品需求仍集中于低端产品。在2012年印度尼西亚国际贸易协会的排名榜上，工业缝纫机的市场占有率中国排名第一，但平均单价却最低。以量大面广的工业用自动平缝机产品为例，在我国出口该产品的107个国家中，出口印度尼西亚的均价排名为倒数第24位。

而从日本对印度尼西亚出口缝制机械产品情况来看，据日本财务省出口数据显示，2013年上半年，日本对印度尼西亚出口缝机产品总体也呈现同比增长态势，虽其出口量与我国相比差距明显，但其产品出口均价，尤其是工业缝纫机产品出口均价明显高于我国。2013年1～6月，日本累计出口印度尼西亚缝制机械产品约2.0亿日元（约合人民币1 271万元），同比增长33.29%。其中，出口工业缝纫机871台，出口额1.8亿日元，同比分别增长了4.69%和32.04%，出口均价2 091美元/台，高出中国工业缝纫机产品出口均价10倍以上。

截至2013年6月末，印度尼西亚纺织产品出口同比增长了2%。据印度尼西亚纺织协会（API）估计，2013年印度尼西亚纺织品的出口额能够达到130亿美元，比2012年上升5%。

（二）汽车业

近几年，随着国民经济快速增长，国民消费水平的提高，政府政策扶持和产业国际合作力度的加大，印度尼西亚汽车产业取得了快速发展，现已成为继泰国、马来西亚之后东南亚第三大汽车市场。印度尼西亚汽车行业从业者主要包括零部件生产商、组装厂、经销零售商、进口商、维修服务店等。该行业的发展轨迹是在政府的调控政策以及跨国汽车公司的商业扩张策略的共同作用下形成的。截止2011年，印度尼西亚共有20家汽车装配厂，年整车生产能力为75万辆，有汽车零部件生产厂700家，从业人员8.4万。①

1. 汽车销量

在亚洲金融风暴爆发前，印度尼西亚市场汽车销量就已达38.7万辆。但由于

① 吴崇伯:《印度尼西亚汽车工业的发展、政策及前景》,《东南亚南亚研究》, 2011年第3期。

受亚洲金融风暴的影响，印度尼西亚汽车产业受到重创，1998年，印度尼西亚汽车销量仅为5.8万辆，下降幅度高达85%。1999年也仅销售9.4万辆。经过两年的调整，到2000年，印度尼西亚汽车销量终于突破30万辆大关。随后两年内，印度尼西亚汽车销量增长缓慢，直到2003年，印度尼西亚汽车销量较上年增长了10%。2004年，印度尼西亚汽车销量较上年增加12.9万辆，涨幅为36.4%，刷新了历史销售记录。2005年，印度尼西亚汽车销售量继续上年快速增长态势，销量达23.4万辆。2006年，由于受到印度尼西亚政府撤销油价补贴政策的影响，汽车销量重新跌至31.8万辆。随着经济形势好转，银行利率稳步下调，通货膨胀得到有效抑制，居民消费信心指数上扬，2007—2008年，印度尼西亚汽车销量大幅上涨，2008年总销量为60.3万辆，较2006年增长了89.6%。2009年，由于受美国次贷危机影响，印度尼西亚汽车销量急剧下降，较2008年下降20%。但由于印度尼西亚政府措施得力，印度尼西亚汽车产业迅速走出低迷期，2010年，汽车销量增至76.3万辆。超过泰国（68万辆）成为东盟地区最大的汽车市场。2011—2012年，印度尼西亚汽车销量继续快速增长，2011年达89.4万辆，2012年成功突破百万销售大关，达111.6万辆，较上年增长24.8%。2013年1月～4月累计汽车销售398 108辆，其中，4月份售出汽车102 199辆，较去年同期增长17.3%（见表3–3）。

表3–3　1997—2012年印度尼西亚汽车市场销量表（单位：万辆）

年份	销量	年份	销量
1997	38.7	2005	53.4
1998	5.8	2006	31.8
1999	9.4	2007	43.3
2000	30.1	2008	60.3
2001	30	2009	48.6
2002	31.8	2010	76.5
2003	35.4	2011	89.4
2004	48.3	2012	111.6

数据来源：经印度尼西亚汽车工业协会数据库资料整理得出，http：//gaikindo.or.id。

2. 汽车产量

目前，印度尼西亚汽车行业由于缺乏自有专利，没有研发投入，不具备自主品牌，因此仍以小轿车生产组装业为主。近几年，印度尼西亚居民购买力的提高，国内汽车产能得以释放，有效地拉动了印度尼西亚汽车行业的快速发展。2005年，印度尼西亚国内汽车产量就已达50万辆，经过7年的发展，到2012年，印度尼西亚汽车产量为106.6万辆，较2005年翻了一倍。期间，由于受到2006年印度尼西亚政府提高燃油价格和2009年金融危机的影响，使得印度尼西亚汽车工业受到不同程度的打击，汽车产量也有所下降，但大体呈逐年上升趋势（见表3-4）。

表3-4 2005—2012年印度尼西亚国内汽车产量（单位：万辆）

年份	2005	2006	2007	2008	2009	2010	2011	2012
产量	50	29.6	41.2	60	46.5	70.3	83.8	106.6

数据来源：经印度尼西亚汽车工业协会数据库资料整理得出，http://gaikindo.or.id。

3. 汽车保有量

据印度尼西亚汽车工业协会数据显示，2000年，印度尼西亚全国汽车保有量为504.2万辆，据计算每41个人拥有一辆车；2005年汽车保有量增至703.1万辆，2000—2005年，平均每年增加39.8万辆；到2010年，印度尼西亚汽车保有量增至963.8万辆。数据显示，2005—2010年间，印度尼西亚汽车保有量平均每年增加52万辆。2011年，印度尼西亚全国汽车保有量达1 053.2万辆，突破千万大关。据印度尼西亚汽车工业协会最新数据显示，截至2012年，印度尼西亚汽车保有量达1 164.86万辆，平均每21个人拥有一辆车。如图3-3所示，虽然近年来，印度尼西亚汽车保有量呈逐年增长态势，但相较全球每7人一辆车的水平而言，仍相距甚远。据ASMA（Automotive Search Marketing Architecture）数据显示，预测2020年，印度尼西亚汽车保有量将达到2 000万辆[①]。

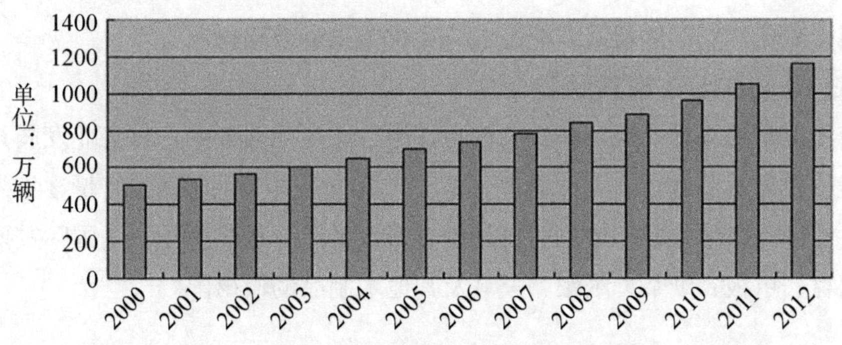

图3-3 2000—2012年印度尼西亚全国汽车保有量（单位：万辆）

数据来源：经印度尼西亚汽车工业协会数据库资料整理得出，http://gaikindo.or.id。

① 张冬梅：《印度尼西亚汽车保有量11年增1.2倍》，汽车网，http://www.cnautonews.com/gjqc/201206/t20120619_159378.htm。

4. 汽车对外贸易量

表3-5 2005—2012年印度尼西亚整车（CBU）进出口、整套散件（CKD）进口统计（单位：辆）

出口	2005	2006	2007	2008	2009	2010	2011	2012
CBU（UNIT）	17 805	30 974	60 267	100 982	56 669	85 796	107 932	173 368
CKD（SET）	103 37	105 917	105 642	103 71	53 14	55 624	83 709	100 122
进口	2005	2006	2007	2008	2009	2010	2011	2012
CBU（UNIT）	31 760	33 663	55 112	72 646	32 678	76 520	76 173	125 872

注：CBU（Complete Built Unit）完全组装，整机。CKD（Completely Knocked Down）全散件装。

数据来源：经印度尼西亚汽车工业协会数据库资料整理得出。（http：//gaikindo.or.id）

2005年，印度尼西亚整车进出口规模较小，汽车整车出口量仅为17 805辆，进口31 760辆，且进口大于出口，贸易呈逆差态势。在2005—2008年期间，印度尼西亚汽车工业对外贸易快速增长，尤其是印度尼西亚整车出口涨势尤为强劲。2008年，汽车出口量为100 982辆，同比增长67.6%。同年，汽车进口量为72 646辆，同比增长31.8%。此外，值得一提的是，在2007年，印度尼西亚汽车出口量成功反超进口量，实现了贸易逆转。2009年，由于受金融危机的影响，印度尼西亚汽车出口量下滑至55 669辆。经过一年多的调整，2010—2012年，印度尼西亚汽车出口量再次表现强劲的增长态势。2012年整车出口量达17.34万辆，较2011年增长60.62%。据印度尼西亚《商报》报道，2012年印度尼西亚汽车产品和元件出口比2 011增长45.9%至48.5亿美元，成为全国非油气产品出口最大增长之一。[①]印度尼西亚计划2015年汽车出口量为386 000辆，为完成此计划，印度尼西亚政府将辅以减免汽车部件及其零配件进口关税等投资鼓励机制。[②]

（三）木材工业与家具业

依托丰富的森林资源与廉价劳动力资源，印度尼西亚的木材工业发展异常迅速，表现在原木、锯材、人造板主要是胶合板与家具等木制品的产量逐年大幅度提升。在国际市场中，印度尼西亚是世界最大的胶合板供应国，是国际重要的原木、锯材、单板、纸浆、纸张、家具及其他木制品的输出国。

① 庄雪雅：《印度尼西亚2012年汽车出口飙升45.9%至48.5亿美元》，人民网，http：//world.people.com.cn/n/2013/0306/c1002-20701163.html。

② “The 7th International Indonesia Automotive Conference 2012”，印度尼西亚汽车工业协会（GAIKINDO），http：//gaikindo.or.id/index.php?option=com_content&task=view&id=397&Itemid=1

1. 原木

20世纪70年代，随着木材产量的增加，印度尼西亚原木出口也大幅度增加，一跃成为国际市场主要原木供应国，在70年代印度尼西亚木材产量的90%为原木；70%以上用于出口。到1977年达到了创记录的1 857万立方米。为了发展本国木材加工业提高产品附加值，印度尼西亚政府于1978年宣布自1979年4月起逐步限制原木出口，意欲使原木在本国价格能比出口便宜1/2至1/3，以促进本国锯材业尤其是胶合板工业的发展，到80年代末，努力实现国内原木供应率达到2/3，出口降至1/3。1982年2月，印度尼西亚政府再次宣布，到1985年将完全禁止原木出口(西伊里安除外)。在此期间采用许可证制度，分年控制出口量，具体为1980年1 200万立方米，1981年700万立方米，1982年400万立方米，1983年300万立方米，1984年130万立方米，1985年完全禁止原木出口。

2. 家具业

作为东南亚国家联盟最大的经济国和全世界最大的群岛国，印度尼西亚拥有十分丰富的热带森林资源，森林面积约为1.2亿公顷，森林覆盖率为67.8%，盛产各种热带名贵的树种，如铁木、檀木、乌木和柚木等均驰名世界。另外，地处热带群岛的印度尼西亚在藤类植物方面有着得天独厚的条件，印度尼西亚是世界上最大的藤条生产国，世界上约250种天然藤中有70%生长在这里，多分布在苏门答腊岛、加里曼丹岛和苏拉威西岛的茂密丛林中。基于这丰富的藤类植物资源，印度尼西亚对于原木、藤条出口的限制，以及对相关加工产业的鼓励措施，印度尼西亚家具产业发展迅猛，前景看好。

而由于拥有悠久的木制品和艺术品历史传统(如蜡染)，印度尼西亚的家具和手工艺品行业在地区和全球市场都享有盛誉。印度尼西亚家具也一直以深具地方特色闻名于众，予人自然古朴与和平舒缓的印象，其仿古家具更是象征着优雅的生活品质，由此深受欧洲、美国、日本等国家的青睐。

随着中产阶层队伍的壮大、消费者购买力的提高以及国内购房量的增加，印度尼西亚家具和家居用品业一直稳步发展。家具和家居用品出口的不断增长为国外品牌带来了机遇，同时本土零售品牌也日渐成熟并在高端市场声名鹊起，从而为家具和室内设计业树立了品牌影响力。

印度尼西亚是世界上最大的家具输出国之一，2004年印度尼西亚家具的全球市场占有率仅为2%，而到2007年已攀升至9%，2008年印度尼西亚家具出口总额为26.5亿美元，占出口总额的75%。其中，木制家具占出口总额的65%，藤制家具占20%。2009年由于受到全球经济不景气的影响，传统买家如美国、日本与荷兰减少订单，出口额锐减30%～35%，印度尼西亚家具转而积极开拓中东、中国和欧洲市场。印度尼西亚工艺和家具制造商协会于2010年3月宣布欧盟二十七国已允诺将扩大自印度尼西亚进口家具。2012年全球经济恢复，年底已出现买气回温的现象，同时新兴市场不断地涌现商机，因此印度尼西亚木制家具的需求也持续拉大。2013年印度尼西亚家具产业呈现快速增长态势，增长率约为16%。

印度尼西亚家具产业形态为中小型企业占绝大多数，人工劳动密集。木制家具集中在中爪哇地区，生产全国26.5%的木制家具，而藤制家具的主要产区则在姬蕾本，生产超过全国一半的藤制家具。

目前，印度尼西亚家具产业已吸收约45万人次的员工，预计间接员工能达到200万人次：此前，在2015年12月举办的亚洲经济论坛，印度尼西亚工业部已指定家具工业成为本国优势产业之一，该工业被评估为比东盟别国相同工业拥有更好的竞争能力。

印度尼西亚家具业历来以具有高竞争力且出口质量良好的藤条而著称，而该国藤原材料的主要出口市场，如中国和欧洲，已在高端藤制家具领域站稳脚跟。为保护国家藤资源并鼓励进一步开发上游产业，印度尼西亚贸易部决定，从2012年1月起禁止以原材料或半成品材料形式出口藤。木制家具是印度尼西亚家具业的传统支柱，2010年出口额占该行业出口总额的58.1%(数据来源于ASMINDO)。尤其中爪哇和日巴拉是木制家具业的生产中心，柚木、桃花心木和回收木材都是本土和国际市场最受欢迎的原材料。2014年出口世界的家具达到1 240亿美元，印度尼西亚家具的出口只有18亿美元。为此，印度尼西亚家具与手工艺协会将继续设法推动家具的出口数额，并采取新的措施，以至印度尼西亚家具的出口每年增长20%，争取在5年内印度尼西亚家具出口能提高至50亿美元。

印度尼西亚的家具公司主要有TEAK123公司、Vina Arya Furniture公司、Erlangga B.N.H公司、Koloni Timur公司、Hartco Utama公司、Property Asset Mandiri公司，以及Yudhistira公司。

第六节　采矿业

印度尼西亚矿产资源丰富，分布广泛。采矿业为印度尼西亚国民经济发展创造了可观的经济效益，它是出口创汇、增加印度尼西亚中央和地方财政收入的重要渠道，也为保持经济活力、创造就业和发展地区经济作出了积极贡献。

印度尼西亚主要的矿产品有金、铜、镍、锡、煤、银、铅、铬、铝土矿、煤、硫和高岭土等，特别是金、铜、镍、锡和煤矿资源在世界上占有重要地位，其中铜储量仅次于智利，与美国并列世界第二位。此外，还有锰、铀、长石、大理石、花岗岩、石英砂、粘土、白云石等。印度尼西亚也是一个矿业大国，其中铜和镍的产量位列世界前五，锡产量排在中国之后列世界第二，黄金产量名列世界前十。

表3–6　印度尼西亚主要矿产储量

矿产		煤	铀	镍	铜	锡	金
单位		亿吨	吨铀	金属万吨	金属万吨	金属万吨	金属吨
储量	2008年	43.28	4 800	320	3 600	80	3 000
	2009年	43.28	4 800	320	3 100	80	3 000

资料来源：1. *Mineral Commodity Summaries*, 2009—2010; 2. *BP Statistical Review of World Energy*, 2009—2010; 3. *Oil&Gas Journal*, 2009—2010。

金

截至2009年，印度尼西亚金矿基础储量是6 000吨，居世界前列，印度尼西亚几乎在所有岛屿都有金矿分布。印度尼西亚黄金主要产自巴布亚省的格拉斯贝格、艾斯伯格两座矿山和中加里曼丹省的一些矿山，以及西努沙登加拉省的松巴哇岛矿区等。金矿床类型多为与第三纪火山岩有关的浅成热液型金矿床和矽卡岩——斑岩型铜金矿床。巴布亚省的格拉斯贝格铜金矿是印度尼西亚最大的金矿，也是世界最大金矿之一。

铜

印度尼西亚是世界上主要的铜出口国之一。据美国地质调查局的资料，2009年铜储量为3 600万吨，占世界总量的6.5%，列世界第四位。印度尼西亚铜矿以斑岩型为主，大部分分布在巴布亚省的艾斯伯格山和格拉斯贝格，少量分布在苏拉威西、苏门答腊和爪哇。主要矿床有巴布亚省的艾斯伯格、格拉斯贝格，松巴哇岛的巴图希贾乌等铜金矿床，另外还有北苏拉威西和巴占岛上的一些铜矿。

锡

印度尼西亚是世界第二大锡矿生产国和精炼锡生产国，也是世界上主要锡出口国之一，其生产的锡55%出口到亚洲，30%出口到欧洲和美国。截至2009年，印度尼西亚锡基础储量是90万吨。印度尼西亚的锡主要分布在苏门答腊东海岸外的廖内群岛，该矿带长约750千米。砂锡矿有河流冲积砂锡矿和滨海砂锡矿两种；原生锡矿也有两种，锡石—石英脉型和锡石—硫化物型。

镍

印度尼西亚是全球14个主要生产镍矿的国家之一，也是世界上镍资源的主要出口国。截至2008年，印度尼西亚的镍储量、基础储量分别是320万吨、1 300万吨，分别约占世界总量的4.6%和11.54%，居世界第五位。印度尼西亚镍属于红土型镍矿床，平均矿石品位1.5%～2.5%，主要分布在群岛的东部，矿带可以从中苏拉威西追踪到哈尔马赫拉、奥比、格贝、加格、瓦伊格奥群岛，以及巴布亚的鸟头半岛和塔纳梅拉地区等。

铝土矿

印度尼西亚证实和推定的铝土矿储量3 500万吨，资源量约10亿吨，已知铝土矿储量2 400万吨，资源量约20 193.2万吨。印度尼西亚的铝土矿属红土型铝土矿，为含铝的硅酸盐类岩石在潮湿炎热气候条件下风化形成。印度尼西亚的铝土矿其中85%分布在西加里曼丹，其余15%分布在廖内群岛中的宾坦岛及其周围小岛上。目前只有宾坦岛及周围岛屿上的铝土矿得到开发。

银

印度尼西亚的银资源量为3.6万吨，储量为1.14万吨，主要分布在巴布亚省的艾斯伯格、格拉斯贝格和西爪哇的芝格托克等地。[①]

煤

印度尼西亚的煤炭多具有高水分、低灰分、低硫分、高挥发等特性。其中，无烟煤占总储量的0.36%，烟煤占14.38%，次烟煤占26.63%，褐煤占58.63%。据印度尼西亚能矿部统计，印度尼西亚煤炭资源储量为580亿吨，已探明储量193亿吨，其中54亿吨为商业可开采储量。由于很多地区尚未探明储量，印度尼西亚政府估计煤炭资源总储量或达900亿吨以上。据英国石油公司能源统计，印度尼西亚已探明煤炭储量43.2亿吨，居世界第15位。其已探明煤炭储量主要分布在苏门答腊和加里曼丹两岛，特别是集中在苏门答腊岛的中部和南部，以及加里曼丹岛的中部、东部和南部。印度尼西亚的煤矿多为露天矿，开采条件较好。但随着近年来开采量的增加，露天煤矿的面积逐渐缩小，未来开采深度和难度将逐渐增加。[②]

① 宋国明：《印度尼西亚的矿产开发与管理》，《世界有色金属》，2010年第8期，第32页。

② 《印度尼西亚煤炭行业概况》，中国驻印度尼西亚大使馆经商参处，2010年8月1日，http://id.mofcom.gov.cn/article/ddgk/zwrenkou/201007/20100707050810.shtml。

非金属矿产资源

印度尼西亚的非金属矿主要有高岭土、石灰岩、白云石、泥灰岩和金刚石等。高岭土估计有750万吨，为风化型和沉积型两种成因类型，主要分布在西爪哇、邦加岛和勿里洞岛。石灰石分布较广，有爪哇岛和马都拉岛的中新世—上新世石灰岩矿床，苏门答腊岛第三纪前的大理岩化石灰岩，加里曼丹和苏拉威西的第三纪石灰岩以及伊里安查亚省的更新世珊瑚礁。白云石和白云石灰岩只在爪哇北部滨岸地区和马都拉岛有发现。爪哇和苏门答腊岛有泥灰岩矿。

第七节　化工工业

在印度尼西亚，化工行业是增长最快的行业之一，目前的制造和生产过程中，近60%的化学品需求是从国外进口的。化工成为非常有前途的投资行业，国际化工公司已锁定印度尼西亚做为主要投资目的地。根据2014年业务报告，韩国乐天集团投资50亿美元在西爪哇兴建石化项目，中国石油天然气集团公司计划投资达到28亿美元在加里曼丹建造综合石化项目。与此同时，科威特石油总公司与印度尼西亚国家石油公司在巴龙甘的炼油厂价值80亿～90亿美元的项目。与之相似的是，沙特阿美石油公司打算在万丹与钱德拉·阿斯里石化建立合作的大型石油脑精炼厂。此外，陶氏化学公司表示印度尼西亚是亚太地区重要的投资战略地区，将在印度尼西亚扩大原油及矿业方面业务，以支持该公司下游化学产品发展。

中国是印度尼西亚的重要进口国之一，且进口量呈逐年上升趋势。近年来，中国与印度尼西亚双边友好关系不断有新的发展，中国企业前往印度尼西亚考察、投资增多，“中国制造”产品在印度尼西亚市场所占比重提高。中印两国的经贸合作潜力巨大，前景广阔。

化学工业是印度尼西亚发展最快的工业行业之一，很多基础化工原料和精细化工类产品仍需进口，如农化产品、印染化学品、医药原料、食品添加剂、水处理化学品等。印度尼西亚化工展为中国化工原料企业出口印度尼西亚搭建了贸易平台。

1. 化学工业发展

印度尼西亚石化工业的发展首先是从下游到中间体，然后是上游石化工业，当时的石化工业以替代进口为主。20世纪70年代下游石化工业开始发展，建立了塑料加工、纤维和洗涤剂业务。20世纪80年代，中间体和上游石化业发展起来，20世纪90年代几乎所有的中间体产品由本地生产。

2000年印度尼西亚化学工业发展良好。聚合物的消费增长，引进了新的薄膜级产品生产线，新增了一些产能。由于国内厂商满足了聚乙烯(PE)的大部分需求，进口量大幅度下降。2000年印度尼西亚国内线形低密度聚乙烯(LLDPE)和高密度聚乙烯(HDPE)的需求增长了20%，LLDPE需求量达到20万吨，HDPE需求量接近24万～25万吨，其中只有20%来自进口。聚丙烯(PP)需求增长了约5%，总量达到60万吨。PP供需比较平衡，进口的主要是共聚物及专用级产品。聚氯乙烯(PVC)消费量上升到24万吨，而1999年仅为20万吨。但是，这一数字比最初预测的25万～27万吨要低。尽管印度尼西亚建筑业出现复苏迹象，但许多建筑公司财务状况并不好。因此，印度尼西亚PVC将会继续出口国外市场。

2. 化工行业的发展

乙烯

在芝拉贡的钱德拉阿斯利公司用Pertamina公司供应的石脑油生产乙烯。一些乙烯用于生产LLDPE和HDPE，由Peni生产PE；一些供应给印度尼西亚的Asahimas Subentra和Sulfindo Adhiusaha生产二氯乙烷；一些供应给Styrindo Mono生产乙苯，另一些则给Yasa Ganesha Pura生产环氧乙烷。

钱德拉阿斯利计划扩建乙烯能力，并建更多的乙烯衍生物项目，包括聚丙烯、新环氧乙烷/乙二醇和乙苯/苯乙烯能力。

苯

苯的进口主要来自日本、新加坡。1996年以前印度尼西亚以苯为原料生产烷基苯。从1996年开始生产苯乙烯。2001年开始建设异丙基苯厂。

对二甲苯

在印度尼西亚对二甲苯只用作聚酯中间体特别是苯二甲酸(PTA)的原料。聚酯的强劲增长以及原料PTA的供应紧张导致1995年至2000年一系列PTA扩建项目的建设，总能力达到170万吨，到2007年PTA总能力达200万吨。扩建瞄准了国内及出口市场。

由于聚酯的市场需求以及PTA工业的扩建，对二甲苯需求增长强劲。从1990年到1997年对二甲苯的生产需求上升了235%（年增长率为34%）。Pertamina在芝拉扎炼厂拥有了第一家对二甲苯生产能力27万吨，苯12.3万吨的工厂，直到

2000年该公司仍是印度尼西亚对二甲苯和苯的单一生产者。

印度尼西亚对二甲苯主要从日本和新加坡进口。由于有许多潜在的新企业，未来10年印度尼西亚将大幅减少进口。应该指出的是1997—1998年的商业环境使国外投资转向亚洲其他国家。

苯二甲酸（PTA）

印度尼西亚国内生产的PTA仅能满足需求的一半以上。到1999年总产量为177.5万吨，由于一些企业开工率低，PTA的实际产量仅为120万吨。相当多的PTA从日本、韩国、美国进口。新的PTA厂以高开工率运转，印度尼西亚将成为净出口者。由于经济危机，印度尼西亚经济增长保持低速，2001年PTA的需求为136万吨。

印度尼西亚聚酯纤维多数是从日本、台湾、韩国和美国进口的。大多数印度尼西亚纤维生产者把自产的PET作为原料，印度尼西亚所有的PET都是由PTA生产的。

聚丙烯（PP）

钱德拉阿斯利使用联合碳化物公司的气相工艺在西冷兴建一PP厂，已于1999年投产，能力为18万吨，使用邻近乙烯裂解装置供给的原料。位于图班的太平洋PP公司（是新加坡泛太平洋化学公司和Tirtamas Majutama的合资企业）正在建一座PP工厂，将于泛太平洋公司开始运营第二座裂解装置时开始生产。在布拉朱，Pertamina将使用自产的丙烯生产聚丙烯，由于难以得到原料，故生产率很低。在Balngan，Polytama Propyn — do生产的PP是使用Hilmont工艺从EX0R-1得来的ROC丙烯。该公司是Tirtamas Majutama、BP化学和日商岩井的合资企业。Polvtama于1997年通过解除瓶颈扩大了生产能力。在芝拉贡的TriPolyta用进口丙烯生产PP。第一个Unipol反应器建于1992年，另一个建于1995年。该公司成为除日本外亚洲有能力生产高级丙烯共聚物树脂的第一家公司，该公司用34万吨丙烯生产PP，原料来自钱德拉阿斯利公司和进口。1995年年中印度尼西亚政府降低PP关税至5%，但1996年初为使国内生产厂家的产品能与国外产品竞争，又征收了20%的附加税。

由于国内工厂的建立，PP进口下降，大多数平丝（flat yarn）用于编织袋（woven sack）。PP被替代用于工业船用袋和农业中的吹塑用途上。到1999年印度尼西亚PP总产能为78.5万吨，需求为71.3万吨。

衍生物可分成以下行业：塑料原料、表面活性剂、合成树脂、合成纤维/PET、合成橡胶、增塑剂。其他行业的能力如下：塑料原料：乙苯11万吨；ABS 4万吨；苯乙烯单体13万吨；聚苯乙烯8.9万吨；苯乙烯丙烯腈2万吨。表面活性剂：烷基苯18万吨：烷基苯磺酸盐19.2万吨。合成树脂：聚酯树脂6.5万吨；乙烯基丙烯酸树脂4.5万吨；丁苯胶乳5.7万吨。

甲醇

自1998年开始，Kaltim甲醇厂在东加里曼丹省Bontang用天然气生产甲醇，能力预计为66万吨。Pertamina甲醇厂在东加里曼丹省布纽岛与PT Medco Energi公司合作用天然气生产甲醇，能力为33万吨，用于国内及出口。甲醇用于生产甲醛以及各种溶剂。印度尼西亚将在2000年以后生产MTBE，自1998年Kaltim甲醇厂投产后，印度尼西亚已成为甲醇的净出口者。

3. 化工基础设施

印度尼西亚2000年1～5月外商投资总额为20.6亿美元，共投资了536个项目，1999年同期投资总额为16亿美元，共422个项目。同期，化学工业外商投资总额为1.609亿美元，共投资了26个项目，1999年化学工业的外商投资总额为1.13亿美元，共投资66个项目。

印度尼西亚土地面积为192万平方千米，拥有1万多个岛屿，印度尼西亚的基础设施和后勤网络十分发达。其4个港口的集装箱处理设施与香港和高雄的一样现代化。陆路、海上和河流的航线以及印度尼西亚的452座机场编织的交通网络有效地将设备和人力输送到各大岛屿上。充足的土地和低廉的租金以及良好的基础设施使印度尼西亚直到1998年仍是一个理想的投资地点。

印度尼西亚的一些项目仍按时间表继续。只是不管这些项目处于什么阶段，都发展得很慢。日本旭化成株式会社和其伙伴明年开始在东加里曼丹邦丹建设50万吨的合成氨厂。Asahimas化学和拜耳公司宣布扩建各自的烧碱和多元醇厂。2002年4月Asahimas烧碱厂的能力在28.5万吨基础上增加8.6万吨。拜耳计划在2002年将3.2万吨多元醇厂的能力扩大到4.8万吨。建立气体为原料项目的研究正由Pupuk Kaltim、三井公司和Pupuk Sriwidjaja进行，这些原料是合成氨—尿素、甲醇和醋酸。

第八节　建筑材料工业

2014年上半年印度尼西亚国内水泥需求量比2013年同期增长3.9%。根据印度尼西亚水泥业协会（ASI）的资料显示，2014年1月至6月销售2 894万吨，或比去年同期2 780万吨稍微上升。在苏门答腊省的水泥销售上升1.4%成为606万吨。接着是爪哇岛达1 633万吨，提高5.6%。加里曼丹省的水泥销售增长2.8%成为221万吨。2014上半年在苏拉威西省的水泥销量达210万吨提高5.7%。东爪第4座杜班水泥（Semen Tuban）厂和南苏拉威西第5座顿纳沙水泥（Semen Tonasa）厂运作后，印度尼西亚水泥公司开始在西苏门答腊巴东（Padang）扩建第6座Indarung水泥厂，不久后，也将在中爪南望（Rembang）县建新厂。印度尼西亚水泥公司总经理德威.苏吉普多（Dwi Soetjipto）声称，在巴东和南望增加2家新工厂后，能提高印度尼西亚水泥公司的生产量，至2017年产量可达4 080万吨。

第九节　粮食、食品加工业

同亚洲大多数发展中国家一样，印度尼西亚也是一个城市化和工业化水平较低的国家。

从1997年起，印度尼西亚就面临经济危机，危机带来的主要问题是贫困和失业的加剧。据印度尼西亚国家统计局公布的资料，1997年有2 250 万人（占总人口的11.3%）生活在贫困线以下，到1998年已增加到8 000万人（占43.6%），其中27.3% 生活在农村地区。危机还使印度尼西亚的货币贬值，从长远来看，这时印度尼西亚工业的持续发展有负面影响，因为多数工业特别是大型工业依赖于进口原材料，由于进口费用太高很难运作。相反，农村工业没有受到危机的影响，特别是那些以农业为基础的工业、种植业、手工业和旅游业。实际上，它们有更多的机会可以更快地发展。然而，由于缺乏信息、管理水平低、技术水平不高，使得农村工业无法提高其产品的质量和竞争力，产品在市场上面临困境。农村工业可以成为农村地区消除贫困和失业的突破口，但需要技术和管理方面的帮助。其目的是在农村工业中推广适用技术和管理方法来促进农村经济的发展。

一、粮食加工业

（一）基本情况

印度尼西亚是东南亚地区最大的农业食品市场之一，也是世界第二大棕榈油生产国和出口国，对世界油籽价格具有举足轻重的影响。主要的农作物和农产品有：水稻、玉米、棕榈油、大豆、干椰子肉、橡胶、木薯。

（二）农业政策

印度尼西亚经济以市场为主导，但是政府仍然通过国家粮食后勤局（BULOG）对包括大米在内的基本食品实施控制。国家粮食后勤局负责确定大米等主要粮食的支持价格，并且负责进行干预性收购或销售，以维持价格的稳定。近年来，国家粮食后勤局已经停止对小麦、玉米和大豆的进口进行控制。隶属于农业部的Bulog负责大米的进出口、储备和供应。2006年，Bulog根据“穷人大米计划”将为1 080万个家庭提供160万吨大米，并且为军校和政府职员提供大米。同样隶属于农业部的农村经济协会（LUEP）则负责按照政府收购价格收购农民的稻谷，以稳定国内稻谷价格。政府继续对水稻种子和肥料提供补贴。

自20世纪60年代以来，为了实现粮食自给，印度尼西亚政府一直向农民提供多种农用物资补贴、浇灌工程信贷等。1998年，政府首次允许私营企业进口小麦，从而解除了国家后勤局对小麦进口的控制。目前，私营企业还可以自主进口大豆、玉米和糖。

（三）大米

大米是印度尼西亚最主要食用粮食，也是最为重要的作物。年均水稻种植面积达到近1 200万公顷，占全部作物种植面积的50%以上。90%的水稻田具有浇灌设施。尽管生产率不断提高，大米生产仍然不能满足消费需求。由于水资源管理水平较低、灌溉设施较差、生产成本不断增加，大米生产增长速度一直较慢，未来也不会有很大的突破。水稻平均单产约为4.5吨/公顷。生产者希望政府继续提供肥料补贴支持，并且通过控制进口来保护国内价格。阻碍大米生产的最大原因是农民拥有的土地面积非常小（人均不足0.5公顷）。为了鼓励大米生产，政府采取了多项措施，例如提供特殊信用，增加肥料和种子补贴，扩大种植面积，甚至在2004年上半年禁止进口大米等。政府继续通过国家粮食后勤局储备约占国内消费总量5%的大米，向军队和偏远地区的民事人员提供大米口粮，在全国性灾难中提供援助，并且在必要时从事市场运作以稳定价格。国家粮食后勤局还继续实施穷人大米补贴计划，以保证国内每个贫困家庭每个月能够购买20公斤价格为1 000卢比/公斤的大米。2004年，国家粮食后勤局计划收购200万吨国产大米，收购价格为2 790卢比/公斤。200/05年度，大米产量预计为3 438万吨；大米进口量预计为200万吨；大米消费量预计为3 660万吨；年终库存量预计为297万吨。

过去5年中，年均大米产量为3 370万吨，进口为180万吨，消费为3 600万吨；2005/06年度，大米产量估计为3 500万吨，大米进口估计为80万吨。水稻是最主要的粮食作物和食品，人均大米年消费量为139公斤。水稻种植面积2005/06年度为1 180万公顷，2006/07年度估计为1 186万公顷；单产约为4.6吨/公顷；稻谷产量2005/06年度为5 420万吨，2006/07年度估计为5 440万吨；大米产量2005/06年度为3 496万吨，2006/07年度估计为3 510万吨；进口2005/06年度为57万吨，2006/07年度估计为60万吨；国内消费2005/06年度为3 560万吨，2006/07年度估计为3 565万吨；年终库存2005/06年度为348万吨，2006/07年度估计为350万吨。

印度大米产量在过去10年中增长了25%，主要原因是种植面积的增加。经过加工的大米产量2001/02年度为9 310万吨，2002/03年度为7 770万吨，2003/04年度预计为8 800万吨。全国水稻面积中只有50%具有人工浇灌条件。杂交水稻种植尚未得到广泛普及。转基因水稻品种正在开发之中，但是转基因水稻品种的审批和商业化还要再等数年时间。大米消费量2001/02年度为8 730万吨，2002/03年度为8 250万吨，2003/04年度预计为8 530万吨。为了减少大量的大米库存，政府采取了多项措施鼓励国内消费，其中包括：将通过“公共分配系统”对“贫困线以上”用户的售价从11 800卢比（245.8美元）/吨降低为7 300卢比（152美元）/吨；按照5 650卢比（117.7美元）/吨的售价，将对“贫困线以下”用户的限售额从每月25公斤提高至35公斤；通过政府高补贴粮食分配计划，对全国约10 130万个“最贫困”家庭每月提供25公斤的大米或者小麦，大米售价为3卢比/公斤，小麦售价为2卢比/公斤。随着出口和国内消费的增加，政府掌握的大米年终库存2001/02年度为2 300万吨，2002/03年度为1 425万吨，2003/04年度预计将进一步下降至约1 400万吨。私人掌握的大米年终库存2001/02年度约为720万吨。大米产量2002/03年度为3 310万吨，2003/04年度预计为3 320万吨。稻米平均单产为4.4吨～4.5吨/公顷。大米消费量2002/03年度为3 650万吨，2003/04年度预计为3 370万吨。政府继续通过国家粮食后勤局（2003年1月改为国家贸易公司，接受财政部的监督，但基本职责不变）实施穷人大米补贴计划，以保证国内每个贫困家庭每个月能够购买20公斤价格为1 000卢比/公斤的大米。2003年，政府准备用于该补贴计划的经费为48 000亿卢比（相当于5.33亿美元）。目前，卢比与美元的兑换率为9000∶1。国家粮食后勤局收购国产大米的价格2002年为2 740卢比/公斤，2003年则为2 790卢比/公斤。为了开展社会福利活动和稳定市场价格，2003年，国家粮食后勤局预计将购买约220万吨大米。大米年终库存量2002/03年度为457万吨，2003/04年度预计为464万吨。其中，国家粮食后勤局储备着约360万吨，可以满足全国1个月的大米需求；大米加工、仓储、进口、批发等企业则储备着约100万吨大米。每年进口约33万吨大米。为了限制进口和促进国内生产，政府最近将大米进口关税率从零提高至30%。大米一直是印度尼西亚最主要的食品之一。随着人口的增长，每年的大米消费量保持不断增长势头。由于国产大米供应不足，印度尼西亚年均大米进口量高达300万吨，是世界头号大米进口国。为了减少大米进口量和增强农民种植大米的积极性，政府正想方设法促进国内大米生产，同时还将私营贸易商进口大米的关税从零提高至30%。但是，国内农民组织还在敦促政府将私营贸易商进口大米的关税进一步提高至51%。由于从邻近国家走私大米已经蔚然成风，政府担心进一步提高关税反而会刺激大米走私活动的蔓延。

（四）小麦

印度尼西亚不生产小麦，所需小麦全部依靠进口。进口小麦主要来自澳大利亚、美国、加拿大、印度等国。印度尼西亚面粉加工业由4个面粉加工厂组成，其中规模最大的一个面粉加工厂的市场份额高达80%。全国年均生产330万吨面粉。国产面粉分为3个等级，即高蛋白含量（大于12%）、中等蛋白含量（10%～12%）和低蛋白含量（8%～10%）面粉。国产面粉的约75%属于高蛋白含量面粉，这种面粉专门用于生产方便面和烘焙食品。其它等级面粉主要用于生产水面和糕点食品。面粉需求年均增长率为6%。进口面粉约占国内消费总量的10%。人均面粉年消费量约为16公斤，大大低于亚洲其他国家（例如，菲律宾为24公斤，新加坡为71公斤）。为了保护国内面粉加工业，政府宣布，2003年5月1日至2004年12月31日期间，面粉进口关税率为5%，但小麦进口仍然免交关税。另外，进口面粉还必须满足国家标准，即添加一些微量营养元素（如铁、锌、叶酸、维生素B-1、维生素B-2等）。

2002/03年度，政府确定的小麦支持价格为6 200卢比（129美元）/吨，政府付出的总成本（包括交易、运输、储存和管理在内）约为183美元/吨。相比这下，政府库存小麦通过“公共分配系统”对“贫困线以上”用户的售价为5 100卢比（106.3美元）/吨，对“贫困线以下”用户的售价为4 150卢比（86.5美元）/吨，对“最贫困”用户的售价仅为2 000卢比（41.7美元）/吨。政府库存小麦根据公开市场销售计划对北方地区面粉加工厂的出售价格为7 200卢比（150美元）/吨，对南方地区面粉加工厂的出售价格为7 900卢比（164.6美元）/吨。政府已经宣布2003/04年的小麦支持价格为6 300卢比（131.3美元）/吨。近年来，随着政府采购和库存数量不断增加，政府的粮食补贴支出达到历史最高水平。

2003/04年度初，政府掌握的小麦库存约为2 200万吨，比2002/03年度减少400万吨。库存下降的主要原因：一是出口量较大；二是政府小麦采购量2002/03年度仅为1 900万吨，比上年度减少了160万吨。2003/04年度末，政府掌握的小麦库存预计约为1 500万吨，主要原因是政府采购减少和消费增加。私人掌握的小麦库存大约可以满足国内2个月的消费需求，但具体数量尚未公布过。

（五）面粉

印度尼西亚虽然不种植小麦，但是每年都要消费大量的小麦，并且全部依靠进口。包括面条、面包、饼干、点心在内的小麦产品消费者主要是城市高收入家庭。全国人均小麦消费量目前约为14公斤。由于经济稳定增长和收入不断提高，小麦进口量在过去5年中年均为410万吨，小麦进口2005/06年度为480万吨，2006/07年度估计为500万吨。全国小麦加工业主要由4家面粉公司所支配，这4家公司的年面粉产量约为300万吨，面粉提取率为70%～74%。

为了保护国内的面粉加工业，政府宣布，2003年5月1日至21304年12月31日期间，面粉进口关税率为5%，但小麦进口仍然免交关税。人均每年小麦面粉消费量为15.5公斤，分别低于菲律宾的24公斤和马来西亚的39公斤。50%的小麦面粉用于面条业，45%用于生产面包和点心，5%用于家庭。全国现有400多家商业化面包生产企业，绝大多数规模较小。生产出的当地面包和西式面包主要通过传统型的乡村市场和现代化的超级市场进行销售。印度尼西亚小麦产品加工业的年产值约为6.9亿美元。由于可支配收入较低，许多印度尼西亚人都将小麦产品视为奢侈品。只有城市地区收入较高的家庭才能食用小麦产品。因此，印度尼西亚每年人均小麦面粉消费量仅仅约为15公斤，在东南亚国家之中为最低。例如，新加坡每年人均小麦面粉消费量达到约71公斤。20世纪90年代发生的金融危机沉重打击了该国的小麦进口能力和国内小麦需求。但是，随着国内经济的逐步恢复，国内小麦消费量出现稳步增长势头。印度尼西亚面粉加工业和面包生产业预测，该国小麦加工业将会出现持续发展。2003/04年度，印度尼西亚小麦消费量预计将达到创记录的420万吨，比1998/99年度增长58%。印度尼西亚拥有3万多家中小型规模的面包店，所消费的面粉占国内面粉总产量的近60%。此外，还有约200家大型工业化食品加工厂，所消费的面粉约占国内面粉总产量的40%。家庭面粉消费量极少。烘焙食品主要通过传统型乡村市场和位于城市的现代化零售店进行销售，或者直接通过面包店进行销售。

根据印度尼西亚面粉加工协会的统计，从国外进口的廉价面粉2000年约占国内市场份额的15%，并且逐年增多。2002年，国内面粉加工商专门就此问题向该国的反倾销委员会（IDI）提出申诉，该委员会也认为廉价小麦的进口构成倾销行为，并且敦促政府对小麦进口征收关税。由于担心征收关税会抬高国内面粉价格，政府还是拒绝采用这一措施。2003年4月，印度尼西亚面粉加工协会指出，进口小麦面粉最近增加了300%，对国内中小型面粉加工厂造成了重大损失。有鉴于此，政府同意在2003年5月1日至2014年12月31日期间对来自各个国家的进口小麦面粉征收5%的关税。

（六）油籽业

东南亚国家属于热带雨林气候或热带季风气候，全年高温，雨水丰富，适于规模化种植油棕，马来西亚和印度尼西亚是全球两大棕榈油生产国。过去十多年来，马来西亚和印度尼西亚棕榈油产量出现了持续稳定的增长。目前世界上有约20个国家在生产棕榈油，主要生产国只有三个，分别是马来西亚、印度尼西亚和尼日利亚，这三个国家的总产量占世界棕榈油总产量的88%，自2007年以来，印度尼西亚成为世界最大的棕榈油生产国，之前，马来西亚是世界最大的棕榈油生产国。印度尼西亚对世界油籽价格具有重大的影响。印度尼西亚生产的油籽主要是棕榈仁、椰子仁、大豆和花生。印度尼西亚棕榈油产量巨大，但是生产效率相对较低，印度尼西亚棕榈油生产效率为3.8吨/公顷，远低于马来西亚的4.6吨/公顷。2010年印度尼西亚原棕榈油产量为2 100万吨，出口量为1 550万吨；2011年全年出口量超过 1 800万吨；2013年的出口量2 120万吨。印度尼西亚政府还计划到2020年产量将原棕榈油产量提升至4 000万吨。

印度尼西亚棕榈油主要产区在苏门答腊岛，苏门答腊岛的棕榈种植面积和产量占印度尼西亚总面积产量的80%。印度尼西亚的棕榈油生产商很多，著名的有金光集团（Sinar Mas Group）、米南伽奥甘农业公司（PT Perkebunan Minanga Ogan）、金鹰国际集团（RGM International）等，其中金光集团是印度尼西亚最大的棕榈种植、棕榈油精炼加工和油化学品生产商之一，拥有世界上最大的棕榈油精炼厂。上述集团、公司掌握印度尼西亚大部分棕榈油市场，为印度尼西亚和各国提供了大量的棕榈油。

政策方面，印度尼西亚政府为了支持棕榈油行业发展，制定了一系列鼓励政策：2014年10月1日起将印度尼西亚棕榈油出口最高关税从25%下调到22.5%，最低出口税率从 1.5%上调到7.5%。这将会提升印度尼西亚的棕榈油加工利润，在长期内赢得更多的市场份额。另外，印度尼西亚政府还计划从 2015年开始，只允许出口 50%的原棕榈油，到 2020年只允许出口30%的原棕榈油，借此发展国内棕榈油下游产业，带动印度尼西亚经济增长。

椰子主要用于生产椰子仁和椰子油。97%的椰子树归小型农民所有，其余则属于国家和私营企业。椰子仁国内消费总量为136万吨；椰子仁出口量为4万吨。

印度尼西亚对大豆的需求一直比较强劲。因此，尽管气候不适合种植大豆，但是政府还是制定了到2004年将大豆产量提高到100万吨的奋斗目标。然而，大豆产量并没有出现大幅增长。大豆单产目前约为1.2吨/公顷。质量较好的大豆主要用于制作豆腐、豆奶等食品，少数质量较差的大豆则用于生产混合饲料。国内所有阶层的消费者都将豆制品当作摄取蛋白质的主要来源。国产大豆仅占国内消费总量的36%，其余所需大豆则依靠进口。来自美国的大豆约占印度尼西亚进口总量的95%。为了限制进口和促进国内生产，政府正在制定一项旨在提高大豆进口关税和鼓励农民提高大豆产量的计划。2002/03年度，大豆收获面积为55万公顷；大豆产量为78万吨；大豆进口量为165万吨；国内大豆消费量为241万吨；大豆年终库存量约为18万吨。花生主要用于直接食用。国内带壳花生产量2002/03年度约为104万吨。油籽粕是生产动物饲料重要成份之一。全国饲料总产量2002/03年度约为690万吨，2003/04年度预计将达到720万吨。80%的饲料用于养禽业，其余则用于牲畜业和水产养殖业。豆粕占混合饲料总产量的比例约为15%～18%。由于国内没有大豆碾榨厂，所需豆粕全部依靠进口。2002/03年度，豆粕进口量约为148万吨，主要来自美国、巴西、阿根廷、印度等国。2002/03年度，棕榈仁粕产量为140万吨；棕榈仁粕国内消费量为44万吨；棕榈仁粕出口量为94万吨。印度尼西亚是世界最主要的棕榈油、棕榈仁油和椰子油生产和出口大国。棕榈油产量和出口量近年来达到历史最高水平。根据印度尼西亚农业部的统计，棕榈油产量2002/03年度约为960万吨，2005年预计将达到1 100万吨。棕榈油出口量2002/03年度达到610万吨，主要销往印度、荷兰、马来西亚和中国。棕榈油国内消费量2002/03年度为355万吨，其中90%用作烹饪油。2002/03年度，棕榈仁油产量为120万吨；棕榈仁油国内消费量为44万吨；棕榈仁油出口量为80万吨，主要销往欧盟、印度、土耳其和中国。2002/03年度，椰子油产量为86万吨；椰子油国内消费量为86万吨；椰子油出口量为47万吨，主要销往欧盟、中国、马来西亚和印度。

二、食品加工业

（一）行业概况

印度尼西亚是世界第四人口大国，50%的人口年龄在15～44岁之间，2007年大约20%的人口生活在贫困线以下，低收入人群仍占多数，近60%的家庭收入用于食品支出。多数印度尼西亚人仍青睐现制食品，也就是在家门口就能买到又能买得起的食物，加工食品的消费量相对较低，2005年印度尼西亚人约11%的收入用于加工食品和饮料的消费。然而，由于总人口达2.3亿，食品市场总量仍较为可观，且随着现代零售网点，尤其是巨型超级市场和迷你超市的不断扩张，消费者可以就近买到价格合理的包装食品，加工食品的发展前景较为乐观。据估计，2005年加工食品总销售额约87亿美元。

在印度尼西亚约有4 700家大中型食品加工企业，77 000多家小型食品加工企业和80多万个家庭作坊，从业人数将近300万。大中型食品加工企业包括家族型企业和跨国公司，占食品工业产值的85%，雇工占行业总人数的四分之一。2005年印度尼西亚食品加工业总产值为239亿美元，比2004年增长13%。

印度尼西亚的食品加工严重依赖进口原料，2006年用于食品及饮料加工的原料进口约20亿美元，大宗进口原料主要有小麦、糖、奶制品、大豆等。目前，国内已形成规模生产的加工食品是面粉、饼干、方便面，下面对这三个主要行业分别作一介绍。

（二）主要行业状况

1. 面粉加工

（1）市场容量大

近年来，面粉消费以年均5%的速度增长，2004—2006年的消费量及未来5年的预测如下：

表3-7　2004—2011年面粉消费量

年份	年消费量（吨）	年增长率（%）
2004	3 413 073	1.76
2005	3 637 985	6.58
2006	3 895 422	7.07
2007	4 400 000	12
2008	3 400 000	22
2009	3 918 786	15
2010	4 380 000	10.53
2011	4 650 000	6

（2）市场开放度较高

1998年之前面粉是禁止进口商品，面粉行业为政府垄断，由粮食局统一管理面粉交易，并由粮食局指定的工厂进行生产加工。

但由于国内产量不能完全满足市场需求，1998年印度尼西亚政府取消了进口禁令，2000年面粉进口税被取消，一时间，印度尼西亚成为世界上最开放的面粉市场。由于政府没有及时制定相应的国家标准和商标管理规定来保护消费者，低质进口面粉充斥市场，并出现了非法商标和假冒的本地品牌，对本国生产商造成冲击。

为了保护国内工业和消费者的利益，印度尼西亚政府又对面粉开始征收5%的进口税，并着手建立国家标准和商标体系。

表3-8　2002—2006年面粉进口量

年份	2002	2003	2004	2005	2006
进口量（吨）	343 392	343 145	307 383	477 976	542 595
增长率（%）		-0.07	-10.42	55.49	13.51

（3）面粉加工高度集中

目前印度尼西亚面粉年加工能力为479万吨，平均开工率在60%左右，每年产量有小幅增长。

表3-9 2003—2006年面粉产量

年份	2003	2004	2005	2006
产量	3 026 304	3 168 162	3 230 000	3 400 000
增长率		4.8	1.95	7.31

印度尼西亚的几家面粉加工厂生产规模在世界上居领先地位：最大的面粉生产商Bogasari，年加工能力357万吨，占国内市场66%的份额。其雅加达工厂年产能力224万吨，是世界第一大面粉加工厂；泗水工厂年产能力132万吨，为世界第二大。Eastern Pearl为印度尼西亚第二大面粉生产商，年加工能力为65.2万吨，为世界第四大面粉生产商，占本地市场12.65%的份额。另一家Sriboga Raturaya（SBR）年产能力33.7万吨，位列世界第九。在当地市场备受进口面粉冲击的情况下，Bogasari和Eastern Pearl的市场份额仍然保持稳中有升。

Bogasari最初为国家粮食局指定的面粉生产商，多年的垄断优势使其不仅在生产规模上无可匹敌，销售网络也非常健全，Bogasari生产的面粉在传统市场、小商店、迷你超市以及大中型超市随处可见。Bogasari在爪哇岛、苏门答腊岛、加里曼丹岛划分了25个销售区域，与许多商店联合经营了几十个分拨仓库，保证了市场供应和价格稳定。

（4）面粉生产主要供应国内市场

由于需要首先满足国内需求，印度尼西亚生产的面粉以供给国内市场为主；并且由于一些国家进口关税较高、对面粉生产进行补贴和设定了限制性标准，印度尼西亚面粉出口也难以打开局面。

表3-10 2002—2006年面粉出口量

年份	2002	2003	2004	2005	2006
出口量（吨）	8 410.2	15 244.9	62 472.6	69 991.3	47 172.7
增长率（%）		81.27	309.79	12.04	-32.6

（5）面粉进口政策调整

1998年政府取消面粉进口税，当年进口2.2万吨，第二年进口激增为36.7万吨，2000年达45.9万吨。大量的进口面粉充斥市场，冲击了本国的面粉生产。政府随后制订了一些管理规定，如进口面粉采用ML标识，要实施开箱检验（海关红色通道、强化铁和维生素含量的要求）；并从2003年5月1日起，开始对面粉征收5%的进口税。

政府的限制性措施在最初两年取得了一定效果，但随后进口又大幅度上升。据称，目前印度尼西亚市场上仍有来自11个国家的多达60多种面粉品牌。由于国内面粉厂商一再呼吁，印度尼西亚政府开始对一些进口面粉进行反倾销调查。2005年11月，对来自印度和中国的面粉分别征收11.44%、9.5%的附加税；2006年6月对来自阿联酋的面粉征收14.85%的附加税

（6）面粉进口渠道

贸易商和食品生产商都从事面粉进口。贸易商大约有50家，一般都是小公司，但贸易商总的进口占到80%。他们将70%的进口面粉卖给食品生产商，其余卖给普通消费者。食品生产商有12家，其进口的面粉基本自用。

2. 饼干制造

（1）需求不断上升

印度尼西亚是人口大国，随着经济形势的进一步好转，人民的购买力不断上升。印度尼西亚人对点心等小食品的喜好为饼干制造业的发展增添了机遇。总的来说，饼干消费分成三大用途：

第一，作为主食：比如为婴儿特制的营养饼干、做成保健食品的饼干或者是野外工作者充饥的食物。

第二，作为礼品：印度尼西亚人有送礼的传统。桶装饼干如康元、日清、蒙德都非常受欢迎，常常被当作礼品赠送亲朋好友。

第三，作为零食：印度尼西亚不分男女老幼都喜好吃零食。这部分的饼干市场容量较大，市场竞争也较激烈，也更吸引投资者的兴趣。饼干的口味、包装和形状日新月异。

（2）生产能力和产量不断扩大

最近几年，印度尼西亚饼干生产能力的扩大比较显著，产量增长也比较迅速，开工率在70%以上。

表3-11　2003—2006年印度尼西亚饼干产能/产量

年份	2003	2004	2005	2006
产能(吨/年)	232 762	246 728	296 074	299 035
增长率(%)	—	6	20	1
年产量(吨)	178 650	181 785	261 299	271 299
增长率(%)	—	1.8	43.7	3.8
开工率(%)	76.8	73.7	88.3	90.7

(3)少数家族企业和跨国公司垄断市场

印度尼西亚虽有约200家饼干制造商，但大部分的市场份额被几家大中型企业瓜分。排在前几位的依次是康元、马约拉·英达、纳贝斯克、达能、阿诺特印度尼西亚公司、欧朗杜阿。他们的主要产品是华夫饼干、曲奇饼、梳打饼。生产桶装饼干的厂家较少，20年来主要是康元公司领军。桶装饼干在节假日销量很好，被印度尼西亚人用来当作走亲访友送礼的佳品。主要饼干生产商的情况如下：

1)康元集团：成立于1970年，目前拥有康元、塞利娜、日清、嘉迪、蒙德五家子公司，生产华夫饼干、曲奇饼、梳打饼，品牌多达十几个，其中“红康元”更是经历30余年仍受大众喜爱的品牌。年产能力42 500吨。

2)马约拉·英达饼干公司：成立于1977年，生产华夫饼干、曲奇饼、梳打饼，有5个品牌，年产能力40 000吨。该公司1990年上市，是唯一的饼干上市公司。

3)达能印度尼西亚公司：成立于1994年，由一家新加坡公司和一家印度尼西亚本地公司合资成立。年产能力16 000吨，有2个品牌。

4)阿诺特印度尼西亚公司：是澳大利亚最大的饼干制造商阿诺特在印度尼西亚通过并购当地一家公司成立的。年产能力5 500吨，有4个品牌。

5)纳贝斯克食品公司：是美国纳贝斯克和印度尼西亚的罗达马斯公司合资成立的，生产奥利奥、乐芝等世界知名品牌。

6)欧朗杜阿集团：是印度尼西亚市场上华夫饼干的主要生产商，有两家成员企业。

多数饼干生产商为家族企业，例如康元集团、欧朗杜阿集团，掌门人为家族第二代。跨国公司如达能、阿诺特、纳贝斯克则通过合资或并购控制其印度尼西亚公司。在欧美等市场容量趋于饱和的情况下，作为世界第四人口大国的印度尼西亚给跨国公司带来了极大的吸引力。

(4)国内市场发展平稳，出口有所增长

最近几年的情况如下：

表3-12　2003—2006年饼干国内销量和出口量

年份	2003	2004	2005	2006
国内销量(吨)	150 566	160 016	222 735	233 359
销售额(千美元)	315 737	337 634	371 967	416 312
出口量(吨)	28 242	26 563	40 862	42 387
出口额(千美元)	59 229	56 066	68 258	75 623
增长率(%)	—	-5.3	21.7	10.8

亚洲是印度尼西亚饼干出口的主要市场，前四大市场是中国台湾、泰国、新加坡、马来西亚，2006年占出口总额的41%；美国是亚洲以外最大的出口市场。

(5)进口量较小，增速不平稳

表3-13　2003—2006年饼干进口量

年份	2003	2004	2005	2006
进口量(吨)	2 572	6 413	6 449	9 132
进口额(千美元)	3 825	8 247	7 827	11 190
增长率(%)	—	115.6	-5.1	42.9

马来西亚是最大的进口来源地，约占总进口的70%。多数进口饼干是国内已有生产的，只是散装进口后进行分包装，部分又重新出口到马来西亚等地。中国和新加坡成为继马来西亚之后最大的进口来源地。

(6)市场规模增长不平稳，竞争日趋激烈

表3-14　2003—2006年饼干市场规模

年份	国内产量(吨)	进口量(吨)	出口量(吨)	市场总量(吨)	增长率(%)
2003	178 650	2 572	28 242	152 980	—
2004	181 785	6 413	26 563	161 635	5.66
2005	261 299	6 449	40 862	226 886	40.37
2006	271 299	9 132	42 387	238 044	4.92

据估计，饼干市场需求将以年均9%的速度增长，2007年消费量预计可达259 500吨，2008年282 800吨。已有一些生产商在计划扩大生产能力。

各品牌之间的竞争除了价格和质量的竞争外，促销手段也起到关键作用。每包50克以下的小包装饼干最为畅销，市场竞争也最激烈。有的生产商投入大量资金进行促销，如马约拉·英达公司将销售额的11%用来进行广告宣传等促销活动。

分销渠道的建设也成为竞争的制胜关键。目前各大生产商多数通过经销商覆盖市场，其中马约拉·英达、纳贝斯克、欧朗杜阿采用独家经销的方式，而达能则有30家经销商。阿诺特采用销售代理的方式。

3. 方便面生产

（1）市场庞大、产销两旺，是备受大众欢迎的廉价食品

印度尼西亚方便面2002年产能为950 634吨，2005年由于几家生产商都扩大了生产线，总产能一跃升至 1 691 588吨。五年里，总产量也以年均8.1%的速度增长。方便面成为比较受欢迎的价格低廉的一种主食。

表3–15　2002—2006年方便面产能/产量

年份	产能（吨）	增长（%）	年产量（吨）	年产量（百万包）	增长（%）
2002	950 634	—	801 150	10 682	—
2003	932 979	-1.89	958 070	12 774	19.6
2004	979 628	5.0	974 889	12 998	1.7
2005	1 691 588	72.67	1 012 500	13 500	3.8
2006	1 691 588	0	1 087 500	14 500	7.4

2002—2006年间方便面消费年均增长7.7%。在印度尼西亚，低收入人口占总人口一半以上，由于大米价格较高，许多低收入家庭把方便面当作主食。在一些灾害频发的地区，方便面也被作为救灾物品发放。

表3–16　2002—2006年方便面消费量

年 份	2002	2003	2004	2005	2006
消费量（吨）	768 087	926 139	1 025 868	956 459	1 017 580
增长率（%）	—	20.5	10.8	-6.8	6.4

（2）印多食品集团占据市场主导地位

印度尼西亚全国约有20家方便面生产商，最大的是三林集团旗下的印多食品集团，年生产能力为130万吨。印多食品集团在爪哇、苏门答腊、加里曼丹、苏拉威西共有14家方便面厂，并拥有自己的面粉加工厂（Bogasari）和调料工厂，是东南亚最大的方便面生产商。2005销量为95.1亿包，销售额61.8亿盾；2006年销量为112.8亿包，销售额73.3亿盾（81万美元），占据77%的市场份额。

印多食品集团的强大实力是其他生产商难以匹敌的。第二大方便面生产商PT Prakarsa Alam Segar年生产能力为20万吨，其他的生产商普遍为30 000至45 000吨。其中PT Nissin Mas公司是1992年日本第二大方便面生产商日清食品有限公司开始与印度尼西亚Roda Mas公司投资1 000万美元合资成立的，以日清专长的杯面进入市场。1996年7月，印多集团与日清食品有限公司及Nissho Iwai公司结成战略联盟。印多与日清在PT Nissin Mas中各占股49%，Nissho Iwai占2%。

印多食品集团的市场地位使得其他投资者对方便面市场望而却步，现有的其他生产商也鲜有扩大生产的计划。

（3）进出口较少

一部分印度尼西亚生产的方便面出口到其他国家，出口量较小，每年小幅增长。2006年出口量为75 334吨，价值6 130万美元。印度尼西亚的方便面出口到30多个国家和地区，亚洲市场占其出口的70%左右，主要有菲律宾、马来西亚、日本、文莱、新加坡、中国香港等。过去沙特阿拉伯曾是印度尼西亚最大的方便面出口市场，后来印多集团在吉大港开设了方便面厂后，生产就转为本地化了。

印度尼西亚同时也进口少量方便面。2006年进口量为5 414吨，价值502万美元。主要从中国、中国香港、马来西亚、新加坡进口。但进口方便面在市场上的价格是国产的数倍，因此销量增长有限。

表3–17　2002—2006年方便面进出口量

年份	进口（吨）	增长率（%）	出口（吨）	增长率（%）
2002	1 921	—	34 984	—
2003	3 908	103.4	35 839	2.4
2004	2 388	-38.9	48 591	35.6
2005	2 443	2.3	58 484	20.4
2006	5 414	221.6	75 334	28.8

（4）市场竞争加剧

在20世纪70年代末到20世纪末的20多年间，印多食品集团在方便面制造行业居绝对垄断地位。而随着1998年后印度尼西亚政府逐步放开面粉加工市场和1999年反垄断法的颁布，新的方便面生产商进入市场，他们在产品包装（不同重量)、口味等方面备下功夫，并根据不同宗教、年龄、阶层等目标客户细分市场推出产品，满足了市场的不同需求。

印多食品集团的市场份额从最初的90%以上降至目前的77%。毋庸置疑，印多食品集团有着30余年的丰富经验，有三林集团充足的资金作后盾，营销网络更是遍布印度尼西亚全境，而且其消费品的生产销售已拓展至中国等其他亚洲国家和地区，市场地位不容忽视。其主要竞争对手Wingsfood公司目前占有12%的市场份额。

市场上销售的印度尼西亚本地产方便面主要有三个价格档次：1 000盾以下/包、1 000～1 500盾/包、1 500盾/包以上。定价主要取决于原料、品质、净重、包装。印多食品集团集中于中、高档市场，但也不得不与瞄准中低档市场的Wingsfood公司相互杀价来争夺市场。

营销网络在市场竞争中举足轻重。印多食品集团有自己的经销公司，其产品在全国各大型超市、迷你超市和小商贩处随处可见。Wingsfood公司最初就是将其主打产品先行进入现代市场来获得口碑的。目前Wingsfood公司甚至采用摩托车队来向小商店送货，但其热销的产品仍局限于爪哇岛和巴厘岛。

除此之外，印多食品集团和Wingsfood公司在产品策略、广告投入、促销手段上均展开了激烈的竞争，双方的竞争亦延伸至公司生产的其他产品，如日用品等。

4. 制糖业

印度尼西亚农业部表示，2013年印度尼西亚食糖产量将达254万吨，而因为减产，估计到2014年印度尼西亚将难以实现自给自足的计划。产量的减少主要是因为甘蔗种植面积增速缓慢，甘蔗利用率低，欠缺管理。每公顷甘蔗产糖在4～5吨。2008年印度尼西亚食糖产量曾达到280万吨，不过在过去5年里产量均呈现减少的趋势。

三、食品消费趋势

(一)品种多样化

随着媒体的不断宣传和许多在国外工作和生活过的人回国，更多的印度尼西亚人开始接受西式食品。印度尼西亚人也非常喜好零食，并且随着更多的城市妇女参加工作，对加工食品的需求呈上升趋势。果冻、非微波玉米花、水果干、巧克力衣的华夫饼干和曲奇饼、果仁夹心巧克力等零食以及果味软饮料、果味牛奶、咖啡、多味冰激淋等饮品都非常受欢迎。

当地和其他地方风味的调料在市场上都很有销量，比如印度尼西亚人炒面用的甜酱油、鸡汤调料；印度尼西亚风味、中国风味和泰国风味的调味料也很受欢迎；炸鸡、炸鱼、炸香蕉用的挂糊等。

（二）主食品种增加

大多数印度尼西亚人仍以大米为主食，餐餐必食。现在比较受欢迎的替代品是方便面。随着收入增加和生活方式的改变，烘焙食品，如面包、蛋糕也越来越受欢迎。烘焙所需的巧克力粉、乳化剂等可从本地购买，而坚果仁、水果干、水果罐头则主要靠进口。

（三）健康意识增强

高蛋白食品，强化维生素、强化纤维的食品、奶制品渐受欢迎，但低脂和无脂牛奶还不太流行，因为不太符合当地人的口味，价格也比较高。低糖无糖饼干、糖果点心、含片和低脂低糖的小饼干在市场上都可以见到。运动饮料销量也在上升。

（四）产品包装变化

小包装食品因其易于携带、价格低廉比较受欢迎。因为收入没有保障，许多印度尼西亚百姓更喜欢买小包装食品，比如正好够一天的食量。近几年，90～125毫升装牛奶、果汁和适合上学孩子吃的一口一个大小的饼干都有很好销路。真空包装的冷冻或冷藏食品比罐装食品卖得更好。

（五）酒精饮料仍受严格控制

由于在印度尼西亚穆斯林占多数，政府仍旧严格控制酒精饮料的生产、分发、销售、广告和消费。含酒精的饮料需缴纳高额奢侈消费税和进口关税。啤酒也只有三家工厂生产。

四、主要外资食品企业简况

1. 联合利华印度尼西亚公司：成立于1933年。主要生产肥皂、洗衣费消费品、人造奶油、奶制品、和路雪冰激淋、茶饮料、酱油、调味料、化妆品等。在印度尼西亚零售市场的份额：小食品占1%，油脂占14%，涂抹酱11%，冰激淋44%，调味汁17%。

2. 雀巢印度尼西亚公司：从1971年开始在印度尼西亚经营。产品为奶制品、咖啡、茶、其他饮料、调料（美极）、巧克力、糖果、婴儿食品、谷类食品（麦片粥等）。雀巢的加糖浓缩奶、奶粉、婴儿配方奶在奶制品和婴儿食品市场占绝对优势。其产量70%供应印度尼西亚市场，30%出口到东南业、中东国家。雀巢占零售市场奶制品24%的份额、糖果点心市场4%的份额，婴儿食品20%的份额，即饮咖啡37%的份额。

3. 纽迪西亚印度尼西亚公司：1987年由荷兰一家专营婴儿食品和医疗保健食品的Royal Numico在印度尼西亚投资兴建。主要产品为婴儿配方奶、幼儿强化奶等。目前雅加达工厂的产品除了供应印度尼西亚市场，还向亚太区出口。在婴儿食品零售市场占4%的份额。

4. 达能集团：在印度尼西亚有4家公司，生产饼干、瓶装水、乳酸饮料等。在零售市场上，饼干占3%的份额，瓶装、桶装水占18%的份额，软饮料占3%的份额。

5. 可口可乐公司：1932年一家印度尼西亚公司取得可口可乐公司许可后即开始在本地生产销售，1992年开始和可口可乐澳大利亚公司进行合资。其产品是市场上最受欢迎的碳酸饮料，占零售市场16%的份额。

6. 亨氏ABC印度尼西亚公司：生产调料、蘸汁、饮料、海产等。占罐头食品市场15%的份额，调味品蘸汁29%的份额，软饮料2%的份额。

7. 卡夫印度尼西亚公司：生产奶酪，占奶制品2%的份额。

8. Amerta Indah Otsuka：一家日资公司，占运动饮料市场21%的份额。

表3–18 近几年印度尼西亚食品加工业获得的外商直接投资情况

年份	投资项目（个）	总投资金额（百万美元）
2002	21	200.9
2003	27	319.2
2004	29	574.2
2005	46	598.8
2006	43	339.8
2007年1～8月	41	492.5

数据来源：印度尼西亚中央统计局。

第十节　消费品工业

印度尼西亚工业部基础制造业司司长邦加日前在雅加达2013年皮鞋与时装展览会开幕式致辞时说，纺织服装业和制鞋业吸收就业人数分别为150万和70万，2012年出口分别为124.6亿美元和35亿美元，近五年平均贸易顺差分别为45亿美元和20亿美元，两大行业产值占国民生产总值的2.1%，纺织服装在世界同类商品市场占有率1.8%，已成为印度尼西亚制造业两大重要产业。

印度尼西亚纺织服装业和制鞋业存在的主要问题是设备陈旧，生产率低，能耗较高，品质不佳，影响市场竞争力，政府为此将进一步扶持两大行业的发展，一是为吸引投资提供财政优惠政策支持，二是实施设备更新改造计划，三是加强人力资源培训，四是鼓励使用国内品牌，五是通过非关税措施抑制过度进口，六是为开拓出口新市场创造有利条件。

一、纺织工业

印度尼西亚人口约2.4亿，发展纺织业、满足人民穿衣的需要，一直为印度尼西亚政府高度重视的问题，纺织业成为印度尼西亚最早发展的工业。从20世纪60年代后期开始，印度尼西亚政局稳定，专注经济建设，开始对外开放，发展外向型经济，取得了国内生产总值年递增7%的发展速度，作为劳动密集型的纺织业也逐渐发展壮大，并渐成体系。据印度尼西亚国家统计局统计，2009年印度尼西亚全国现有纺锭800万锭，各类大中型纺织服装企业约4 000家，雇工人数达180万人，间接就业人口达500万人，年产值约120万亿盾（约合人民币1 000亿元），年创造工业附加值40万亿盾。目前，印度尼西亚纺织品及成衣出口至200多个国家，其最大的两个出口市场为美国和欧盟（约占出口总额的60%），纺织业的出口以原纤维、棉纱布、丝绸、纺织辅料为主，总出口金额约占全球市场的1.6%及1.7%，排名第11位和第9位，在国际市场占有一席之地，同时也从中国、越南、孟加拉国等国进口部分纺织品。①

由于印度尼西亚拥有众多廉价劳动力资源，许多国际服装著名品牌纷纷到印度尼西亚投资设厂，开展加工贸易，促进了印度尼西亚纺织服装业的发展，使

① 徐海涛：《印度尼西亚纺织业概述（上）》，中国贸易促进网，2010年2月11日。http://www.tdb.org.cn/news/592761

之成为石油、天然气外最大的出口创汇产品。印度尼西亚不产棉花，主要从澳大利亚、美国进口棉花，但富产石油天然气，化纤生产相对发达。其高档织纱和成衣在国际市场上有一定竞争力，主要产品出口美国、欧盟和日本。根据印度尼西亚纺织协会统计，2012年印度尼西亚出口至美国的纺织品总额为66.96亿美元；出口至欧盟的纺织品总金额为22.32亿美元；出口至日本的纺织品总金额为18.6亿美元。

二、成衣与皮鞋制作业

印度尼西亚在美国成衣进口市场的表现仍相当良好，然而在欧盟市场的经营则相形较为艰困。印度尼西亚是美国进口市场的第三大成衣供应国，在美国进口市场之占有率为6.8%。2009年5月，美国进口成衣金额衰退16%，而其中自印度尼西亚进口成衣的金额仅减少4.4%。

印度尼西亚在美国进口成衣市场之供应国中的表现，系仅次于第一大和第二大供应国——中国大陆及越南。

印度尼西亚针织成衣在美国进口市场上已获得实际经营的成果，惟其梭织成衣在美国市占率正明显萎缩。

以输美棉质针织衫（338/339类）为例，2014年1～5月美国自中国大陆进口该类成衣项目虽已激增，然而该项目自印度尼西亚的进口亦持续大幅成长。而相反地，印度尼西亚棉质及人纤质裤类产品对美国的销售正显著衰退。

依据欧盟最新统计数据显示，2009年第1季印度尼西亚出口至欧盟市场的成衣数量衰退13%。其中多数针织与梭织成衣类别项目的出口量大幅减少。

2014年上半年印度尼西亚卢比兑美元汇率攀升9%，可能业已导致印度尼西亚成衣业的经营更加困难。

三、电子产品消费业

印度尼西亚贸易部2012年底颁布有关限制手机、掌上和平板电脑等电子产品无序进口的新条例，该条例自2013年1月1日起正式生效。条例规定，进口商持有印度尼西亚贸易部核发的进口许可证才能进口上述电子产品，而在申请进口许可证之前须先获得印度尼西亚工业部和信息通信部的相关证明；此外，还须取得国外品牌生产商的进口准证，在国内销售须通过三家以上本地经销商，不得直接售予零售商和消费者；进口口岸仅限雅加达、泗水、棉兰、三宝垄和锡江机场和港口，贸易部核查员将在装卸口岸实施预检。

手机设备业

联合国有关机构调查显示，到2014年年底，世界上移动通信设备用户总数将会超过世界总人口数。国际电信联盟预测，到2014年年初，手机用户将超过70亿。目前世界71亿人口中有66亿是手机用户。当今，手机市场在全球发展迅速。

印度尼西亚的手机市场就其规模、范围和发展趋势而言是独一无二的。

印度尼西亚拥有约2.4亿人口，是全球排名第4位的国家。目前，该国共有大约1.8亿手机用户，手机普及率约为80%。印度尼西亚全国手机协会主席伊纳表示，2012年印度尼西亚约售出2 550万部手机，预计2013年消费者对手机需求将突破5 000万部。伊纳称，对手机的高需求是由于国内经济高速稳定增长，更多人加入到消费阶层，目前印度尼西亚一人持两三部手机已很常见。

2012年，市场研究机构Gfk Asia的最新数据显示，过去12个月内，东南亚手机市场按量计算增加了24%，而印度尼西亚成为该地区最大的手机市场，售出了超过5 400万台手机。印度尼西亚前景广阔的手机移动市场吸引了许多外国通信商纷纷到该国寻找商机。2012年2月，中国华为印度尼西亚公司与印度尼西亚的Synnex Metrodata公司签署了战略协议，由后者代为销售华为企业的商务产品，助其拓展印度尼西亚市场。华为公司南太平洋地区销售主管黄忠杰表示，印度尼西亚人口多，市场潜力巨大，而且目前正在建设六大经济走廊，是东南亚通信和互联网增长最快的市场。未来几年，华为还将继续扩大在印度尼西亚的投资规模，借助Synnex Metrodata完善的分销网络和零售策略，发展印度尼西亚市场。2012年12月，中兴手机在印度尼西亚正式推出android4.1系统的智能手机Grand X，这也标志着中兴android4.1系统手机在全球开始大规模上市使用。2013年4月，鸿海精密工业股份有限公司表示，希望5月份与印度尼西亚政府签署在该国生产和销售手机的协议。若达成协议，鸿海在印度尼西亚的投资或高达100亿美元。2013年3月，印度尼西亚工业部部长希达悦会晤韩国手机制造商三星电子代表时表示，印度尼西亚工业部正招揽三星来印度尼西亚投资。2012年印度尼西亚进口手5 000万部，总价值45亿美元，其中价值12亿美元的手机品牌是三星。

印度尼西亚的手机设备产业是两个不同的细分市场“一台戏”，因为中等偏上收入用户总是青睐于新款的智能手机，而占据市场绝大部分的中低收入用户比较关注价格低廉的机型。就目前而言，印度尼西亚还是以非智能手机为主，但是智能手机增长的潜力非常大，增速很快。

作为整个手机市场的一部分，智能手机的数量呈每年增长趋势，2009年占市场总额的9%，2011年为18%，预计2014年将占整个手机设备市场的36%。过去3G功能手机的信号覆盖一直不好，加之高昂的价格和数据包，已经阻碍了3G功能手机市场发展。虽然各主要电信网络的3G容量在不断扩大，但大多数智能手机都能够依靠GPRS技术运行，而印度尼西亚通讯信息部邮政和信息资源设备司司长穆罕默德·布迪在2012年7月表示，预计印度尼西亚最早将在2014年普及4G网络。

在印度尼西亚智能手机市场，黑莓以52%的市场份额占据主导地位，紧随其后的是三星，占印度尼西亚使用安卓操作系统的手机总量的80%。中国中兴通讯公司等企业所生产的利用安卓操作系统、零售价在130美元左右的低价位智能手机越来越受到消费者的欢迎。而苹果公司的iPhone手机在印度尼西亚并不像在中国等其他亚洲市场那样受欢迎，因其高昂的价格令印度尼西亚人望而却步。

另外，日益激烈的竞争正在推动目标为低端功能手机的较低收入细分市场，因为国际和印度尼西亚本土品牌都欲进军这个对价格十分敏感的市场。2011年，在运抵印度尼西亚的3 200万部手机中，有3 570万部功能手机（数据来源于国际数据公司）。诺基亚、三星等品牌竞争激烈。Zyrex和Mito等印度尼西亚本土品埤也以20～80美元的手机价格和宣称40%的市场份额加入到市场竞争当中，但未能引起反响。虽然印度尼西亚拥有约100个本土手机品牌，但也只有30个品捭成功在市场上抢占一席之地。作为一个与生俱来就具有品牌意识的市场，较低收入的消费者不仅关注价格和电话的功能，也将国际品牌视为一种地位的象征。

印度尼西亚是东南亚最大的智能手机市场。据2012年市场研究机构Gfk Asia数据显示，印度尼西亚功能手机和智能手机加起来的销售额增长了26%，单独销售额分别增长19%和56%。因价格优势，印度尼西亚销售的5台手机中仍有4台是功能手机，但越来越多的印度尼西亚消费者开始购买智能手机，销售数量比2011年增长了450台。

印度尼西亚还是一个有为内容付费习惯的国家：对于功能型手机用户而言，他们可支配的收入虽少，但消费的意愿更加强烈。因为他们通过接触电视、网络来获取信息和服务的时间很少，而在过去几年里，他们已经习惯了花钱购买内容、订阅服务，并培养成了这样的观念。这是印度尼西亚手机电信市场（新兴市场）的一个独特性。

四、包装业

麦肯锡全球研究中心（Mc Kinsey Global Institute）的最新研究报告称，到2030年，印度尼西亚将增加9 000万新的消费者，成为世界第七大经济体。因此，印度尼西亚在包装工业找到了增长方向，与2011年相比，2012年销售收入增长了11%，达到32.7亿欧元。到2016年，预计包装行业的销售收入将会翻一番，年增长率会高于10%。2011年印度尼西亚塑料耗用量为280万吨，到2012年增长到300万吨。所消耗的所有塑料中，几乎70%用于食品和饮料包装行业。据印度尼西亚包装协会统计，在国内食品、饮料和医药工业包装需求增长的推动下，一半以上的需求来自塑料软/硬包装。

第四章　农业地理

印度尼西亚是一个农业大国，农业在国民经济中历来占有十分重要的地位。2.48亿总人口中就有1.75亿的农村人口，3 100多万公顷的农业用地，约1 300万公顷的耕地，地肥水美、气候适宜、物产丰富，全国几乎所有的稻田都可以一年两熟甚至三熟，印度尼西亚是继中国和印度后，世界第三大农业国；80%的耕地属于家庭式经营，道路、水电、通讯以及水利等农业基础设施严重不足，农业机械化难以规模发展，主要农作物单产几十年徘徊不前，粮食迄今仍无法自给自足，因此，印度尼西亚也是一个落后的农业大国。

第一节　分布概况

印度尼西亚共和国位于亚洲东南部，地跨赤道，由太平洋和印度洋之间约13 700个大小岛屿组成，其中约6 000个岛有人居住，成为世界上最大的群岛国家，称千岛之国。爪哇岛是最主要的岛屿。国土东西延伸5 000千米，南北宽约1800千米，海岸线长3.5万千米。各岛以山地和高原为主，仅沿海有平原。印度尼西亚有120多座活火山，是世界上火山活动最多的国家之一。

印度尼西亚面积为190.46万平方千米，是东南亚国土面积最大的国家。2013年人口为2.48亿，居世界第4位。人口增长迅速，近年稍缓，70年代人口年平均增长率曾达2.3%，80年代为2.1%，90年代初降至1.7%。人口分布不均，爪哇岛面积不到全国7%，人口却占全国的65%，大部分岛屿地旷人稀。近30年来，农业人口和劳动力的绝对数都有所增加，但所占比例呈下降趋势。1965年农业人口为7 550万，约占当时全国人口的79%；1994年约8 000万人，比重已下降到40%。1965年，全国的农业劳动力有2 893万人，占当时劳动力总数的70.5%；1994年增加到3537万人，约占45%。

全国分26个省，近400个县，县以下分乡、村。首都雅加达，人口约850万，为东南亚最大城市。印度尼西亚的第二大城市是泗水（苏腊巴亚），人口约210万。

人口超过100万的重要城市还有万隆、棉兰、三宝垄等。

印度尼西亚属热带海洋性气候，具有高温、多雨、风小、潮湿等特点；年平均气温25℃～27℃，终年温差很小，无寒暑季节变化。每年分旱、雨两季，如爪哇的雨季为11～4月，旱季为5～10月。年平均降水量2 000毫米以上，全年都适于作物生长。1993年全国农业用地面积为3 098.7万公顷，占国土的17%，与1975年的1951.6万公顷相比，增加了1 147万公顷。农用地中，耕地1 890万公顷，多年生作物土地1208万公顷，分别比1 975年增加32%和131%。农田灌溉面积459.7万公顷，约占耕地面积的1/4。与近20年来耕地增加的同时，森林面积正在减少。森林和林地面积1.12亿公顷，占总面积62%，但已比1975年减少了1 000万公顷。

第二节 殖民时代以来农业的发展

自荷兰取代葡萄牙控制印度尼西亚，于1602年成立荷属东印度公司，它在印度尼西亚实施了不同的经济政策。东印度公司（1602—1829年）实施强迫供应制和实物地租制；荷兰直接统治时期（1830—1870年）实施强迫种植制；1870年以后逐渐过渡到“自由主义”政策。18世纪中期，香料贸易失去优势后，东印度公司关注焦点逐渐转向爪哇岛的兰靛、胡椒、咖啡、蔗糖等。岛上的荷兰政府通过东印度公司直接统治的地区，实行实物地租制；在东印度公司实力范围内，实施强迫供应制。最初，作为地租交付东印度公司，或者强行以低价售予公司的农产品，均为爪哇原产的稻米、胡椒、兰靛等。后来公司在勃良安地区试种咖啡获得成功，扩大了咖啡种植；为保持公司能获得所需咖啡，实行了强迫种植制度。甘蔗的种植早于荷兰人的到来。1637年公司豁免蔗糖的货物税，鼓励蔗糖生产，蔗糖的当地需求量也较大，甘蔗种植取得巨大进展。爪哇岛当时人口压力不大，稻米与热带经济作物的种植尚无争地矛盾。

1830年荷兰实施强迫种植制度，规定当地农民必须拨出一定的土地来种植出口作物，这部分土地的所有收成必须按规定的价格售予政府。实际上种植出口作物的土地，往往超过1/5，有的竟达1/3或1/2，甚至全部，而且占据村里最好的土地。强迫种植制还规定，农民必须首先完成出口作物的种植，然后才种植稻米。

由于没有足够时间种植和管理稻田，稻米产量下降。

在强迫种植制度下，爪哇热带经济作物的种植面积、生产和出口迅速增加。如甘蔗种植面积从1839年的1.89万公顷增至1870年的3.84万公顷，到1900年更扩至9.10万公顷。胡椒种植面积最大时达2.99万公顷。强迫种植时期，实际上爪哇变为荷兰所属的生产热带农产品的大种植园。在这个大种植园内，强迫种植当时市场需求量大，能使荷兰获巨额利润的热带经济作物。

随着经济的开发，生产的发展，人口日益增加。爪哇人口从1795年的300万，1890年达2 360万。在一个世纪内，人口增加大约8倍。正是劳动力的稳定增长，使强迫种植制度得以推行。但是，由于优先保证种植荷兰宗主国所需热带经济作物，而忽略稻米的种植，在愈来愈大的人口压力下，19世纪40年代爪哇连续饥荒，逐渐引起荷兰自由主义者对强迫种植制的许多批评。后来，逐步废止强迫种植制度。

1870年之后，“自由主义”支配荷兰的经济政策。由于市场需求的变化、人口压力的日益增大、种植园农业的发展，爪哇岛热带作物的内部结构发生了很大的变化。19世纪80年代，某些欧洲国家鼓励甜菜的种植，蔗糖价格骤然下跌，爪哇岛热带经济作物种植日趋多样化。咖啡和甘蔗的出口值，在总出口值中的百分比，从1870年的75%下降到1890年的40%。20世纪20年代，随着工业的发展，对农产品种类的需求重点，逐渐转移到诸如橡胶、植物油、纤维等。于是，橡胶取代蔗糖，成为重要的经济作物及出口农产品。1900年，试种引进的橡胶树获得成功。20年代，印度尼西亚的橡胶生产进入繁盛时期。橡胶种植面积，1906年为1.01万公顷，1920年达15.72万公顷。由于爪哇人口猛增，尽管橡胶的市场需求很大，但是很难扩大其种植面积。爪哇耕地再开发的潜力已经很小了，后期开辟的橡胶、油棕等种植园均转向外岛。随着外岛种植园农业的发展，以及最重要出口作物从蔗糖到橡胶的转移，爪哇作为出口作物最大生产地区的地位逐渐削弱。1933年之后，外岛出口作物的比重超过了爪哇。爪哇蔗糖出口值占总出口值的比重，从1920年的48%，下降到1940年的仅6%。反之，外岛橡胶出口值占总出口值的比重从1880年的仅仅1.3%上升到1925年的近1/3。1933年之后，在主要出口作物中，除了价值相对较低的茶、蔗糖和木薯外，咖啡、橡胶和烟草的出口产量，外岛已超过爪哇。

自从自由主义政策将爪哇及外岛向私营企业主开放以来，种植园已成为另一种土地利用制度，与当地小农农业并存，而且在出口农业中所占地位日益重要。根据荷兰统治末期1939年的统计，爪哇拥有1 182个种植园，占了荷属东印度2 401个种植园的近1/2；爪哇种植园总面积达107.4万公顷，占了荷属东印度总种植园面积的43%。爪哇种植园平均规模比外岛小，只是910公顷，但种植作物种类比外岛多。据同年的统计，面积在5 000公顷以上的种植园所种植的主要作物，爪哇岛为12种，外岛仅6种。当时在世界市场居一定地位的爪哇农产品是金鸡纳树皮、木棉、胡椒、橡胶、椰子产品、茶、蔗糖和咖啡等。

日本侵占时期（1942—1945年），种植园遭受很大破坏。世界市场的变化以及印度尼西亚本身经济结构的变化，使印度尼西亚种植业在整个经济中的地位有所下降。不过，热带经济作物的出口仍是印度尼西亚经济的一个重要支柱。能为印度尼西亚创汇，而且市场需求仍很大的橡胶、油棕、咖啡等作物主要在外岛种植。

1945年8月17日，印度尼西亚宣告独立时，印度尼西亚经济基础薄弱，结构不合理，生产技术落后，农业发展缓慢。60年代末以来，政府采取引进国外资本和技术，鼓励国内外私人资本投资，积极开发自然资源和扩大对外贸易等措施，经济得以迅速发展，也促使农业较快发展。在“一五”计划时期，建设重点是农业、林业和水利；“二五”时期重视民间种植园发展，曾制定一个种植园十年规划；“三五”时期，一方面大力发展水稻生产，一方面积极发展畜牧业，主要是养鸡业，从而使畜牧业的年均增长率由“一五”时期的1.63%增加到5.5%；同时，民间种植园的年均增长率由“一五”时期的0.52%提高到4.5%；此后印度尼西亚进一步扩大稻米自给率，同时力求农林牧渔业全面发展。

如今，印度尼西亚农业已取得明显进展，食品已由过去严重匮乏变为自给有余。谷物自给率在90%以上。从前主粮大米大量依靠进口，自20世纪80年代中期起已完全自给；由于气候不宜种植小麦，面粉尚依赖进口。蔬菜和水果均有出口；热带经济作物产品继续大量出口，换取外汇。畜产品消费量近年增加很快，如国内肉类消费量从1969年的31.1万吨上升到1994年的148.3万吨，增加近4倍；蛋从2.6万吨增至50.9万吨，增加19倍；奶从17.7万吨增至89.5万吨，增加5倍。由于畜禽生产从20世纪80年代起迅猛发展，已从过去严重供不应求而做到基本满足要求。

第三节　农业结构

印度尼西亚的农业结构，种植业占90%，养殖业占10%。种植业产值增长较快，1970—1990年，从98.7亿美元增长到218.81亿美元。1991年种植业产值达到224.05亿美元，养殖业产值为25.03亿美元。印度尼西亚的农业布局，可按各大岛划分。爪哇岛集中了全国60%稻田，成为国家的粮仓，其他农作物均有种植，畜禽业发达。南部巴厘地区地势平坦，也盛产水稻。苏门答腊岛为热带经济作物的主要产区，稻田面积也较大。南加里曼丹丘陵起伏，以橡胶等经济作物为主。西伊里安的农业已在开发中，以经济作物为主，草地资源丰富，有利于发展大中型畜牧场。

1. 种植业

在种植业中，粮食作物已占据主体地位。谷物产值1991年为103.8亿美元，占农业总产值的46%。近20年来，谷物产量持续增长，从1970年的2 215.6万吨增至1992年的5 623.5万吨，为历史最高水平。稻米占谷物的绝大部分，1994年收获面积1 064.6万公顷，约占印度尼西亚耕地总面积的1/3，占粮食面积的78%。稻谷产量持续增长，从1970年1 933.1万吨增加到2014年的7 060.7万吨。水稻的主产区是爪哇岛，其他岛屿以旱稻为主。小麦不适宜在印度尼西亚种植。玉米生产近年发展很快，其产量从1970年的282.5万吨上升到2014年的1 912.7万吨；近20多年来，面积多保持在300万公顷左右。

木薯和油料：木薯是印度尼西亚的传统作物，1994年收获面积129.5万公顷，产量1500万吨，居世界第4位，20多年来一直保持此水平，大豆增长较快，产量从1970年的49.8万吨增至2014年的92.1万吨，面积也从70万公顷增加到148万公顷。花生产量增长也快，从47万吨增至66.4万吨，面积从38万公顷扩大至61万公顷。

经济作物：热带经济作物，因其产品多用于出口，换取外汇，在种植业中仍居极为重要的地位，1994年产值大致为26亿美元，占农业产值的10%。印度尼西亚的出口经济作物主要有四大类：一是天然橡胶，1994年的产量是131万吨，居世界第2位。二是椰子，1994年产量1 480万吨，居世界首位；椰干产量137万吨，居世界第2位，仅次于菲律宾。三是棕榈仁和棕榈油，其产量分别为83万吨和

389万吨（1994年），均在马来西亚之后而居世界第2位。四是咖啡和可可，1994年的生咖啡产量40万吨；可可豆为28万吨，均居亚洲第1位、世界第3位。发展方式还是依靠种植园制度，精耕细作；既发展大中型种植园，也支持小生产者种植园。

蔬菜类在过去发展较慢，近年增长较快，产量从1980年的245万吨增至1994年的528万吨；水果类变化不大，1970年为403.1万吨，1994年为688.5万吨。印度尼西亚盛产青椒和胡椒，1994年产量为45万吨，居世界第7位；甘蔗产量3150万吨，原糖产量246万吨。印度尼西亚同时还加强了替代进口的农作物如棉花的生产，以节省外汇。传统的烟叶、茶叶、丁香等香料作物产量也较多。

2. 畜牧业

印度尼西亚适宜放牧的面积广阔，但是畜牧业过去不甚发达。近年来，为提高国民营养水平，减少进口，印度尼西亚大力发展畜禽业，强调集约化经营，发展大中型的养鸡场、养猪场、奶牛场。畜牧业产值占农业产值的比重从1980年的6%增至1994年的10%。肉类总产量从1980年的62万吨增至1994年的166万吨，家禽肉从17万吨增至59万吨。奶产量从25万吨增至57万吨，蛋从2.8万吨增至40万吨。牛存栏数从1980年的650万头增至1994年的1 160万头；猪由323万头增至872万头。鸡有6.4亿只，在亚洲仅次于中国，居第2位，在世界居第4位；鸭2 700万只，次于中国、越南，居世界第3位。

3. 渔业

印度尼西亚水产资源潜力很大，该国管辖的海洋渔业水域达580万平方千米，过去不重视开发，近年来已加快发展。水产业以海洋渔业为主，捕捞量增加很快，如金枪鱼产量在世界居前列，在亚洲是第1位。内陆渔业逐步从捕捞转向养殖，其海水和淡水养鱼池以及稻田养鱼面积日益扩大，全国鱼产量从1989年的300万吨增至1994年的400万吨。印度尼西亚重视养渔场的建设以及发展海滩网箱养殖、对虾养殖等。捕虾业和养虾业同步发展，享有盛名，近年更大力引进外资，增加冷冻包装设备，大量出口，已在世界市场占有一席之地。

4. 林业

印度尼西亚林业资源十分丰富，热带红木闻名于世，但砍伐量大于生长量，1985年起禁止原木出口，在保护资源方面起了一定作用。近年来，政府重视发展木材加工业，大量出产胶合板，已控制世界2/3市场。

5. 农业

印度尼西亚农产品的出口值大于进口值，是国家外汇收入的重要来源。1993年的贸易总额为120亿美元;出口91亿美元，进口29.4亿美元。印度尼西亚农、林、水产品出口换汇达61.6亿美元，其中，林产品39亿美元，占63%；农产品12.7亿美元，占20%；水产品10.7亿美元，占17%。国家过去一度主要依靠石油创汇，但政府认为，石油储量是有限的，会逐渐趋于枯竭，而农产品出口是可持续发展的。这种出口多元化政策有助于稳定国家外汇收入。

第四节 农业发展的成就

在印度尼西亚的农业经济中，种植业占主导地位，其产值占农业总产值的60%以上，而种植业又以水稻为主，以稻谷为主的粮食作物是印度尼西亚农业的核心，它占印度尼西亚耕地面积和农业总产值的比重均在60%左右，它的收成好坏对整个农业的增长具有支配作用。迄今为止，在印度尼西亚居民的日常食物消费中，稻米所占比重高达80%以上。由于粮食作物的举足轻重地位，发展粮食生产，实现大米自给自然是印度尼西亚历届政府的首要课题。

表4–1 印度尼西亚稻谷生产与增长情况

年份	收获面积(公顷)	单产(吨/公顷)	总产量(吨)	增长率(%)
2001	11 499 997	4.388	50 460 782	-2.78
2002	11 521 166	4.469	51 489 694	2.04
2003	11 488 034	4.538	52 137 604	1.26
2004	11 922 974	4.541	54 088 468	3.74
2005	11 839 060	4.574	54 151 097	0.12
2006	11 786 430	4.620	54 454 937	0.56
2007*	12 124 827	4.705	57 051 679	4.77
2008**	12 299 391	4.738	58 268 796	2.13

注：*估计数；**初步预测数。

资料来源：印度尼西亚中央统计局，www.bps.go.id。

20世纪80年代以前，印度尼西亚一度成为世界进口稻米最多的国家，大米年进口量从20世纪70年代初以前的20万～60万吨增加到1973年的180万吨，

1977年和1980年分别为240万吨和204万吨。20世纪70年代中期以后，印度尼西亚开始推行“绿色革命”；20世纪80年代以来，政府继续调整农业生产结构，加强稻米生产，稻谷取得较好收成，总产量稳步增长。在1965—1985年20年间印度尼西亚稻谷产量年平均增长4.8%，其中1977—1984年年平均达到创纪录的7.2%，是世界大米增长速度最快的国家。全国稻谷总产量1970年为1 933.1万吨，1976年2 330万吨，1980年2 965万吨，1983年3 358万吨，到1984年增加到3 813万吨，终于实现了粮食自给目标。1985年大米产量达到3 903万吨，当年印度尼西亚停止从国外输入大米，并有少量出口，被国际农业经济专家誉为创造了一项“白米奇迹”。进入20世纪90年代以后，由于受不利的气候条件以及作物病虫害的影响，印度尼西亚粮食生产呈现不稳定状态，从1962—1992年30年期间，稻谷产量年均增长率达到5.5%，而1993—2000年年均增长率降至0.7%，而人口年均增长率达1.8%。1994年实际生产稻谷4 660万吨，比1993年的4 820万吨减少4%，降到最低点。但1995年恢复增长势头，总产量上升为4 850万吨，1996年稻谷产量为5 040万吨，较1995年增长4%，1999年稻谷产量进一步增长到5 200万吨。水稻的主产区是爪哇岛，其他岛屿以旱稻为主。由于政府在20世纪90年代中期以后在全国160万公顷的稻田上全面推行水利灌溉系统的修复工作，同时在加里曼丹中部开辟100万公顷的稻米种植区，扩大种植面积，并注意选用优良稻种，印度尼西亚的水稻生产在2000年以后在持续增长的基础上跃上一个新台阶。2001年稻谷产量5 046万吨，2006年为5 445万吨，2007年为5 716万吨，增长4.76%。2007年印度尼西亚稻谷增长的主要原因是播种面积增加和单位面积产量增加，其中种植面积增加37 918公顷，单位面积产量每公顷增长100公斤。2008年农耕面积增加19 598公顷，单位面积产量每公顷增产178公斤。增产地区主要在外岛，达到190万吨，爪哇岛仅增长40万吨。由于气候条件限制，小麦不适宜在印度尼西亚种植，面粉尚依赖进口。

1973年以来，印度尼西亚政府还重视杂粮的生产，号召印度尼西亚人民多吃杂粮，因此，印度尼西亚的主要杂粮玉米、木薯、番薯、大豆和花生的产量也得到很大发展。其中印度尼西亚自然环境适合发展玉米种植业，因此玉米生产发展很快，其产量从1970年的282.5万吨和1976年257.2万吨，上升到1980年的399.4万吨和1990年673.4万吨，1992年和1993年分别为799.5万吨和646.6万吨，以及1994年的661.7万吨。近20多年来，玉米播种面积多保持在320万公顷左右。2001年玉米产量914万吨，2003年1 080万吨，2004年1 123万吨，2005年1 241万吨，增长10.58%，2006年1 235万吨，基本与2005年持平，2007年玉米产量进一步增加到1 328万吨，创历史新高。印度尼西亚玉米产量占世界总产量的1.4%，是全球第十大玉米生产国。但近年国内玉米需求增长更快，致使玉米仍需从国外进口。大豆增长较快，产量从1970年的49.8万吨增至1994年的155.6万吨，面积也从70万公顷增加到148万公顷。但20世纪90年代中期以后大豆产量徘徊不前，起伏较大。2006年大豆产量74.9万吨，2007年增加到99万吨。印度尼西亚国内最近6年大豆消费量每年均在200万吨以上，因此每年有超过120万吨的缺口需从国外进口弥补。传统作物木薯，1976年1 220万吨，1990年1 600万吨，1992年和1993年分别提高到1 630万吨和1 730万吨，2001年1 542.2万吨，2004—2007年提高到1 900多万吨。其他两项作物的播种面积和产量也有不同程度的增长。

表4–2　印度尼西亚杂粮生产情况（单位：吨）

年份	玉米	大豆	花生	木薯	番薯
2004	11 225 243	723 483	837 495	19 424 707	1 901 802
2005	12 523 897	808 353	836 295	19 321 183	1 856 969
2006	11 609 463	747 611	838 096	19 986 640	1 854 238
2007*	13 286 173	592 381	788 532	19 802 508	1 875 416
2008**	13 883 194	698 939	772 823	20 313 082	1 872 698

注：*估计数；**初步预测数。

资料来源：印度尼西亚中央统计局，www.bps.go.id。

印度尼西亚的农业成就除了大力发展粮食生产，20世纪80年代中期实现稻米自给外，主要是发展了价值高、销路大的经济作物，为全国大量的劳动力提供了就业机会，亦大大增加了印度尼西亚的外汇收入。20世纪60年代中期以前，以橡胶为主体的热带农产品在印度尼西亚出口总额中长期占半数以上。近30多年来，由于工矿业发展迅速，热带经济作物发展相对缓慢，在出口中的比重已降至10%以下，但就绝对额而言仍居亚洲各国之首，且有些热带经济作物的出口在世界市场上亦名列前茅。

印度尼西亚是世界上天然橡胶种植面积最大的国家，橡胶是印度尼西亚最主要的经济作物，也是印度尼西亚农业部门最大的出口产品，在社会经济发展中起着重要作用。印度尼西亚现有160多万个家庭、约1 200万人以种植橡胶为生。从1967—2006年印度尼西亚天然橡胶种植面积扩张相对缓慢，平均每年以1.4%的速度增长，到2006年印度尼西亚橡胶种植面积为330.9万公顷，2007年种植面积达336万公顷。印度尼西亚是位于泰国之后的第二大产胶国，橡胶产量占世界总产量的25%，从1967—2006年以年平均5.8%的速度稳定增长。1983—1993年，印度尼西亚橡胶产量增长39.5%，从109.7万吨增至140.5万吨，1994年产量略有下降，为128万吨，但1995年又提高到140万吨，仅次于泰国而超过马来西亚居世界第二位。随着世界需求和橡胶价格的上涨，印度尼西亚橡胶产量从2000年后进入快速增长期，平均增长速度在8.5%以上。2004年印度尼西亚橡胶产量为206万吨，2005年227万吨，2006年达到237万吨，2007年产量达到245万吨。印度尼西亚天然橡胶出口从1994年的120万吨升至1998年的160万吨后，2000年下降到130万吨。2001年开始逐步回升，2005年出口量达到205万吨，出口额26.1亿美元。2007年印度尼西亚出口橡胶额46亿美元，占全国农产品出口总额的40%。根据印度尼西亚农业部2006年制定的橡胶业综合发展目标，到2010年橡胶面积将达到30万公顷，到2015年橡胶产量将增加380万吨，印度尼西亚将取代泰国成为世界上最大的天然橡胶生产国。

棕榈油是印度尼西亚20世纪70年代以来发展最迅速的经济作物，也是近年农产品出口的“后起之秀”。印度尼西亚棕榈种植面积1983年仅40.5万公顷，在1986-2006年的20年时间里，印度尼西亚棕榈种植面积增长了10倍，从60.7万公顷发展到607.5万公顷。根据印度尼西亚农业部规划，2007年棕榈种植面积扩大到642.5万公顷，到2009年将达到712.5万公顷。随着种植面积的扩大，产量也大幅提高，1983年产量98.2万吨，1993年上升到370万吨，1994年和1995年分别为404万吨和470万吨。2001—2005年印度尼西亚棕榈油产量分别达到840万吨、962万吨、1 060万吨、1 240万吨和1 390万吨，一直仅次于马来西亚居世界第二位。2006年进一步上升到1 620万吨，2007年增加到1 720万吨，占世界总产量的42.7%，超过马来西亚成为世界最大的棕油生产国和出口国。20世纪80年代中期印度尼西亚政府放宽对棕油的出口限制以后，出口量成倍增长。2001—2006年印度尼西亚棕榈油产品出口额增长55%，从12.27亿美元增长到52.97亿美元；出口量年平均增长率超过19.5%，从548.5万吨增长到1 190万吨。印度尼西亚90%的棕榈油供出口，供国内加工的很少。印度尼西亚政府拟制定相关政策，促进棕榈油加工业的投资，增加产品附加值。

表4–3 印度尼西亚棕榈油生产、出口与国内消费状况（单位：百万吨）

	2003年	2004年	2005年	2006年	2007年
生产	10.6	12.4	13.9	16.2	17.2
消费	3.2	3.3	3.5	3.7	4.1
出口	7.4	9.0	10.4	12.5	13.1

资料来源："Palm Oil Industry in Indonesia and Malaysia"，*Business News*，7672/6-6-2008，PP 1-2。

咖啡也是印度尼西亚主要外汇收入来源之一。印度尼西亚咖啡种植面积达130万公顷，每年生产咖啡45万～50万吨，80%供出口，印度尼西亚咖啡生产和出口位居世界第四，仅次于巴西、越南和哥伦比亚，其中巴西和越南的咖啡生产占世界总产量的38%。但印度尼西亚咖啡种植面积排名世界第二，说明其单位面积产量有待提高。2005年印度尼西亚咖啡产量为32.1万吨，2006年42万吨，其中出口31万吨；2007年咖啡产量下降到38.1万吨，但出口31.8万吨，增长2%。预计2008年咖啡产量和出口量将分别达到47万吨和36万吨。2007年世界咖啡价格由2006年的每公斤1.6美元涨至每公斤2美元。目前印度尼西亚农业部正采取多种措施，提高咖啡产量及质量，希望在2025年成为世界领先的咖啡及咖啡产品生产国。

印度尼西亚的可可产量近几年一直不断增加2000年为33万吨，2006年达59万吨，2007年进一步增加到70万吨，位居世界第二。印度尼西亚政府很重视可可种植业的发展，计划拨出5.47万亿盾（约合6亿美元）用于发展可可种植业，其中1.39万亿盾用于开辟5万公顷的土地种植可可，3.5万亿盾用于重新种植12.5万公顷的可可，还有0.58万亿盾用于改善2.5万公顷可可的土壤质量。此外，为提高可可产品在世界市场上的竞争力，印度尼西亚政府将修订可可产品国家标准。印度尼西亚曾经于2000年出台有关可可产品的01-2323号国家标准，随着世界可可行业发展，该标准已落后于世界市场标准。印度尼西亚已成立可可委员会，就如何修订国家标准，提高可可竞争力，及建立完善的可可种植、生产、加工、销售体系等进行准备。除完善标准外，印度尼西亚政府还通过改善种植方式、给予政府补贴、提高农民生产效率等手段增加可可产量。

印度尼西亚茶叶种植面积约138万公顷，1993年生产茶叶15.4万吨，2000年、2001年茶叶产量均为16.5万吨，2002年16.2万吨，2003年16.9万吨，2004年16万吨，2005年15.6万吨，2006年14万吨，2007年15万吨，70%用于外销。印度尼西亚是世界第六大茶叶生产国，占据全球6%左右的市场份额。主要出口市场俄罗斯占17%～18%，英国15%～16%，巴基斯坦和马来西亚占8%～10%。茶叶类就业人数近50万人，占整个经济作物就业人数的10%。为合理利用土地资源和开拓国内外市场，印度尼西亚政府已规划茶叶生产5年计划，包括茶园面积、生产、出口和内销，并注意改进茶园的种植技术，使茶叶单产大幅提高。

印度尼西亚居于世界前列的农产品还有：胡椒、木棉、奎宁、藤，均居世界第一位，茶叶、蔗糖、椰干、丁香等也久负盛名并可出口。

第五节　农业发展的主要政策措施

相对于全球性粮食危机，印度尼西亚农业业绩得到各界的肯定。印度尼西亚农业所取得的令人瞩目的成就，是与政府对农业采取了较广泛的官方干预政策分不开的。独立以后，印度尼西亚历届政府基本上都强调要优先发展农业，提出发展国民经济必须以农业、轻工业、重工业为序的总方针，对农业投入了大量人力、物力和财力，并制定许多切实可行的政策措施，这为农业发展创造了有利条件。主要表现在：

1. 逐步增加对农业的投资，增强农业发展后劲

进入20世纪90年代后，随着印度尼西亚政府将经济发展重点转向工业部门，特别是1997年旱灾和金融危机后，印度尼西亚粮食产量一路下滑，重新开始进口粮食，粮食生产再次成为印度尼西亚政府需要解决的头等大事。为增加国家粮食储备和提高粮食安全防御，印度尼西亚政府正努力采取粮食多元化，增加农业投入，提供信贷支持，成立专门粮食能源公司等多项措施。印度尼西亚农业部增加预算支持农业粮食作物发展，包括提供优良种子、为农业贷款提供利率津贴及对农民进行培训和辅导。印度尼西亚政府向全国农户提供的肥料津贴。此外，近年印度尼西亚政府对农民提供的无抵押贷款不断增加。

引进外资发展农业也是印度尼西亚政府的一项重要举措。由于全球粮食危机，沙特阿拉伯政府为保障粮食安全，近期推出财政优惠政策，鼓励企业在海外

投资农业。自然条件优越、国土面积广阔的印度尼西亚成了沙特企业的首选地之一。目前沙特8家大型企业计划在印度尼西亚投资20亿美元发展农业，将来向中东地区出口粮食、棕油等产品。印度尼西亚粮食出口到沙特及中东地区的潜力很大。沙特财团也计划在印度尼西亚种植棕榈树、黄梨等经济作物。韩国大宇、大洋、STS、哈林财团和南韩农业合作社等计划在印度尼西亚投资10万亿盾，购买200万公顷土地，在当地种植玉米返销到韩国，以取代目前韩国从中国、美国每年的1 000万吨玉米进口。此外，为提高印度尼西亚国内土豆生产，印度尼西亚将与位于秘鲁的国际土豆中心建立更加密切的关系，就土豆种植、开发新品种和抗病虫害等问题进行深入合作。

由于印度尼西亚60%的人口生活在农村，而65%的贫困人口也在农村，印度尼西亚政府注重增加扶贫资金，发展农村经济，提高乡镇居民的生活福利。

2. 实施土地改革，移民开荒，增加耕地面积

土地是农民的立身之本，也是能够留住农村人口的关键所在。在这方面，印度尼西亚政府从两个方面着手：一是给无地农民分配土地，让他们有地可种；二是鼓励农业发达地区农民到边远地区开垦荒地，扩大“农业疆界”。

1960年印度尼西亚颁布第五号土地基本条例，进行土地改革。从1960—2000年通过土地改革分配的土地为88.5万公顷，130万农户直接收益。但所分土地仅占全国农田面积不足2%，获得土地的农户仅占全国农户数的7%。印度尼西亚的土地改革在发展中国家不算成功之例。

印度尼西亚地域辽阔，各地垦殖指数相差悬殊，爪哇高达48%，苏门答腊和苏拉威西10%，加里曼丹3%，伊里安查雅仅0.1%。据估计，全国尚有4 000多万公顷荒地可供开垦，而这些荒地几乎都在爪哇以外的地区。因此，从第一个5年计划(1969—1974年)开始，政府就鼓励人口过分集中的爪哇、巴厘岛的居民向外岛迁移，政府发给每户移民4公顷土地，其中3公顷用于种植橡胶，0.8公顷种粮食，0.2公顷盖住房，移民还可得到政府的优惠贷款。从1905—1985年的80年期间从爪哇岛迁移出去的人口大约为188万户共365万人，1985—2005年通过移民计划和其他途径迁移出爪哇岛的人口估计也在365万人左右。通过移民开荒，把相当一部分荒地垦殖成了粮食生产基地，亦扩大了经济作物种植面积，这是印度尼西亚发展农业的一项重要战略措施。

印度尼西亚棕榈油研究中心最新研究显示，印度尼西亚尚有560万公顷的泥

炭田有潜力发展为农业用地，这些土地若被合理使用，可发展成为产量在21吨/年/公顷以上的棕榈种植园，主要分布在北苏门答腊、廖内、占碑、加里曼丹及巴布亚等地区。尽管受城市化、人口增长、新工业园区发展、道路建设用地增加及环保主义者的反对等因素影响，印度尼西亚经济作物种植土地扩大受到了一些限制，但印度尼西亚政府为保持年均经济增长6%的目标，将种植园列入国家优先发展产业，计划未来新增300万公顷土地用于种植棕榈树、橡胶、可可等经济作物。

印度尼西亚全国仍有1 240万公顷土地急待投资开发，针对2008年国际米价飙升2倍，而世界粮食储存量降至20世纪80年代初期以来的最低点，全球出现粮食危机这一状况，印度尼西亚政府计划开发100万公顷土地用于种植稻米，以满足国内不断增长的稻米需求。此外，政府还在2008—2010年投资5万亿盾资金，将苏拉威西270万公顷荒地改造成玉米种植地，把苏拉威西岛发展成为全国玉米生产中心。印度尼西亚还计划从中东国家引进资金，在巴布亚省开垦160万公顷荒地种植粮食作物。

3. 重视培育、引进、推广和普及农作物新品种，提高单位面积产量

印度尼西亚的育种事业对农业生产做出了巨大贡献，水稻优良品种“皮泰”和“西格迪斯”的培育成功与大面积推广，对提高单位面积产量发挥了重要作用，这两个品种还被设在菲律宾的国际水稻研究所育成新的“国际水稻8号”和“国际水稻24号”向其他国家推广。印度尼西亚还大力培育杂交优良品种，玉米“杂交(hybrid)号”的单产可达7.5～8.5吨。从1970—1990年的20年期间，印度尼西亚玉米每公顷产量从961公斤提高到2 131公斤，增加幅度达到122%，主要就是采用杂交良种，加强田间管理、提高种植技术的结果。目前全国350万公顷玉米田中有3成多是种植杂交玉米良种。印度尼西亚还培育推广了成熟期只有83～86天、抗病能力强的大豆优良品种，单位面积产量达1.8吨；印度尼西亚的橡胶品种以本国育成的“GT-1”和“PR-107”为主，两个品种不仅高产，而且抗病耐旱。印度尼西亚从印度和阿拉伯国家引进的咖啡良种“S-795”、“S-288”和“S-333”3个品种不仅高产抗病，而且适宜在东爪哇高原地区种植。这些年来，印度尼西亚还将世界银行提供的贷款用于开发农业生物工程技术，旨在培育能抗病虫害的作物新品种，发展生物农药等。

印度尼西亚土地肥沃，具有非常好的水稻种植发展前景。印度尼西亚过去

主要采用印度尼西亚当地水稻品种，每公顷水稻产量4.5吨左右。近年来，印度尼西亚注重从国外引进水稻新品种，尤其是中国的杂交水稻。如四川国豪种业有限公司杂交水稻种子在印度尼西亚已进行了3年的试验种植，先后在爪哇岛、苏门答腊岛、加里曼丹岛进行试种，都获得全面丰收。即使在印度尼西亚轻度盐碱化土地进行种植，产量也能达到9～10吨/公顷。采用中国杂交水稻种子后，印度尼西亚水稻产量提高到8～9吨/公顷，增长80%～100%。印度尼西亚希望中国杂交水稻能够继续在印度尼西亚推广并扩大种植，为增加印度尼西亚稻米产量，提高农民收入做出更大贡献。印度尼西亚已和马来西亚、哥斯达黎加、巴布亚新几内亚签署备忘录，计划从这些国家购买4 000万吨优质棕榈种籽发展棕榈种植业。

4. 成立专门机构，负责管理粮食价格和储备

印度尼西亚成立国家粮食后勤总署（BULOG），负责管理粮食价格和储备。总署直接向内阁汇报工作，后来又建立省级和县级机构，后者成为与农民、商人、乡村合作社等联系的主要部门，从而组成完整的管理网络。印度尼西亚全国的大米价格、进出口、储备等均由总署来实施。它通过向农民购买粮食以及向批发、零售市场出售库存粮食等措施，并通过进出口调剂，使粮食价格维持在国家调控目标之内。总署同时还负责向政府工作人员和军队提供一定数量的大米。此外，它也同时规定玉米、大豆、花生等的最低价格。国家粮食后勤总署储备的大米全部由国内生产，没有从国外进口。从2009年开始印度尼西亚重新出口大米。

5. 规定粮食最低价格和最高价格，以稳定农民收入，并保护消费者利益

印度尼西亚拥有优越的自然条件和肥沃的土地，是个盛产稻谷的国家，但在收获季节和缺粮季节之间，大米和稻谷的差价悬殊很大，影响农民生产积极性，因此，从1970年开始，政府对大米和稻谷实行基本价格政策。采取这项措施，是为了保证农民的收入，防止“谷贱伤农”，提高农民增产大米的积极性。若粮食市价低于基本价格，政府就按基本价格收购。与此同时，政府还规定大米和稻谷的最高价格，以防止米价上涨而推动物价上升，影响人民生活。如果市场接近规定的最高价格，政府就抛售大米，以维持政府规定的最高价格。通过实行基本价格和最高价格的政策，既稳定了农民收入，又保护了广大消费者的利益。印度尼西亚的基本价格和最高价格每年根据物价上涨幅度重新规定，基本价格几乎每年都有提高。印度尼西亚政府对玉米、豆类等杂粮也规定基本价格，并逐年提高。

这项措施对促进印度尼西亚粮食生产和稳定粮价起到了积极的作用。为了稳定重要农产品的市场价格，农业部正考虑在全国农产品生产中心建立价格信息体系，对大米、白糖、辣椒、红葱、橘子等农产品进行价格监控管理，以便在产品价格出现过度波动时政府能够给予及时调控。

近几年，能源价格上涨使得农业所依赖的化肥、燃油和电力价格上升，进而使粮食产品价格不断上涨。印度尼西亚政府为确保本国有粮可供和压低通货膨胀，已先后限制粮食出口，但这类行动却刺激粮价继续攀高。印度尼西亚已实施抑低粮价的一些政策，包括取消食油税、黄豆油和面粉的进口税，还为增加国家粮仓库存白米而限制白米输出。印度尼西亚政府2008年稳定粮食价格的津贴将比原来的预算增加2倍，达到20万亿盾以上。政府2009年为2 400万户农户发放20万亿盾的种子、化肥等农业津贴。

6. 开展有特色的农业培训，提高农民的文化技术水平

1989年，联合国粮农组织和印度尼西亚政府率先开展“农民田间学校”项目试点。农业技术员和农民一起去发现生产中的问题，并加以分析和解决。在互动式的学习过程中。逐步把农民培训成种地的专家。农民田间学校最初的目的是指导农民掌握必要的农业知识。学会控制虫害。在此基础上。印度尼西亚开展了“农民技术员”活动。从田间学校毕业的学员经过再培训，成为辅导其他农民的技术员。

目前，印度尼西亚国内的田间学校有一半是由这些农民技术员承担的。10年间，印度尼西亚开办了近4万所农民田间学校，培训了100万名农民，并迅速推广到亚洲、非洲、欧洲的许多国家，被认为是最有效的农民培训项目之一。

农民们还逐步建立了自己的团体，定期召开讨论会，交流农业成果，探讨农业发展方向。通过农民培训，“虫害综合治理计划”发展为“社区虫害综合治理计划”，促成同一社区的农民自发组织起来，指导农业生产、提高农民福利、推动农村可持续发展。

第六节　农业发展存在的问题

由于政府重视粮食生产和经济作物出口创汇，印度尼西亚稻谷和玉米的总产量成倍增长，热带经济作物产品出口持续增加，印度尼西亚农业确实在原来的基础上向前迈进了一大步。然而，印度尼西亚农业发展的势头在减弱，由于债务负

担加重，农业投资无力进一步扩大，农村贫困化问题在继续发展，这些都给今后的农业发展带来新的困难。

1. 耕地面积减少是农业面临的十分突出的问题

印度尼西亚是一个人多地少的国家，每年人口增加300万人，2012年人均可耕地面积仅0.1公顷，而城市、道路、住宅、工业设施等的扩展每年都要占用大量耕地，使可耕地不足的情况更加严重。印度尼西亚每年有11万公顷农田改变用途，不仅造成粮食产量减少，粮食供不应求，而且对农业的可持续发展构成严重威胁。据印度尼西亚农业部长透露，1983年爪哇地区水稻种植面积550万公顷，到1993年减为460万公顷，10年间减少90万公顷，平均每年9万公顷。大量水浇地转变为非农业用地，使爪哇地区的稻米产量由原来的占全国总产量的60%降为56%。就印度尼西亚全国而言，1983年稻谷种植面积1 670万公顷，1993年降为1 590万公顷，10年减少80万公顷，平均每年减少8万公顷。最近10年大约又有100万公顷农田转成他用，主要用于修建高速公路、工厂、住宅、商场等。随着城镇的进一步扩大，工业和住房占地的增加，这种“蚕食”农田的现象将有增无减，目前每年仍有3.5万公顷农耕地转变为工业用地。印度尼西亚的稻田收获面积2006年萎缩到1 180万公顷，到2007年底，全国稻田面积1 100万公顷，扩大种植面积已非常艰难。为此，印度尼西亚政府计划通过立法的形式，在全国建立1 500万公顷永久性农业耕地，以使农田不断被侵占的现象得到有效制止。

2. 农村贫困问题在加深

根据印度尼西亚中央统计局数据2007年3月全国贫困人口3 717万人，占总人口2.13亿的16.58%，其中63.52%的贫困人口分布在农村。根据印度尼西亚政府2003年的农业普查结果，全国农业家庭1993年为2 008万户，无地或只有0.5公顷耕地的农户1 008万户，占总农户的52.7%。到了2003年，全国农业家庭上升到2 540万户，其中有56.5%的农户，即1 370万户拥有的土地面积不足0.5公顷。尽管2007年1月29日政府颁布《土地基本法》，并陆续出台土地改革措施，计划在全国17个省104个县分配土地给农民，从而为贫困农民改善生活带来一线希望，但后来印度尼西亚政府又出台鼓励国内外投资的许多法令，如2007年的25号投资法等，允许投资者拥有近100年的土地使用权，使农民分配土地的希望落空。加上政府各部门缺乏协调，土地纠纷案不降反升。

3. 农业发展在各地区间存在着严重的不平衡性

印度尼西亚大部分国土土壤肥沃，气候适宜，雨量充沛，非常适合种植粮食作物，尤其是水稻。但到目前为止，全国粮食生产的大部分仍然集中在人口稠密、灌溉条件较好的爪哇岛，爪哇的稻谷、玉米、木薯、大豆和花生产量占全国总产量的60%～80%，蔬菜、水果63%也产自爪哇岛。印度尼西亚农业经济如此高度集中在仅占全国面积7%的爪哇岛上，说明其他岛屿农业经济的落后性和分散性。近20多年来，随着爪哇岛工业化和城市化步伐的不断加快，投资效益高的工业、住宅建设项目挤占了投资效益低而社会效益高的农业用地，加上农业生产率的提高落后于人口的增长幅度，造成印度尼西亚大米供应出现缺口，粮食自给得而复失。从1998年开始，印度尼西亚大米供求失衡，每年以合法或非法途径进口大米约200万吨，占总需求的9%，再次成为世界最大的大米进口国。特别是2000—2003年，印度尼西亚每年从泰国、越南进口的大米曾经达到300万～500万吨，后由于大量进口大米损害农民利益而遭到强烈反对，进口数量逐步减少，但却使全国米价大幅度上涨。米价高涨也带动其他粮食品种涨价。

4. 农业机械化仍处于低水平

印度尼西亚人多地少，许多经济学家和社会学家担心，农业机械化将给农村造成大量的剩余劳动力，引起严重的就业和社会问题，所以对农业机械化持反对态度，因此，多年来印度尼西亚的农业机械化发展相对缓慢。目前印度尼西亚国内使用的农机基本上是从国外引进的，本国农业机械工业体系不完整、配套能力差，自主研发的农机品种少且售价高，农机在实际生产中的应用程度还很低。在耕种、植保、防止病虫害、谷物干燥等方面的机械化仍处于低水平。农业科技的推广普及不足，农民教育水平偏低，农业生产基本上处于简单耕作阶段。在东亚地区，甚至东南亚地区都属于农业机械化较为落后的国家。

5. 农业的基础设施严重不足

如农田水利、农用交通、农用电力、农药、农机具和农业科技等还比较落后，大部分地区缺乏完善的蓄水灌溉系统，农业生产基本还是靠天吃饭。20世纪70年代中期到20世纪90年代中期的20年时间里，印度尼西亚在爪哇岛修复现有的水利灌溉系统以及在全国各地兴建新的灌溉工程，使印度尼西亚水利灌溉设施覆盖750万～800万公顷耕地，占1995年全国耕地面积的47.2%，成为东南亚灌溉面积最大的国家。但1998年经济危机以来，政府没有修建新的农田灌溉设施，也没有对现有的水利设施进行维修，使得许多地区的灌溉系统年久失修；1999—2003年，印度尼西亚全国可灌溉稻米种植地平均每年以3.5万公顷的速度递减，现建设水利设施每年需要70万亿盾投资。从1993—2000年化肥使用年均增长只有0.1%，农田面积小而分散，面积不足1公顷的农田占70%，未能达到规模经济效用。加强农业基础设施，努力改善农业生产条件是亟待解决的问题。印度尼西亚政府必须加快农业科技进步的步伐，大力提高粮食生产的技术含量，包括推广良种、推广科学施肥技术及病虫害防治技术、加强抗灾能力等。

6. 农业至今仍以小农经济为主体

落后的生产关系严重地阻碍了农业生产力的发展，从而使农业的劳动生产率、作物单位面积产量都不高。从1996—2006年，印度尼西亚每公顷稻田年均产稻谷仅由4.45吨提高到4.54吨，10年间只提高0.25%。印度尼西亚国内研究的水稻品种大约有10种，平均产量只有4～5吨/公顷，还达不到中国杂交水稻产量的一半。与巴西、越南和哥伦比亚等咖啡生产大国相比，印度尼西亚咖啡单位面积产量要低很多，印度尼西亚产量为792公斤/公顷，而哥伦比亚1 220公斤，巴西1 000公斤，越南达到1 591公斤。尽管印度尼西亚棕榈油产量已超过马来西亚，成为世界第一，但劳动生产率大大落后于马来西亚。印度尼西亚棕榈油单产量只有2～3吨/公顷，而马来西亚为4～5吨/公顷。印度尼西亚橡胶的劳动生产效率也相对较低，每公顷土地每年平均只能产650公斤橡胶，成熟期的橡胶树也只能达到843公斤/公顷/年。而泰国和马来西亚使用优良种子的地区，橡胶的最高单产已能达到1 500～2 000公斤/公顷/年，平均产量也能达到1 000公斤/公顷/年。印度尼西亚政府必须重振农业生产力，提高单位面积产量，加大资金投入，改善农业基础设施，激励稻农种植高附加值的农作物以增加收入。

总之，印度尼西亚农业仍处在从传统发展阶段向现代化发展阶段转变的比较初始的过程中，政府要考虑的基本问题包括土地改革、农业信贷、农业技术革新、农村基础设施建设、农业技术人才培训等等。随着国民经济的进一步发展，这个转化过程可能会加快，但要完成这个转化仍要经过一个艰难的历程。

第五章　第三产业的发展和布局

第一节　第三产业发展概述

随着工业化进程的推进，印度尼西亚第三产业在整个国民经济中的地位发生了深刻的变化，目前第三产业已经成为印度尼西亚三次产业中最主要的就业部门，其对国民经济总量的贡献也不断提升。作为发展中国家，印度尼西亚第三产业产业结构演变有着自身的特色，跟发达国家第三产业结构演变有着不同之处。伴随着中印(尼)两国全面战略伙伴关系和中国—东盟自由贸易区的建立，以及印度尼西亚经济的崛起，国内学术界对印度尼西亚的研究热度不断提高，得出了不少有益的成果，然而关于印度尼西亚第三产业方面的研究还相对缺乏。近年来，东盟区域经济一体化进程不断加快，各国合作领域不断深化，区域内服务贸易规模不断扩大并走向自由化。在此背景下，结合本国经济发展的需要，印度尼西亚政府逐步开放本国第三产业市场，放宽第三产业可投资领域。

20世纪60年代中期以来印度尼西亚第三产业发展较快，1966—1990年第三产业年均增长率达到7.9%快于同一时期农业(3.7%)和矿业(5.7%)的年均增长率水平。随着第三产业较快发展，其在国民经济中的地位不断提升，20世纪70年代初至80年代中期，第三产业产值占GDP比重一直在35%以上，80年代中期以后超过了40%。受东南亚金融危机冲击后，印度尼西亚经济遭到严重的破坏，第三产业也出现了严重的下滑，其中金融业、房地产业受到的冲击最为严重，1998年印度尼西亚第三产业增长率为16.5%，其中金融业增长率为37.6%，房地产业增长率为39.7%。2000年以后，随着印度尼西亚经济的恢复，金融业的整顿与重组效果初显，第三产业增长率连续几年达到5%左右。2004年苏西洛上台执政后进一步促进金融业、旅游业和交通运输业的发展，尤其是旅游业成为了印度尼西亚经济的新支柱。2007年以来，第三产业保持快速增长态势，增长率达到8%左右，高于农业和工业的增长率水平。第三产业的快速发展使得其产值迅速上升，按当前美元价格核算，印度尼西亚第三产业产值由1967年的21.4亿美元上升到2012

年的3 813亿美元，45年增长了177倍。目前，印度尼西亚政府计划把服务贸易自由化列入政府中期发展重点目标，进一步将第三产业从限制投资名单中划去，逐步开放第三产业市场，预计到2015年东盟经济一体化全面实现时，印度尼西亚将向东盟成员国开放70%的第三产业市场。届时，劳动力素、资本要素、服务贸易可以在东盟成员国之间自由流动。第三产业市场开放后，印度尼西亚将降低国际贸易和交易成本，从而提升本国出口竞争力，带动第三产业发展，但印度尼西亚同时面临着基础设施落后和人力资源匮乏的困境。

随着亚洲的外国直接投资从制造业转向第三产业，印度尼西亚政府计划今年把服务贸易列入政府中期发展重点目标。目前，印度尼西亚投资统筹机构也表示，政府有意将第三产业从限制投资名单中划去，逐步开放第三产业市场。

近年来，印度尼西亚第三产业对经济的贡献日益增加，第三产业占国内生产总值的比重从2006年的48.2%上升至2011年的53.13%，在创造就业、促进出口和投资方面发挥着重要作用，同时对于农业、矿业、制造业等部门也具有积极的溢出效应。

此前印度尼西亚政府曾宣布，今年将批准东盟第三产业框架协议第八个一揽子协议。该协议涉及电信、商业服务、教育、旅游、物流、医疗等行业，可谓是建立东盟统一市场的前奏。

目前，印度尼西亚政府正在酝酿制定相关法律框架，以进一步规范服务贸易，使印度尼西亚的外汇收入来源从货物出口转向服务出口。到2015年东盟经济一体化实现时，印度尼西亚将向东盟成员国开放70%的服务市场。届时，劳动力、贸易和服务可以在东盟成员国间自由流动。第三产业市场开放后，印度尼西亚将降低贸易和交易成本，使该国出口更具竞争力。

不过，印度尼西亚第三产业市场开放也存在一定挑战。印度尼西亚基础设施建设落后，公路、机场、港口、发电设施建设等已经跟不上经济增长的步伐。据了解，印度尼西亚公司平均运输成本占总收入的30%。高成本严重影响了物流业的发展。

根据世界银行2012年物流绩效指数显示，印度尼西亚名列第59位，低于越南和菲律宾。印度尼西亚2011年服务贸易逆差达108亿美元，其中85.6%来自交通运输服务领域。印度尼西亚第三产业最大的挑战是人力资本的匮乏，迫切需要高技能的专业人才帮助印度尼西亚向价值链上端移动。另外，印度尼西亚第三产业的需求仍然高度依赖制造业。第三产业的发展通常被认为是制造业的辅助手段，这种认识偏差不利于服务主导的经济增长的可持续性。政府应当制定合理的刺激政策和规则框架。

此外，随着中国—东盟自由贸易区的建立，中国和印度尼西亚的服务贸易也发展迅速。随着“区域全面经济伙伴关系”谈判的逐渐推进，服务贸易自由化将是未来“10+6”合作的重点。中国和印度尼西亚在服务贸易领域具有互补性，双方可以通过专业化的劳动分工模式在自由贸易中获益，相互提供具有比较优势的服务。

第二节　交通运输业发展概况

印度尼西亚是个岛屿国家，交通运输与通讯基础设施建设非常重要。20世纪60年代苏加诺执政时提出的“八年建设计划”A类工程项目支出中，用于改善交通运输基础设施的投资占25%，但最终收效不大。苏哈托上台执政后，为了改善交通运输与通讯基础设施，80年代中期开始，印度尼西亚政府开始对私人资本开放了该领域的投资，并于1994年取消了外资对该领域投资的最后禁止项目，极大地鼓励了外资对高速公路和航空港的投资。到20世纪90年代中期，印度尼西亚在公路、铁路、水运、海运和航空方面获得了较大的发展，交通运输经营范围得到了扩大，服务质量得到了提高，农村和落后地区的交通运输问题也得到了一定的解决。1980—1992年期间，印度尼西亚公路运输工具公共汽车、货车、客车、摩托车均有不同程度的增长，其中公共汽车年均增长率为16.6%、货车为9.4%、客车为8.6%、摩托车为4.7%；铁路客运增长率为4.5%、货运增长率为10.9%；航空运输国际客运增长率为8.4%、货运增长率为14.5%，国内客运增长率为4.8%、国内货运增长率为7.4%。进入21世纪，印度尼西亚交通运输业发展进人了一个新阶段。据印度尼西亚中央统计局数据，2000—2011年全国机动车辆从1 897.5万辆升至8 560.1万辆，其中公共汽车数量从66.2万辆升至225.4万辆，货车从170.7万辆升至495.8万辆，客车从303.9万辆升至954.9万辆，摩托车从1 356.3万辆升至6 884万辆。公路是印度尼西亚最主要的交通运输方式，担负着国内近90%的客运和50%的货运，截至2011年底，印度尼西亚全国公路总长为49.6万千米，其中高速公路为1 000千米左右。印度尼西亚只有爪哇和苏门答腊两岛建有铁路，铁路运输在各种运输方式中所占份额较小，2000—2011年铁路客运量从19.2千万人次上升为19.9千万人次，货物运输量公路密度指陆地每100平方千米内公路的千米数。从1 954.5万吨上升为2 043.8万吨，客运和货运规模均变化不大。随着基础设施建设不断加强、管理体系逐渐改善、陆地配套交通不断完善，印度尼西亚国内航空运输业发展比较快，截至2008年底，全国共有各种型号飞机702架，民用机场196个，其中29个国际机场、167个国内机场，主要航空公司有鹰记、鸽记、狮航、曼达拉等，2000—2011年国内航班客运量从2 376.4万人次升至5 533.6万人次，货运量从20.9万吨升至68.2万吨，根据计划，印度尼西亚政府将兴建14个新机场，客运量将达到6 000万人次。当前，印度尼西亚交通运输业还存在诸多不足。印度尼西亚大多数公路是1997年东南亚金融危机之前修建的，由于商业区交通设施的不足以及农村地区公路网络的匮乏，公路运输的使用情况正在不断恶化，公路网络的发展远远落后于机动车辆的增长，据世界银行数据库相关数据，2009年印度尼西亚的公路密度仅为25，远低于马来西亚（41）和新加坡（476）的水平。印度尼西亚铁路设施状况不佳，很多钢轨、桥梁、信号和通信系统都已超出使用年限，据2008年印度尼西亚交通铁路局统计，印度尼西亚341辆火车中有18%使用时间超过30年，剩余车辆的使用时间至少有16年。印度尼西亚国内航空业虽然发展很快，但航空运输设施及服务质量仍相对落后，印度尼西亚机场管理水平与国际标准尚有一段距离。交通运输业是国民经济基础部门，印度尼西亚在这方面的发展是相对不足的，近年来印度尼西亚政府加大基础设施投资力度，努力消除基础设施对经济发展的制约。

印度尼西亚国家建设计划委员会公私合作工程部门负责人2014年6月表示，为了达到2020年成为中等收入国家的目标，必须大力发展基础设施建设。考虑到印度尼西亚基础设施的落后现状，2020年前，印度尼西亚计划在基础设施建设领域投资5 500万亿盾（约合5 503亿美元）。

上述巨额投资的项目其中包括：公路建设1 070亿美元，铁路建设233亿美元，市区运输建设139亿美元，海运建设472亿美元，河运和渡轮建设76亿美元，空运建设152亿美元。

一、陆地运输业

（一）基本情况

与印度尼西亚不算发达的航空与铁路交通相比，伴随着汽车的普及，以汽车为主的公路交通占据了印度尼西亚陆路交通的主要份额。到东南亚经济危机以前，汽车数量一直持续了大幅增长的势头，但这种增长也使交通阻塞问题成为了印度尼西亚主要城市的首要问题，特别是首都雅加 达的中心区域，可以说过去的道路系统已经完全不能承担起城市交通机能的任务了。截至2009年底，全国公路总里程43.78万千米，其中高速公路约1 000千米。机动车数量如表5–1：

表5–1　2008—2012年印度尼西亚各类机动车数量（辆）

年份	轿车	公共汽车	卡车	摩托车	合计
2008	7 489 852	2 059 187	4 452 343	47 683 681	61 685 063
2009	7 910 407	2 160 973	4 452 343	52 767 093	67 336 644
2010	8 891 041	2 250 109	4 687 789	61 078 188	76 907 127
2011	9 548 866	2 254 406	4 958 738	68 839 341	85 601 351
2012	10 432 259	2 273 821	5 286 061	76 381 183	94 373 324

数据来源：印度尼西亚统计局网站。

印度尼西亚对汽车采取了高关税的政策，使国内汽车价格比国际市场高一倍左右，拥有汽车的家庭仍然有限，普通百姓的出行仍然依靠以公共汽车和出租车为主的共同交通工具，特别是公共汽车在市内和城市间形成了稠密的线路网络，发挥着最为重要的作用。另外，三轮车、人力车等简单的交通工具也非常普及，主要满足了中短途运输的需求。

（二）产业政策

印度尼西亚作为对汽车制造业的监督和管理由政府工商业部管辖，而作为交通运输的汽车管理如对公共汽车、出租车的行业管理、车辆检验和安全等的管理则由运输部下属的陆路运输局负责。

汽车运输管理：公共交通、出租车的行业监督和管理采用运营执照和许可证的制度。另外，印度尼西亚政府针对普通市民及低收入者还采取了经济运价管理的政策。

汽车安全管理：印度尼西亚机动车的定期检验和安全标准由运输部陆运总局负责，现在的车检只限于巴士、的士和运营卡车，每六个月进行一次，发给合格标志用于车辆粘贴。正是由于印度尼西亚大量车龄、车况老化，加上检验制度的不健全，在道路上经常可以看到抛锚的机动车。

交通流管理：和其他新兴的亚洲城市一样，经济的发展带来了大量的交通需求，使基础设施的建设永远落后于需求的增长。同时，由于道路不足和路间交叉不合理等因素的客观存在使交通流的管理成为缓解交通压力的一个重要手段。印度尼西亚也采取了许多措施对交通流进行管理，如：十字路口的右转被全面禁止（印度尼西亚为靠左行驶），这样机动车右转就只能到道路上专门设置的U型掉头点掉头然后变右转和左转。另外，在首都雅加达，基于道路中央管理的信号灯联动系统的建立也正在进行中。

（三）公路

1. 发展现状

公路运输是印度尼西亚运输业的基础，承担着国家90%以上的客运和货运。印度尼西亚国家公路网络划分为初级公路网络体系和次级公路网络体系。按行政管理划分为：国家级公路、省级公路、地区级公路、市级公路及收费公路。下表所列数据为2004年印度尼西亚国内公路长度及相应状况。

表5-2　印度尼西亚公路网络状况一览表

公路等级	长度（千米）	较好（%）	中等（%）	轻度损坏（%）	严重损坏（%）
国家级	17 800	84.0	4.3	7.3	4.4
省级	32 250	52.5	14.2	16.9	16.9
地区级	240 690	19.0	32.0	28.5	18.5
市级	21 862	9.0	87.0	4.0	0.0

资料来源：印度尼西亚公共工程部，2004年。

尽管政府在公路维护方面做了大量工作，但印度尼西亚国家级公路网络状态堪忧，地区级公路网络条件甚差并在持续恶化，且公路网络体系需要完善，如印度尼西亚东部的加里曼丹和苏拉威西地区，当地的一些主要道路尚未相互连通。

2. 政府规划

（1）发展目标

公路基础设施方面主要发展目标是建立一个良好的公路网络，同时完善目前的公路体系，以加强国内各地区的联系，保障该国经济的发展。印度尼西亚政府将增强一些已建成道路的维护及修复工作，同时将关注岛屿公路网络体系的建设及完善工作，这些岛屿包括爪哇、巴厘岛、苏门答腊、加里曼丹、苏拉威西以及布亚。为实现预期目标，政府将制订公路法，规范征地及涉及公路建设的其他活动，以吸引外资参与交通建设。为有效刺激在公路部门的私人投资，印度尼西亚政府在2004年 10月18 日颁布了新法令，对公共道路和收费公路的概念进行了区分。规定收费公路将由收费公路管理委员会统一管理，由政府或私人公司实体、国有企业、地方政府、合作企业等运营，经营许可将通过公开透明的竞标程序发放。印度尼西亚高速公路建设机构主任努汀2010年6月曾表示，高速公路建设机构计划在 2010年至2014年期间完成28个路段的高速公路建设，预估将耗资80万亿盾，政府最多仅能提供25%的经费，另外大部分的资金须由私营企业支持。印度尼西亚公共工程部公路便利总署长穆展托当时在另外的场合也表示，希望上述高速公路的建设资金能得到外国贷款支持。他表示，公共工程部目前正向中国和韩国申请8.4亿美元的贷款，用以建设爪哇、苏门答腊和巴厘的高速公路工程。努汀指出，政府在最近5年以来对高速公路工程拨款仅4万亿盾，此外在地皮划分、景观设计和征地方面拨款15.66万亿盾，总计19.66万亿盾，约等于所需工程总投资值的24.6%。

（2）发展规划

在公共道路建设方面，工程项目主要集中在以下五个方面：

一是疏通一些交通运输瓶颈，这些项目包括：完善和建设一些主要的公路，包括长12 321 千米的道路以及27 千米的桥梁。即将开工建设的项目包括北爪哇路，中爪哇路，南爪哇路，东苏门答腊路，中苏门答腊路，西苏门答腊路，南加里曼丹路，中加里曼丹路，北加里曼丹路，西苏拉威西路，中苏拉威西路，东苏拉威西路以及这些道路的连结处。

二是加强和建设城市中的公路交通动脉，用于缓解城市中的交通堵塞现象。项目包括：建设并完成雅加达地区的立交桥项目；同时还将着手建设一系列道路工程，以缓解北爪哇路上的一些城市的交通拥堵状况，这些城市包括Merak、Balaraja、Nagrek、Gebang、Tanggulangan、Peterongan、Palimanan 以及Mangkang。

三是修整位于国家边境地区的长1 800 千米的道路，譬如在西加里曼丹，东加里曼丹，东Nusa Tenggara 以及布亚等地区的道路。

四是建设与完善一些边远封闭地区长3 750千米的道路交通，包括Trans Flores路、Trans Seram路、Trans Halmahera路以及KAPET地区布亚的一些有战略意义的道路，其覆盖的地区还包括一些小的岛屿以及Simulue、Nias、Alor和Wetar

等沿海地区。

五是加强和建设长2 390 千米的省级道路以及长81 742 千米的县级道路。在收费公路的建设方面，将建设长1 593 千米的收费公路，包括：

1）建设横穿爪哇高等级收费公路以及在苏门答腊和苏拉威西的路段，项目总里程达到1 290 千米。

2）Jabotabek 地区的长257.5 千米的收费公路，这一项目包括完成雅加达Outer RingRoad（JORR）的W1、W2、E1和E3标段；连接Tanjung Priok 港的道路；Bekasi-Cawang-Kampung Melayu（Becakayu）收费公路以及Bogor Ring 路等。

3）建设完成长5.4 千米的Surabaya-Madura 桥以及长40 千米的Cikampek-Purwakarta-Padalarang 路收费路段。

（四）铁路

1. 发展历程

印度尼西亚铁路的历史非常悠久，最早于1868年由荷兰殖民者建造并开通了其国内的第一条铁路。到第二次世界大战前，印度尼西亚的铁路运输已经有了相当的规模。不过，随着日军的占领和战争的影响，基础设施遭到了巨大的破坏，外国技术人员的撤离也使印度尼西亚的铁路建设在很长一段时间内处于停滞状态。同时由于汽车时代的到来使人们的眼光逐渐从铁路运输转向了公路运输，铁路设施的维护管理也没有得到相应的保障，大量的铁路被荒废，使现在的印度尼西亚运输主要要靠公路运输来完成。不过，由于铁路运输运载能力强、速度快和运价低廉的特点，在现代社会里仍然是不可能被其他运输方式完全替代的，印度尼西亚政府从1960年开始利用外资，对其现有铁路系统进行了一系列的修缮和改良，在旅客运送量方面从20世纪后期到2000年取得了显著的成果，不过由于经济复苏带来的包括摩托车在内的公路交通工具的普及和航空业新入竞争者的进入而带来大幅度的航空运价下降都大量分流了铁路运输的需求，货物运输量的减少非常明显。

2. 铁路线路

印度尼西亚过去大部分岛屿都建有铁路线，不过现在仍在使用的只有爪哇岛和苏门达腊岛的铁路线，其中苏门达腊岛的铁路线分别分布在互不相连的三个区域里，铁路运输只能完成地区性的运输任务。只有爪哇岛才算得上是真正意义上的铁路网络。近年来具体客、货运输量的变化情况如表5-3、5-4、5-5所示。这些现在仍在运营中的铁路全部加起来，总里程共有4 500千米，除了非常少的一部分外基本都是窄轨(轨距1 067mm)的单线非电气化铁路。电气化铁路只有雅加达周边的160千米。另有复线370千米。

表5–3　印度尼西亚铁路2012—2014年前五个月同比客运量变化表(单位：千人)

年/月	爪哇岛			苏门答腊岛	总计
	雅茂德丹勿地区	非雅茂德丹勿地区	两者合计		
2014					
1月	14 963	5 522	20 485	394	20 879
2月	14 303	4 772	19 075	370	19 445
3月	16 909	4 956	21 865	409	22 274
4月	16 055	4 831	20 886	406	21 292
5月	16 781	5 766	22 547	441	22 988
2013					
1月	10 089	4 484	14 573	327	14 900
2月	10 281	4 034	14 315	279	14 594
3月	11 240	4 281	15 521	305	15 826
4月	11 529	4 195	15 724	276	16 000
5月	11 767	4 028	15 795	318	16 113
2012					
1月	9 779	6 022	15 801	482	16 283
2月	9 840	5 286	15 126	364	15 490
3月	11 285	5 416	16 701	389	17 090
4月	11 271	5 105	16 376	370	16 746
5月	11 872	5 529	17 401	370	17 771

注：数据来源：Head Office of State Owned Railways Company and Jabodetabek Commuter Area。

表5–4　印度尼西亚铁路2012—2014年前五个月同比货运量变化表(单位：千吨)

年/月	爪哇岛	苏门答腊岛	合计
2014			
1月	760	1 550	2 310
2月	808	1 466	2 274

续表

年/月	爪哇岛	苏门答腊岛	合计
3月	793	1 679	2 472
4月	704	1 648	2 352
5月	792	2 396	3 188
2013			
1月	606	1 548	2 154
2月	551	1 353	1 904
3月	613	1 570	2 183
4月	621	1 472	2 093
5月	669	1 468	2 137
2012			
1月	436	1 450	1 886
2月	482	1 274	1 756
3月	510	1 369	1 879
4月	509	1 380	1 889
5月	505	1 453	1 958

注：数据来源：Head Office of State Owned Railways Company and Jabodetabek Commuter Area。

表5–5　印度尼西亚铁路运送旅客及货物变化表（2008—2012年）

年/月	旅客	货物
	（百万人）	（千吨）
2008	194	19 443
2009	207	18 923
2010	203	19 114
2011	199	20 438
2012	202	23 619

注：数据来源：Head Office of State Owned Railways Company and Jabodetabek Commuter Area。

3. 运营主体

第二次世界大战以前大规模的进行铁路建设和管理运营的主要是荷兰殖民

者，而现在的铁路运营主体只有印度尼西亚铁路公司（PT.KAI）一家。该公司的前身为印度尼西亚国家铁路公司（PJKA），1990年根据印度尼西亚国家政令第56号改组为公共事业单位PERUMKA。这主要体现了为了提高效率由过去政府部门（运输部）直接负责的体制向委托企业经营的转变。PERUMKA成立后，铁轨、信号灯等基础设施仍然归政府所有，由企业向政府交纳一定的使用费，而车辆、站场等则属于企业。同时，除了与国民经济关系密切的重要物资的特殊运价以外的运输价格，人事权等均归企业独自制定。1996年6月开始，印度尼西亚政府对PERUMKA进行了进一步的民营化，转变成了现在的印度尼西亚铁路公司（PT.KAI），表5-6列出了其基本情况。不过，政府和这家企业的基本关系实际上并没有本质的变化。

表5-6 PTKAI基本情况一览表

	2003年	2004年
铁路线里程（千米）	7 984	7 984
运营里程（千米）	4 564	4 564
复线里程（千米）	318	318
电力化里程（千米）	156	156
机车数量（台）	522	529
客车数量（节）	1 504	1 307
货车数量（节）	4 783	4 067
电力机车数量（台）	352	368
从业人员（人）	31 159	29 083

注：数据来源：*Statistics Yearbook of Indonesia 2005*。

4. 发展现状

迄今为止，印度尼西亚的铁路发展主要集中在爪哇岛（4 184 千米）以及苏门答腊（1 640 千米）的部分地区，其中爪哇岛有465 千米、苏门答腊岛有787 千米的铁轨属于窄轨铁路，这些窄轨的使用期已超过70年。由于岛国的特殊地理原因，铁路运输在印度尼西亚的交通运输业中并不占有很大的比例。尽管在过去的十年中，对于铁路运输的需求持续增加，但铁路基础设施建设和维护一直无法满足这种需求。目前铁路客运量仅占全国客运量的7.3%，而在货运方面，仅占全国的0.6%。

5. 政府规划

（1）发展目标

政府将致力于完善铁路运输体系，建设新的铁路干线，对已有线路进行双向铁轨改造，以提升已建成铁路的运载能力。

（2）发展规划

印度尼西亚根据不同的地区需要制定了相应的发展规划：爪哇地区主要是发展该地区南部的铁路以及贯通南北的铁路线，并逐渐建设双向铁轨；加里曼丹地区和苏拉威西地区将进行铁路运输（尤其是货运）的调研及准备工作。另外、万隆、三宝垄、日惹、马鲁古和布亚地区也正计划发展地区性的铁路交通。在雅加达、泗水、望加锡和万鸦老地区也将考虑建设城市轨道交通。

二、水上运输业

（一）海运

1. 概况

对于四面环海，由17 000个岛屿构成的世界第一大群岛国家印度尼西亚来说，货运客运都主要以海运为主是不奇怪的。联系被海洋阻隔的两个地方间的交通方式中，与航空相比，海运有着运量大；根据需要的规模和距离可以对运力进行灵活组合、可以形成更细更小的运输网络；运费负担能力有限的普通百姓也能支付等优点。这就形成了海运在印度尼西亚运输系统当中非常重要的地位。具体数据如表5–7、5–8所示。

表5–7 印度尼西亚海运货运量的2008—2012年变迁（单位：千吨）

年份	卸货量		装货量	
	内运	国际海运	内运	国际海运
2008	170 895	145 120	243 312	44 925
2009	242 110	223 555	249 052	61 260
2010	182 486	233 222	221 675	65 641
2011	238 940	376 652	284 292	78 836
2012	312 599	488 264	327 715	69 645

数据来源：Port Administrator Office。

表5-8　印度尼西亚海运港口客运吞吐量2008—2012年变迁（单位：千人）

年份	港口登船	港口下船
2008	18 705.5	18 919.0
2009	14 906.0	14 858.9
2010	18 271.7	18 314.8
2011	19 996.8	19 704.8
2012	19 996.8	19 704.8

数据来源：Port Administrator Office。

2. 海运的种类

在印度尼西亚，海运的分类除了内航/外航，客运/货运以外，还分为"群岛海运"和"开拓运输"。原来的"群岛海运"（traditional shipping）主要指用一般木船或铁船进行的岛屿间运输活动，随着集装箱运输的普及，由集装箱货轮进行的运输逐渐被"岛屿运输"（inter island shipping）一词所替代。"开拓运输"则是由印度尼西亚政府始于1974年进行的振兴离岛运输计划而提供补助金而新建立的航道。另外还有"特殊海运"是指石油、煤炭等大宗货物的生产企业自运。

3. 海运的企业

虽然印度尼西亚本国的海运企业的数量从1988年的不足1 000家到2001年猛增3倍达到3 000多家，但船只数量在这期间只从8 000艘增长了1.3倍，达到10 000多点。印度尼西亚船东协会注册的914家企业中，有80%以上是拥有3艘船只以下的小公司，而超过10艘的大公司在其中占的比例不到4%。

4. 港口

支撑海上运输最重要的基础设施是港口，根据印度尼西亚海运局的统计，虽然其国内共有注册港口2 000余个，但这其中有超过一半的是企业专用泊位的港口，而供一般船只停靠的"公共港口"只有725个，这其中"商业港口"又只有111个。这些"商业港口"由四家隶属于印度尼西亚运输部的港口管理公司（PELINDO 1-4）实行管理。港口管理公司和佳路达航空一样虽然属于国有控股的股份公司，但其100%都是国家股，最近第二港口管理公司第一次将其一部分股份进行了民营化尝试，有消息称第三港口管理公司也将进行这样的尝试。

（二）发展现状

印度尼西亚交通部共制定了172 条国内水运线路，其中只有130 条处于运营状态。境内水运设施方面的不完善大大阻滞了各地区旅游业和货运的发展，进而影响到了各地区的经济。

印度尼西亚的通用港口分商业和非商业用途两类港口，前者约有70个，均由印度尼西亚国营公司运作。而其他均为小型港口，由交通部和地方政府管理经营。随着海运量的增加，印度尼西亚的港口显得更加拥挤。例如雅加达唯一的丹戎不碌港，由于码头挤塞，卸货时间超过一周的情况极为常见，而国际上设施较好的港口一般24小时就能完成卸货。

（三）政府规划

1. 发展目标

政府在水运方面的发展目标是：提升客运和货运水平，减少公路的运输压力；集中力量开发泊位及渡口，通过地区参与改善地区经济状况；发展跨国界运输网络。

2. 发展规划

政府发展规划主要集中在境内水运航线和港口的建设方面。具体的项目包括：加里曼丹地区的河运交通建设项目，该项目将包括一些连结该地区主要江河水道的水运交通设施；建设和修复一系列渡口码头用于省际水运；建设一系列湖泊码头，包括Toba湖、Ranau湖、Kerinci湖、Gajah Mungkur湖、Kedong Ombo湖以及Cacaban湖。

在海运方面，印度尼西亚政府希望尽快扩大其港口的货物处理能力，使其与国家的整体经济相匹配，解决由于装卸能力不足导致的货物滞留问题。未来数年内将开发25个国际码头项目。

为解决资金问题，印度尼西亚政府正在逐步放宽对港口的控制，并计划允许私人机构通过BOT（建设—经营—转让）方式建设和管理港口。

三、航空运输业

（一）运输状况

广阔的海洋领土和众多岛屿构成的印度尼西亚地理条件使其航空运输成为一种非常重要的运输手段，随着印度尼西亚经济的发展，航空运输得到了前所未有的发展。航空运输除了作为新富阶层重要的交通手段，通过陆海空各种运输方式的利用情况变化可以看出，对于新兴城市的形成也起到了重要的作用（例如，连过去非常著名的海港城市马卡萨的政府部门也逐渐向机场附近的新城区移动）。所以说，航空运输的进一步发展在经济处于强劲上升势头的印度尼西亚是可以预见的。表5-9列出了印度尼西亚航空运输量近年来的变化情况。

表5-9　印度尼西亚航空运输量2008—2012年变化情况

年份	国内出发		国际出发	
	旅客（人）	货物（吨）	旅客（人）	货物（吨）
2008	36 144	300 170	7 298	169 181
2009	41 691	288 651	8 016	157 904
2010	48 872	375 760	9 466	178 895
2011	59 276	463 507	10 745	178 797
2012	70 682	520 561	11 749	195 181

数据来源：PT（Persero）Angkasa Pura I and II，Ministry of Transportation。

（二）国内航空网络

印度尼西亚的国内定期航空网络一直都是由属于国营企业的佳路达航空（Garuda Indonesia）及它的控股子公司梅尔帕迪·奴桑塔拉航空（Merpati · Nusantara Airlines）和民营企业的伯拉克航空（Bouraq Indonesia Airlines）、曼达拉航空（Mandara Airlines）及加里曼丹岛的地方企业提尔塔·冈加航空服务公司（Tirta Gangga Air-Service）五家航空公司垄断的。各主要航空公司的运输实绩如表5-10所示。在东南亚金融危机以前，总航线为大约240条，危机爆发后，航线数量已大幅度的减少了。直至2000年以后，随着经济复苏迹象的显现，同时，政府对于成立新的航空公司采取了积极鼓励的政策，Airwagon、Pelita Air Lions Air等7家新的航空企业先后拿到了营业牌照，开始了自己的航班服务。

表5-10　印度尼西亚主要航空航空公司飞行实绩（2004年）

国内运输

企业	飞行次数	客运量（人次）	货运量（吨）
Garuda Indonesia	17 551	1 527 420	18 882
Lions Air	40 514	5 665 515	61 606
Merpati Nusantara Airlines	63 071	2 887 134	11 596
Bouraq Indonesia Airlines	5 516	526 618	0
Pelita Air	9 092	524 265	0
Star-Air	8 292	841 298	6 710

国际运输

企业	飞行次数	客运量（人次）	货运量（吨）
Garuda Indonesia	4 780	518 782	11 531
Lions Air	3 440	362 818	2 802
Merpati Nusantara Airlines	676	40 682	0
Bouraq Indonesia Airlines	426	19 044	0

注：根据印度尼西亚航空总局航空输送部资料整理。

印度尼西亚空运的基本价格由运输部统一制定。从2002年开始，政府又根据线路的不同制定了不同线路价格的浮动范围，这样各个航空公司就可以在这个范围以内自由地制定自己的价格策略了。

（三）国际航空网络

印度尼西亚如果包括意向缔约，已经和超过50个的国家签定了相应的航空协定，这些国际航线主要由佳路达航空和外国公司执行飞行。佳路达航空虽然一直独占了印度尼西亚的国际航空市场，但从1989年开始，由于游客的剧增和政府限制的弱化，以及大量吸引外资等原因，继续放宽了政策性的限制，国际线路对其他的航空企业也逐渐开放了。梅尔帕迪·奴桑塔拉航空等陆续开设了自己的新加坡、澳大利亚航班，不过都属于一些中短途的线路。象欧洲、美国等长途线路依然是佳路达航空一统天下的局面。另外，在印度尼西亚国际航空市场上，新加坡航空、马来西亚航空、香港国泰航空等邻国的航空公司也占据着非常重要的地位。如表5-11所示。

表5-11　印度尼西亚外国航空企业活动状况（2000年前6位）

企业名	客运量（千人次）	货运量（吨）
新加坡航空	1 614	46 179
马来西亚航空	709	9 011
香港国泰航空	459	11 299
日本航空	398	4 062
台湾中华航空	398	10 121
澳洲航空	396	8 171

注：出自：Statistic Perhubungan 2000。

（四）机场

印度尼西亚全国拥有民用机场是数量有183个（其中，受亚洲金融风暴影响，1999年有超过50个的小机场被关闭了）。这其中，21个客货流量大，能赢利的机场都在取了独立核算方式，由属于国营企业的两个机场管理公司（印度尼西亚第一机场管理公司和第二机场管理公司）由运输部授权负责包括航空管制在内的机场运营事务管理。基本上雅加达以东的机场由第一机场管理公司（PT.Ankasa Pura I），雅加达以西的机场由第二机场管理公司（PT.Ankasa Pura II）负责管理。一个例外是新加坡对面的苏门达腊岛（BATAM Island）机场是由负责全岛总体开发的苏门达腊工业开发公司负责管理。印度尼西亚有13个航空公司。为了提高安全水平，政府采用了安全评价体系，不符合标准的公司会受到行政处罚。印度尼西亚共有187个机场，仅7个机场有超过3千米长的跑道，60个机场跑道小于3千米，其余机场跑道则不足1千米长。

2000年前印度尼西亚放开了对航空业的管制，机票价格自此大幅下降。放开管制后，航空公司可以自行调整机票价格，导致各公司间展开了激烈竞争。不过，乘客可以从中受益，因为能够享受到低票价。低票价刺激了乘客人数的大幅上升，从2004年的6 300万增加到了2008年的8 000万。

第三节　对外经济合作的发展和布局

一、对外贸易概况

对外贸易在印度尼西亚国民经济中占有重要的地位。近年来，印度尼西亚政府采取一系列措施，鼓励和推动非油气产品出口，通过简化出口手续和降低关税，使该国的对外经贸取得了较大发展。印度尼西亚对外贸易额1991年为550.11亿美元，2012年上升到3 817.2亿美元，对外贸易22年来增长了约7倍（见表5-12）。虽然从绝对值上，印度尼西亚的对外贸易额不断增加，但2012年印度尼西亚的对外贸易增长率仅为0.2%，与前几年两位数的增长速度相比，速度明显放缓，并且出现了16.6亿美元的贸易逆差。

表5-12　1991—2012年印度尼西的进出口贸易状况（单位：亿美元）

年份	出口额	进口额	贸易额	比上年增长率%	贸易顺差
1991	291.42	258.69	550.11	15.78	32.73
1992	339.60	272.80	612.40	11.32	66.8
1993	368.23	283.28	651.51	6.39	84.95
1994	400.53	319.83	720.36	10.57	80.7
1995	454.18	406.29	860.47	19.45	47.89
1996	498.14	429.29	927.43	7.78	68.85
1997	534.44	416.80	951.24	2.57	117.64
1998	488.47	273.37	761.84	-19.91	215.1
1999	486.65	240.03	726.68	-4.61	246.62
2000	620.0	335.00	955.00	31.42	285.00
2001	563.21	309.62	872.83	-8.60	253.59
2002	571.59	312.89	884.48	1.33	258.70
2003	610.59	325.51	936.1	5.84	285.08
2004	715.85	465.25	1 181.1	26.17	250.60
2005	856.6	577.0	1 433.6	21.4	279.6
2006	1 008.0	610.7	1 618.6	12.9	397.3
2007	1 141	744.7	1 885.7	16.5	396.3
2008	1 370.2	1 292	2 662.2	41.2	78.2
2009	1 165.1	968.3	2 133.4	-19.9	196.8
2010	1 577.8	1 356.6	2 934.4	37.6	221.2
2011	2 035	1 774.4	3 809.3	29.8	260.6
2012	1 900.3	1 916.9	3 817.2	0.2	-16.6

数据来源：1991—2000年数据来源于中华人民共和国驻印度尼西亚共和国大使馆经济商务参赞处，http://id.mofcom.gov.cn/aarticle/ztdy/waimao/200305/20030500088392.html；2001—2004年数据来源于《中国—东盟年鉴》。2005—2012年数据来源于中国商务部亚洲司。为统一单位，将1991—2005年的数据四舍五入化为亿美元。

二、对外贸易商品结构

2012年印度尼西亚出口总额190 032百万美元，其中非油气类出口中贡献最大的是动植物油脂（90%为生棕榈油），出口额为213亿美元，比2009年增加了近一倍，其出口也从2009年的第三位上升到2012年的第二位。纺织品及原料的出口比重又有所下降，取而代之的是塑料、橡胶出口比重的增加。2010—2012年，印度尼西亚出口前十位的商品结构基本没有变化，印度尼西亚出口商品的结构比较稳定（见表5-13）。表5-14显示了2009—2012年印度尼西亚进口的前十位商品，其中机电产品、矿产品占有重要比重。除2011年，纺织品及原料和植物产品排序稍有变化外，其他年份的进口商品结构基本没变。

表5-13　2009—2012年印度尼西亚出口前十位的商品构成（类）（单位：百万美元）

排序	商品类别	2009年出口额	2010年出口额	2011年出口额	2012年出口额
1	矿产品	38 982	55 078	76 429	68 581
2	动植物油脂	12 219	16 312	21 655	21 300
3	机电产品	12 742	15 360	16 895	16 868
4	塑料、橡胶	6 684	11,, 523	16 866	12 912
5	纺织品及原料	9 264	11 224	13 257	12 462
6	贱金属及制品	6 977	10 140	11 966	9 387
7	化工产品	4 869	7 142	10 690	10 127
8	纤维素浆；纸张	4 272	5 708	5 769	5 518
9	食品、饮料、烟草	3 735	4 463	4 995	5 127
10	运输设备	3 289	4 177	4 788	5 914
	总计	103 033	141 127	183 310	168 196

数据来源：根据中国商务部网站的数据整理而得。

表5-14　2009—2012年印度尼西亚进口前十位的商品构成（类）（单位：百万美元）

排序	商品类别	2009年进口额	2010年进口额	2011年进口额	2012年进口额
1	机电产品	25 928	35 652	42 974	47 334
2	矿产品	19 931	28 666	42 338	44 219
3	贱金属及制品	9 557	13 773	17 248	20 481
4	化工产品	9 186	12 545	16 359	16 420
5	运输设备	9 168	11 310	13 109	16 192
6	塑料、橡胶	4 336	6 488	9 034	9 615
7	纺织品及原料	4 171	6 186	8 530	8 144
8	植物产品	3 697	5 052	8 906	7 612

续表

排序	商品类别	2009年进口额	2010年进口额	2011年进口额	2012年进口额
9	食品、饮料、烟草	3 474	4 535	5 904	6 742
10	纤维素浆；纸张	1 881	2 729	3 259	3 015
	总计	91 329	126 936	167 661	179 774

数据来源：根据中国商务部网站的数据整理而得。

三、对外贸易地理流向

与世界上大多数发展中国家一样，印度尼西亚与世界发达国家之间的贸易互补性较强，依赖性也较大。由于日本对印度尼西亚的石油天然气等原材料商品需求量较大，多年来一直是印度尼西亚石油和天然气等资源性商品的第一大进口国，2011年日本与印度尼西亚的进出口额为53 152百万美元，居第一位（见表5–15）。在发展中国家中，中国、印度、马来西亚等也是印度尼西亚重要的贸易伙伴。

表5–15　2011年印度尼西亚与十大贸易伙伴的进出口情况（单位：百万美元）

国家和地区	进出口总额	印度尼西亚对主要贸易伙伴的出口额			印度尼西亚自主要贸易伙伴的进口额		
		金额	同比%	占比%	金额	同比%	占比%
总值	280 341	203 497	29.0	100.0	177 463	30.8	100.0
日本	53 152	33 715	30.8	16.6	194 37	14.6	11.0
中国内地	49 153	22 941	46.2	11.3	26 212	28.3	14.8
新加坡	44 409	18 444	34.4	9.1	259 65	28.3	14.6
美国	27 272	16 459	15.4	8.1	108 13	15.0	6.1
韩国	29 389	16 389	30.3	8.1	130 00	68.8	7.3
印度	17 658	13 336	34.5	6.6	432 2	31.2	2.4
马来西亚	21 401	10 996	17.5	5.4	104 05	20.3	5.9
中国台湾	10 845	6 585	36.1	3.2	426 0	31.4	2.4
泰国	16 302	5 897	29.1	2.9	104 05	39.3	5.9
澳大利亚	10 760	5 583	31.5	2.7	517 7	26.3	2.9

数据来源：根据中国商务部网站的数据整理而得。

四、东盟自由贸易区中的印度尼西亚贸易

在东盟自由贸易区中，印度尼西亚主要与新加坡、马来西亚、泰国、菲律宾、越南等国家贸易往来比较密切，特别是新加坡、马来西亚和泰国均属于印度尼西亚的前十大贸易伙伴。

表5–16　2011年印度尼西亚与东盟其他部分国家的贸易情况（单位：百万美元）

年份		新加坡	马来西亚	泰国	菲律宾	越南	缅甸	柬埔寨
2007	印度尼西亚出口	10 502	5 096	3 054	1 854	1 355	262	122
	印度尼西亚进口	20 760	6 114	4 822	467	1 135	31	1
2008	印度尼西亚出口	12 862	6 433	3 661	2 054	1 673	251	174
	印度尼西亚进口	28 508	7 509	6 243	673	728	29	3
2009	印度尼西亚出口	10 263	6 812	3 234	2 406	1 454	175	201
	印度尼西亚进口	20 119	5 117	4 478	447	678	27	4
2010	印度尼西亚出口	13 723	9 362	4 567	3 182	1 946	284	218
	印度尼西亚进口	25 932	6 942	7 207	562	1 253	32	4
2011	印度尼西亚出口	18 444	10 996	5 897	3 699	2 354	360	260
	印度尼西亚进口	33 671	104 05	10 002	713	2 326	68	8

数据来源：联合国贸易发展委员会的UNCTAD数据库。

第四节　吸引外商直接投资情况

从投资环境吸引力角度，印度尼西亚竞争优势主要有六个方面：政治社会总体稳定；经济增长前景看好，市场潜力大；自然资源丰富；地理位置重要，控制着关键的国际海洋交通线；人口众多，有丰富、廉价的劳动力；市场化程度较高，金融市场充分开放。当然，印度尼西亚也存在基础设施有待完善、政策法律连续性和执行力有待提高、社会信用体系有待健全等问题，在一定程度上制约了其投资环境改善。世界经济论坛《2007—2008年全球竞争力报告》显示，印度尼西亚在全球最具竞争力的102个国家中排名第60位。[①]

① 中国投资指南网，http://www.fdi.gov.cn/。

一、吸引外商直接投资规模

2007年外国对印度尼西亚的直接投资1 304亿美元，是自1997年亚洲金融危机以来最多的一年。[①]据印度尼西亚投资统筹机构统计，印度尼西亚2008年国外投资增长15.5%，总额达170亿美元，为东南亚各国之首，这也是近10年来印度尼西亚实际投资额最高的一年。与上一年相比，2008年印度尼西亚的外资投商项目数从982个降至856个，投资额却从103亿美元增加至137亿美元。印度尼西亚投资协调局表示，完善相关投资法律法规、给予外国投资者国民待遇等措施是外资额激增的原因。受全球经济危机影响，印度尼西亚2009年落实国内外投资总额同比下降 12.4%，约135亿美元；其中利用外资100亿美元，比2008年下降20%。[②]

印度尼西亚投资协调署的统计数字显示，2010年印度尼西亚落实国内外投资总额达208.5兆盾（约合220亿美元），与2009年相比增长54.2%，超额完成年初定下的160.1兆盾投资指标。在上述投资总额中，外商直接投资148兆盾，印度尼西亚国内投资60.5兆盾，内资投资额最多的是食品业，总值16.41兆盾（27.1%），其次是交通和通信业，共13.79兆盾（22.7%）。2012年，印度尼西亚非金融类直接投资额达到313.2万亿印度尼西亚盾（约合325亿美元），再创历史新高，比上年的251.3万亿印度尼西亚盾（约合261亿美元）增长24.6%，比去年初预设的283.5万亿印度尼西亚盾（约合294亿美元）的全年目标增长10.5%。其中，国内投资92.2万亿印度尼西亚盾（约合96亿美元），同比增长21.3%，利用外国投资221万亿印度尼西亚盾（约合229亿美元），同比增长26.1%，创印度尼西亚利用外资历史新高。国内外新增投资共创造了30.8万人就业机会，其中国内投资创造就业15万人，外国投资带动就业15.8万人。2013年印度尼西亚确定的投资目标为390万亿印度尼西亚盾（约合404亿美元）。[③]

二、外商直接投资产业流向

2007年外国对印度尼西亚主要投资领域为交通运输、通讯、化工、药品、食品、电子行业等。2010年外资投资额最多的领域是仓储和通讯业，投资总额为

① 《中国—东盟年鉴2008》。
② 《中国—东盟年鉴2009》。
③ 《中国—东盟年鉴2011》。

50.5亿美（31.1%），其次是电力（14.3%）、矿业（13.8%）和水力行业（8.8%）。2012年，在外国对印度尼西亚的投资中，根据行业划分，矿业领域投资最多，达到43亿美元，占外国投资的17.3%，其后依次为交通设施（28亿美元，11.4%）、化工（28亿美元，11.4%）、基础金属（25亿美元，10%）和物流（18亿美元，7.9%）。①此外，印度尼西亚的橡胶产量丰富，也吸引了外国的轮胎、橡胶厂商，纷纷前来投资设厂。例如，捷克轮胎厂家Matador集团计划在印度尼西亚投资兴建轮胎制造厂，投资额尚未确定，但预期超过12亿美元。该公司沿用德国工艺，主要生产装甲车和林区卡车用轮胎。该公司认为印度尼西亚市场需求潜力大，看好大型轮胎。②据2012年印度尼西亚投资协调委员会（Indonesia Investment Coordinating Board，BKPM）透露，已经批准意大利倍耐力公司投资1.26亿美元在印度尼西亚新建轮胎厂的申请。③

三、外商直接投资区域流向

总体来看，流入印度尼西亚的外商直接投资相对集中于雅加达和西爪哇地区。对于印度尼西亚矿产资源的开发，外商直接投资主要分布在矿产资源比较丰富的地带。印度尼西亚存在3个巨型金属成矿带，即南亚大陆边缘锡、钨、铜（钼）多金属成矿带；苏门答腊西南部—爪哇—鲁沙登格拉（东帝汶）中—新生代火山岛弧贵金属、铜、金（银）、铅锌成矿带；苏拉威西—马鹿古—伊利安查亚铜金、金、铅锑、镍、铬成矿带。印度尼西亚的锡矿床集中分布在马来西亚半岛—新加坡西南的林加岛、新及岛、邦加岛、廖内群岛、勿里洞岛和苏门答腊岛的东北地区。镍矿床分布于加里曼丹岛东部，苏拉威西岛索罗科（Soroko）和波马拉（Pomalaa），马鹿古岛基比（Gebe）镍矿床、加格（Gag）镍矿床。④因此，印度尼西亚矿产业的外商直接投资在上述区域比较集中。中国对印度尼西亚的直接投资主要分布在西爪哇省、雅加达专区、万丹省、楠榜，以及中加里曼丹省。

四、外商直接投资来源

2007年印度尼西亚的外商直接投资主要来源地是新加坡、英国、韩国和日

① 中华人民共和国驻印度尼西亚共和国大使馆经济商务参赞处。

② 王忠田：《捷克Matador集团拟在印度尼西亚投资新建轮胎厂》，《中国橡胶》，2010年第21期，第43页。

③ 邓海燕：《倍耐力拟在印度尼西亚新建轮胎厂》，《橡胶科技市场》，2012年第8期。

④ 罗小洪，符海明等：《印度尼西亚矿业投资环境》，《矿产勘探》，2010年第1期，：第81～84页。

本。东盟是印度尼西亚外资的第一大来源地，2009年东盟国家投资额占印度尼西亚利用外资总额的50%，日本、韩国及部分中东和欧洲国家也有较多投资。2010年，从外资来源地看，新加坡以50.05亿美元的投资总额居首位，其后依次为英国（18.92亿美元）、美国（9.308亿美元）、日本（7.126亿美元）和荷兰（6.08亿美元）。2012年，根据国别划分，在印度尼西亚的投资来源国中，新加坡是最大投资来源国，投资额49亿美元，其后依次为日本（25亿美元）、韩国（19亿美元）、美国（12亿美元）和毛里求斯（11亿美元）。[①]根据投资统筹机构（BKPM）的资料，2013年首季（1月～3月）期间，日本是资本投入最大的国家，总值12亿美元（占16.3%），接着是美国9亿美元（占12.6%）、韩国8亿美元（占11%）、新加坡6亿美元（占8.7%），以及英国5亿美元（占7.7%）。[②]

五、外商直接投资方式和类型

外国对印度尼西亚的投资方式主要有并购、BOT、投资设厂等。例如，印度尼西亚的JTGD 水电站BOT项目是中国公司实施“走出去”战略而在印度尼西亚运作的第一个完整的投资项目，也是第一家中国公司在印度尼西亚的BOT项目投资。该项目总投资2.225亿美元，项目装机两台，总容量为11万千万，项目的征地从2007年开始进行1年时间，建设施工从2008年开始预计五年时间，第六年开始运行，项目运行期为20年，特许协议到期后，项目公司将无偿将项目的管理和经营权移交给印度尼西亚政府。

外国对印度尼西亚的直接投资的类型也是多种多样。其一，绿地投资，如中国银行在印度尼西亚建立的中国银行雅加达分行，截至2010年，中国银行雅加达分行的资产规模已增长了12倍。其二，外商与当地企业合作，如美国特种材料公司——Celanese公司，最近宣布同意与印度尼西亚国家石油公司——Pertamina公司共同开发合成燃料乙醇项目。按照开发新型可再生能源的长期战略，Pertamina公司将与Celanese公司独家合作，利用Celanese公司专有TCX乙醇工艺技术，共同发展印度尼西亚的合成燃料乙醇项目。据Celanese公司称，Celanese公司的TCX乙醇工艺技术有助于满足印度尼西亚对当地出产、高品质、经济实惠且安全

① 中华人民共和国驻印度尼西亚共和国大使馆经济商务参赞处。

② 中国—印度尼西亚经贸合作网，http://www.cic.mofcom.gov.cn/。

的液体运输燃料日益增长的需求。利用TCX乙醇工艺技术生产的高辛烷值燃料乙醇，通过减少可吸入颗粒物、氮氧化物、硫氧化物的排放，可有助于提高空气质量。2012年，印度尼西亚运输燃料的需求达25Mt左右，并且以每年6%的速率增长，至少保持到2020年。其三，外商收购印度尼西亚企业，如2006年底，中国工商银行收购了印度尼西亚Halim银行90%的股份，通过不断整合，成为印度尼西亚市场上发展最快的银行之一。

第五节　对外直接投资情况

一、对外直接投资规模

印度尼西亚对外直接投资流量和存量都是呈上升趋势，但是波动较大，如2009和2010年的对外直接投资流量分别为2 249百万美元和2 664百万美元，而到了2011年，则迅速增加到7 771百万美元。相对于印度尼西亚吸引外资的金额，其对外直接投资的数量还是较少的，如2011年印度尼西亚吸引外资的流量是其当年对外直接投资流量的两倍之多（见表5-17）。

表5-17　2003—2011年印度尼西亚对外直接投资规模（单位：百万美元）

	印度尼西亚对外直接投资		印度尼西亚吸引外资	
年份	流量	存量	流量	存量
2003	213	※	507	10 328
2004	3 408	※	1 896	15 858
2005	3 065	※	8 336	41 187
2006	2 726	1 042	4 914	54 534
2007	4 675	3 193	6 928	79 927
2008	5 900	2 802	9 318	72 227
2009	2 249	33	4 877	108 795
2010	2 664	1 731	13 771	154 158
2011	7 771	9 502	18 906	173 064

注：※表示负累积流量。

数据来源：联合国贸易发展委员会的UNCTAD数据库。

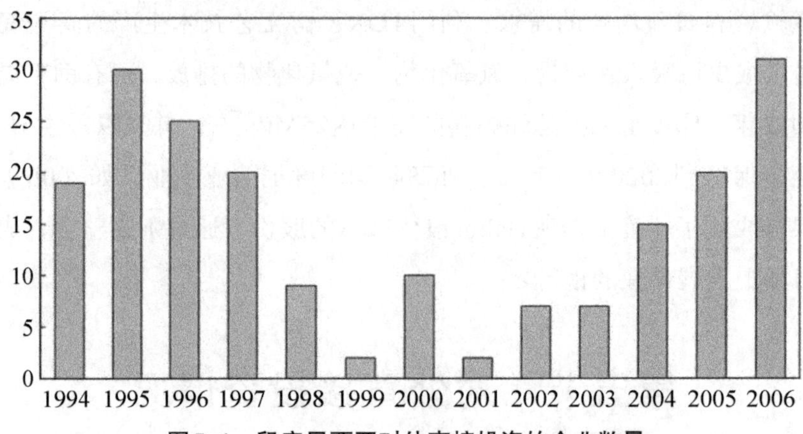

图5-1　印度尼西亚对外直接投资的企业数量

数据来源：Carney, Michael："Dieleman, Marleen. Indonesia's missing multinationals: business groups and outward direct investment", *Bulletin of Indonesian Economic Studies*. Apr 2011, Vol.47 Issue 1, pp. 105-126. 22p.

从图5-1可以看出，印度尼西亚对外直接投资的企业数量和经济周期的变动有很大的相关性。1996年企业投资数目的减少已经预示了之后的金融危机，2001年之后，印度尼西亚对外直接投资的企业数量又快速增加，这主要由于一小部分跨国公司的驱动，而事实上，印度尼西亚的对外直接投资绝大多数掌握在印度尼西亚大型的跨国集团手里。

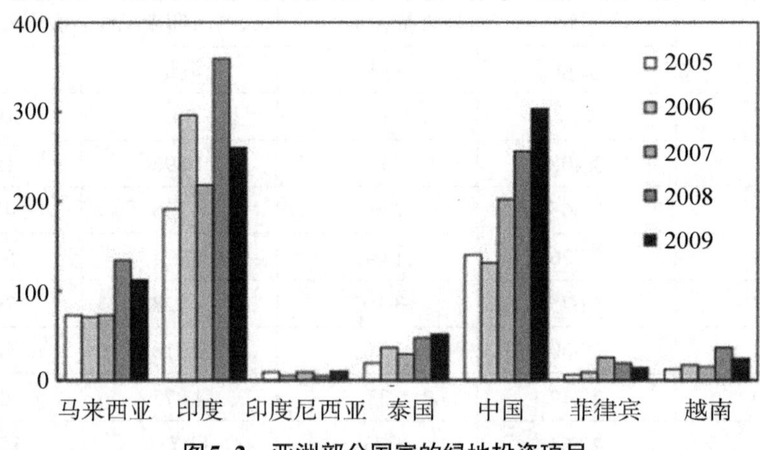

图5-2　亚洲部分国家的绿地投资项目

数据来源：Carney, Michael："Dieleman, Marleen. Indonesia's missing multinationals: business groups and outward direct investment", *Bulletin of Indonesian Economic Studies*. Apr 2011, Vol.47 Issue 1, pp. 105-126. 22p.

从图5–2中可以看出，印度尼西亚对外的绿地投资项目并不多，根据官方数据显示，虽然印度尼西亚已拥有少数真正的大型跨国公司，但根据UNCTAD出版的年度排名①，在过去5年中，印度尼西亚没有一家大型跨国公司能够进入前100名。虽然印度尼西亚对外直接投资的数额和项目并不多，但其对外直接投资占GDP的比重，相对于其他亚洲国家并不低（见图5–3）。

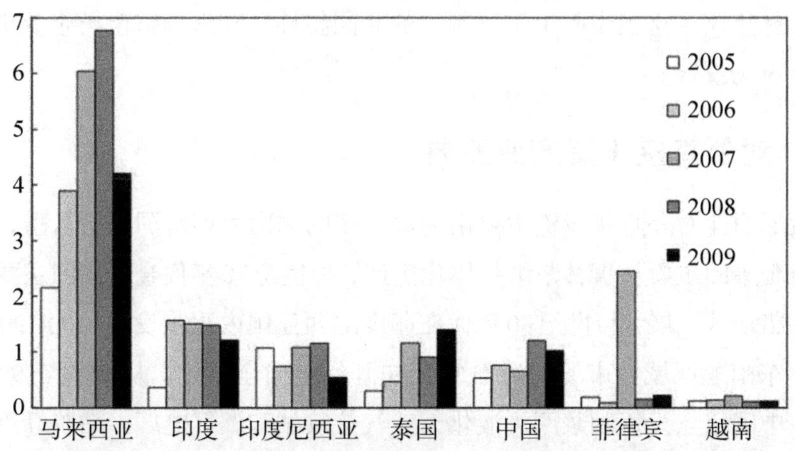

图5–3　部分亚洲国家对外直接投资占其GDP的比重（单位：%）

数据来源：UNCTAD，对内和对外直接投资存量，1980—2009. http：//unctadstat.unctad.org/ReportFolders/reportFolders.aspx?sRF_ActivePath=P，527&sRF_Expanded=，P527>。

二、对外直接投资国别（或地区）流向

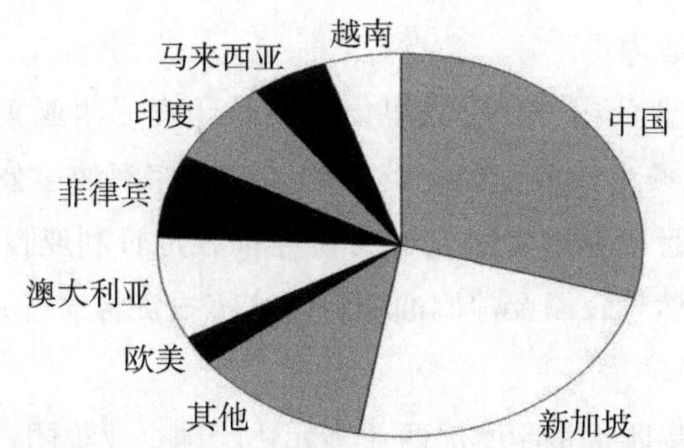

图5–4　1994—2006印度尼西亚的对外直接投资目的地

数据来源：Carney，Michael：“Dieleman，Marleen. Indonesia’s missing multinationals：business groups and outward direct investment”，*Bulletin of Indonesian Economic Studies*. Apr 2011，Vol.47 Issue 1，pp. 105-126. 22p.

① 《世界投资报告》中的附件《最大的跨国公司》，http：//www.unctad.org/Templates/Page.asp?intItemID=2443&lang=1。

从图5-4可以看出印度尼西亚对外直接投资主要分布在中国、新加坡、澳大利亚、印度、菲律宾、马拉西亚和越南。由于经济的快速发展和地缘之便，中国和新加坡成为印度尼西亚对外直接投资的首选。印度尼西亚的很多对外直接投资都是针对东亚和东南亚的新兴市场，一些企业甚至投资到更远的地区，如投资到拉美的金鹰集团、投资到非洲的卡尔贝制药公司以及投资到中东和中亚的巴克里集团和三林集团。这也说明由于体制上的共同特性，新兴国家市场企业更愿意到其他新兴市场投资。①

三、对外直接投资产业流向

印度尼西亚对外直接投资主要由为数不多的国内大型跨国公司从事，如印度尼西亚金鹰集团主要从事林浆纸一体化生产，20世纪70年代金鹰集团主要立足于北苏门答腊地区发展，20世纪80年代在印度尼西亚国内逐步发展壮大，20世纪90年代进军东南亚区域性市场，到21世纪初开始走向全球化。从20世纪90年代初开始，在中国重点投资制浆厂、液化天然气接收站和燃气电厂、粘胶纤维生产以及棕榈油加工四大产业。至今已经在江苏、山东、福建、江西、广东等地有多项投资。目前该集团主要业务包括一体化的林纸浆工业、棕榈油加工、清洁能源的开发等，规模已经从40年前一个为石油公司供应零配件的小公司，发展到今天拥有80多亿美元资产、5万多员工、以资源开发为基础的跨国集团。在中国、印度尼西亚等东南亚国家以及欧洲都建有生产基地。②其在拉美等地的投资主要也是以纸的生产加工制造为主。

印度尼西亚的矿业公司——巴克里集团，是印度尼西亚实力最强大的一个家族企业，其海外业务也较多，如在英国的采矿、棕榈油、公路建设、电信和房地产都有涉足。并且巴克里集团拟于2017年前在尼日利亚投资10亿美元实施一系列矿业，石油天然气，以及棕榈油项目。这笔投资将通过其合资公司Bakrie Delano Africa进行操作。③

印度尼西亚三林集团也是印度尼西亚多元化跨国企业集团，三林集团的业务涉及农业、畜牧业、食品生产、汽车制造、能源、建材、化工、通讯与传媒、房

① Cuervo-Cazzura, A. and Genc, M.(2008): "Transforming disadvantages into advantages: developing-country MNEs in the least developed countries", *Journal of International Business Studies* vol. 39, pp. 957–79.

② 经济观察网，http://www.eeo.com.cn。

③ 工程承包商网，http://www.ecm88.com。

地产与工业园区开发、度假村与酒店业、分销与零售业、银行与金融业等众多领域，以印度尼西亚为基地，投资遍布东南亚各国及中国香港、北美、欧洲和澳洲等地。在能矿资源领域具有重要影响力，建立了多个战略资源储备基地。三林集团在中国香港、东南亚和澳大利亚等地拥有第一太平有限公司、印度尼西亚PT Indomobil Sukes International Tbk、PT Indosiar Karya Media Tbk和澳大利亚Futuris Corporation Limited等多家上市公司，并通过第一太平有限公司拥有菲律宾最大的电讯服务供应商——菲律宾长途电话有限公司和印度尼西亚最大的食品集团——印度尼西亚食品有限公司。上市企业的总市值超过120亿美元。此外，三林集团在中国三林集团拥有其下属公司上海公寓（毛里求斯）有限公司主要从事豪华住宅的投资。

印度尼西亚金光集团APP，号称世界上最大的纸浆和纸张公司之一，清风、唯洁雅、真真等牌号的纸手巾都是这家公司的产品。在中国内地金光集团旗下的子公司有金东纸业、金红叶纸业、金华盛、金鑫纸业、宁波中华、亚龙纸制品、镇江大东等。其业务主要集中于四大核心产业：浆纸业、农业及食品业、金融业、房地产业。目前，APP在中国拥有20多家全资和控股浆纸企业，并拥有30余家林场，总资产770亿人民币，年加工生产能力约700万吨，2008年在华销售额超过358亿元，拥有全职员工3.2万余名。

第六节 中国—印度尼西亚双边贸易和投资情况

一、双边贸易规模、地位和商品结构

（一）贸易规模

自1990年复交以来，尽管中国与印度尼西亚之间的贸易一直是中方逆差，但两国之间的贸易额一直呈上升趋势。[①] 1990年两国双边贸易额为11.8亿美元，2000年达到了74.6亿美元，其中中国出口为30.6亿美元，进口为44亿美元。2012年，印度尼西亚对中国双边货物贸易额为510.5亿美元，增长3.9%，其中，出口216.6亿美元，下降5.6 %，占印度尼西亚出口总额的11.4%，提高0.1%；进口293.9亿

① 中华人民共和国驻印度尼西亚共和国大使馆经济商务参赞处，http://id.mofcom.gov.cn/aarticle/ztdy/waimao/200305/2003050008892.html。

美元，增长12.1%，占印度尼西亚进口总额的15.3%，增长0.5%；印度尼西亚对中国贸易逆差77.3亿美元，增长136.4%。

（二）贸易地位

中国在印度尼西亚对外贸易中的地位越来越重要。从表5-18可以看出，在印度尼西亚的主要贸易伙伴中，中国是唯一的发展中国家。2008年，中国是印度尼西亚第三大贸易伙伴、第二大进口来源地（仅次于新加坡）、第四大出口市场。2010年，中国是印度尼西亚第三大贸易伙伴、第一大进口来源地和第二大出口市场。到了2012年底，中国已成为印度尼西亚第一大进口来源地，并仅次于日本成为印度尼西亚第二大出口市场。①

表5-18 中国—印度尼西亚双边货物贸易情况（单位：亿美元）

		2008	2009	2010	2011	2012（1～9月）
贸易额	金额	268.8	255	361.2	491.5	351.3
	比上年增减%	47.4	-5.1	41.6	36.1	0.2
印度尼西亚对中国出口	金额	116.4	115	156.9	229.4	154.9
	比上年增减%	20.3	-1.2	36.5	46.2	-2
	占印度尼西亚出口总额的比重%	8.5	9.9	10	11.3	10.8
印度尼西亚对中国进口	金额	152.5	140	204.2	262.1	217.6
	比上年增减%	78.2	-8.2	45.9	28.3	13
	占印度尼西亚进口总额的比重%	11.8	14.5	15.1	14.8	15.3
贸易差额		-36.1	-25	-47.3	-32.7	-62.7

数据来源：中国商务部亚洲司：国别报告，http：//yzs.mofcom.gov.cn/。

（三）商品结构

据中国海关统计，中国对印度尼西亚出口的主要产品为谷物及谷物粉、机电产品、玉米、原油、成品油、汽油、纺织线纱及制品等，自印度尼西亚进口的主要产品为原油、成品油、其他燃料油、纸浆、机电产品、食用植物油、煤、纸及纸板、棕榈油等（见表5-19和表5-20）。②

① 资料来源于：中国商务部亚洲司：《国别报告》。
② 《中国—东盟年鉴2013》。

表5–19　2012年印度尼西亚对中国出口主要商品构成（类）（单位：百万美元）

商品类别	2012年	上年同期	同比%	占比%
总值	21 660	22 941	-5.6	100.0
矿产品	10 562	11 777	-10.3	48.8
动植物油脂	3 602	3 102	16.1	16.6
塑料、橡胶	2 048	2 296	-10.8	9.5
化工产品	1 532	2 045	-25.0	7.1
纤维素浆；纸张	993	1 000	-0.8	4.6
木及制品	554	422	31.2	2.6
机电产品	539	626	-14.0	2.5
纺织品及原料	448	388	15.4	2.1
贱金属及制品	442	449	-1.7	2.0
活动物；动物产品	196	147	33.0	0.9
食品、饮料、烟草	193	180	7.1	0.9
植物产品	183	220	-17.0	0.8
鞋靴、伞等轻工产品	128	87	46.1	0.6
运输设备	82	57	43.3	0.4
光学、钟表、医疗设备	60	40	50.4	0.3
其他	100	102	-2.0	0.9

数据来源：《中国—东盟年鉴2013》。

表5–20　2012年印度尼西亚自中国进口主要商品构成（类）（单位：百万美元）

商品类别	2012年	上年同期	同比%	占比%
总值	29 387	26 212	12.1	100.0
机电产品	13 647	11 879	14.9	46.4
贱金属及制品	3 451	2 795	23.5	11.8
化工产品	2 999	2 567	16.8	10.2
纺织品及原料	2 398	2 306	4.0	8.2
运输设备	1 104	1 115	-1.0	3.8
塑料、橡胶	1 072	895	19.8	3.7
植物产品	833	886	-6.0	2.8
家具、玩具、杂项制品	650	558	16.4	2.2
食品、饮料、烟草	612	581	5.3	2.1

续表

商品类别	2012年	上年同期	同比%	占比%
矿产品	601	902	-33.4	2.1
陶瓷；玻璃	572	367	55.9	2.0
光学、钟表、医疗设备	432	402	7.6	1.5
鞋靴、伞等轻工产品	236	209	12.7	0.8
纤维素浆；纸张	213	247	-13.5	0.7
皮革制品；箱包	172	144	19.6	0.6
其他	393	359	9.5	1.3

数据来源：《中国—东盟年鉴2013》。

二、双边投资情况

（一）中国对印度尼西亚直接投资规模

近年来，中国对外直接投资增速加快，据统计，2011年中国对外直接投资额达到746.5亿美元。在中国对外直接投资快速增长的过程中，中国对印度尼西亚的直接投资也在不断增加（见表5-21）。从投资流量来看，中国对印度尼西亚的直接投资从2003年的2 680万美元增加到2010年的20 131万美元，是2003年的7.51倍。尽管2011年中国对印度尼西亚的直接投资额有所下降，但仍然达到1.28亿美元。从投资存量来看，中国对印度尼西亚的直接投资存量已经从2003年的5 426亿美元增加到2011年的12.78亿美元。预计至2014年中国与印度尼西亚投资总额将达500亿美元，中国已经成为印度尼西亚第五大投资来源国。[①]截止2010年底，在印度尼西亚中资企业协会注册的大型企业已经超过90家，在印度尼西亚投资办厂的中国企业超过1 000家。[②]

表5-21 2003—2012年中国与印度尼西亚直接投资状况（单位：万美元）

年份	2003	2004	2005	2006	2007	2008	2009	2010	2011
流量	2 680	6 196	1 184	5 694	9 909	17 398	22 609	20 131	12 800
存量	5 426	12 175	14 093	22 551	67 948	54 333	79 906	115 044	127 844

数据来源：2010年之前的数据来源于历年的《中国对外直接投资统计公报》，2011年的流量数据来源于 www.xinhua08.com。

① 刘志雄，黄寒：《中国对印度尼西亚能源投资存在问题的分析及对策》，《国际商务》，2012年第12期。

② 《温家宝在中国—印度尼西亚战略商务对话活动上的讲话》，中国经济网，http://www.ce.cn/xwzx/gnsz/szyw/201104/30/t20110430_22394292.shtml。

（二）中国对印度尼西亚直接投资的领域

中国对印度尼西亚的直接投资涉及能源业、自然资源开发利用、基础设施建设、制造业和农业，投资领域不断拓展，大型投资项目逐渐增多。例如，2009年建成的泗水马都拉大桥，2010年竣工的阿萨汗水电站，都是东南亚地区的标志性工程，也是中国工程企业走向国际市场的“名片”。在印度尼西亚已实施的第一期1 000万“千万电站项目”中，中国企业承揽了近80%的工程，仅仅2007—2008年间，中国企业作为总承包商在电站领域签约合同金额超过60亿美元。[①]

近年来，中国金融企业在印度尼西亚取得了长足发展。2006年底，中国工商银行收购了印度尼西亚Halim银行90%的股份，并通过不断整合，成为印度尼西亚市场上发展最快的银行之一。截至2010年，中国银行雅加达分行的资产规模增长了12倍，在电力、电信、零售、餐饮、矿产等行业为中国企业提供授信、国际结算、贸易融资等服务。

中国对印度尼西亚的直接投资也体现出中国的比较优势。[②]例如，天津聚龙嘉华投资集团在印度尼西亚开发棕榈种植园项目，就是利用自身丰富的油脂生产加工经验和印度尼西亚丰富的棕榈油资源。据了解，目前有41家企业准备在中加里曼丹省开发棕榈园项目，其中15家企业已经开始种植。此外，罕王集团在印度尼西亚开发红土镍矿项目也是利用自身的技术、资金优势以及印度尼西亚丰富的红土镍矿资源。

2010年在加拿大多伦多举行的G20第四次峰会上，印度尼西亚领导人和中国领导人举行了会晤，双方达成协议，中国承诺增加对印度尼西亚的直接投资，至2014年投资总额可达500亿美元，而投资重点在基础设施建设方面。在未来5至10年，印度尼西亚希望中国企业在机械、电信、基建和能源等领域加大对其投资。

（三）中国对印度尼西亚直接投资的方式

中国对印度尼西亚的直接投资主要采取并购、BOT、投资设厂、成立合资公司等投资方式。早在2003年4月，中国公司在印度尼西亚第一个建设经营转让（BOT）的投资项目在雅加达签约，合同金额达1亿美元。2005年开始的印度尼西亚JTGD水电站项目也是采取BOT的方式，该项目总投资2.225 亿美元，项目装机两台，总容量为11万千瓦。2012年11月，恒顺电气公司的全资子公司

① 张春雷，黄曦：《印度尼西亚投资市场：机会与建议》，《国际经济合作》2012年第3期，第73～77页。

② 刘志雄，黄寒：《中国对印度尼西亚能源投资存在问题的分析及对策》，《国际商务》，2012年第12期。

H&Shun International Holding PTE.LTD.，拟收购Ptironman Royale Indonesia公司100%的股权。

截至2010年8月，中方已累计向印度尼西亚提供了18亿美元的优惠出口买方信贷，用于建设印度尼西亚急需的电站、大桥、大坝和公路等基础设施和相关民生项目21。中国企业承揽和实施项目的能力强，承包方式多样化，主要表现在工程施工能力和配套能力上，承揽大型项目的能力有了大幅度提高，如巨港电站、泗水马都拉大桥都是上亿美元的特大项目。承包方式则逐步转向EPC、BOT、BOOT等总承包方式，如对巨港电站的承包采用BOOT方式，对阿萨汗水电站的承包主要采用EPC方式。①

（四）印度尼西亚对中国的直接投资情况

表5–22　印度尼西亚对中国的直接投资（单位：万美元）

年份	2003	2004	2005	2006	2007	2008	2009	2010	2011
印度尼西亚对中国直接投资额	15 013	10 452	8 676	10 068	13 441	16 725	11 172	7 684	4 607

数据来源：2004—2012年的《中国统计年鉴》。

印度尼西亚对中国也有直接投资，但是相比中国对印度尼西亚的直接投资而言，规模不大，而且2003—2011年间的直接投资额呈现波动状态（见表5–22）。2006年，印度尼西亚对中国投资项目115个，合同金额4.7亿美元，实际使用金额1亿美元。2008年，印度尼西亚对中国投资项目45个，实际使用金额1.67亿美元。截至2009年6月底，印度尼西亚在中国建立511家企业，在中国的实际投资总金额27亿美元。②

第七节　金融业的发展和布局

一、概述

印度尼西亚金融业包括银行、证券公司、保险、债券、基金、金融公司等部

① 吴崇伯：《战略伙伴关系框架下中国与印度尼西亚经济关系的发展与对策研究.南洋问题研究》，2010年第3期，第10～18页。

② 《东盟—中国自贸协定签署之后，中国投资印度尼西亚增升》，《印度尼西亚商报》，2010年4月1日。

门，随着国民经济的发展，人均收入的提高，中产阶级人数的快速增长，以及汽车等耐用品消费的驱动，印度尼西亚金融业潜力很大，前景非常明朗。2011年印度尼西亚证券交易所业绩世界排名第三，2012年雅加达综指全年上涨3%，成为全球表现最好的股指之一，仅次于美国的道琼斯指数和菲律宾的马尼拉综指。印度尼西亚经济的持续增长和上市公司的良好表现，使得印度尼西亚资本市场成为外资在东盟国投资的首选目标，预计到2015年，印度尼西亚证券交易所市场价值将达到7 500亿美元，上市公司将超过500家，投资者将增加到230万人。整体而言，印度尼西亚金融业发展非常快速，但是与其它等水平的国家相比，其对国民经济的贡献率仍然很低。根据世界银行数据，印度尼西亚金融资产规模占GDP比重已超过100%，但与中国、印度等经济规模很大的新兴国家及泰国、马来西亚等东盟国家相比，此比重还相对较低，如表5–32所示，从各项指标来看，印度尼西亚金融业发展水平处于相对较低阶段。

表5–23　2012年印度尼西亚金融部门发展现状及国际比较

	金融资产（GDP%）	对私营部门的信贷（GDP%）	银行提供的国内信贷（GDP%）	上市公司市场价值（GDP%）	股票交易总额（GDP%）	贷款利率（%）
印度尼西亚	103.6	34.9	42.6	45.2	10.4	11.8
马来西亚	383.5	118.2	134.5	156.9	41.0	4.8
泰国	210.6	147.6	168.9	109.3	62.7	7.1
中国	542.2	131.6	152.7	44.2	69.7	6.0
印度	298.4	51.5	76.6	68.6	33.8	10.6

数据来源：根据世界银行数据库相关数据整理得到。

注：金融资产（GDP%）为2008年数据，来源于（日）龟山卓二（柳弘译）:《印度尼西亚银行部门的现状与展望》,《南洋资料译丛》, 2ore第4期，原载于日本《国际金融》。

银行业是印度尼西亚金融业的核心，也是东南亚金融危机后率先进行改革和政府重点监管的行业之一，目前银行部门资产在印度尼西亚金融机构资产中所占比重相对较大，为70%左右，养老金基金、人寿保险、金融公司、证券公司等其它形式的金融资产比重相对较小。印度尼西亚银行业的发展历程比较曲折。20世纪80年代，受金融自由化理论和新自由主义经济理论影响，印度尼西亚政府进行了两次金融改革，大力开放金融领域，继1983年第一次金融改革之后，1988年印度尼西亚政府宣布金融部门改革一揽子政策计划（PAKTO），允许国内私人银行和外资银行进入银行领域，此时国内银行总行及分行开设、外国银行准人都变得很容易了。相对宽松的经营投资环境虽然存在一些弊端，比如金融欺诈、个别银行破产等，但整体来看，到1997年东南亚金融危机爆发前，印度尼西亚金融自由化改革取得了较好的成效，银行业获得了快速发展，银行机构遍布全国各地，据印度尼西亚中央银行报告，当时印度尼西亚全国的银行机构总数由1988年的124家增加到1995年的240家，分支机构由1 900家上升到6 300家。东南亚金融危机后，印度尼西亚银行业受到巨大的打击，国有银行等许多银行因担负巨额的不良债权濒临倒闭，私人银行纷纷遭到破产清算。在日本政府、世界银行、IMF等国际组织的援助下，印度尼西亚政府推行了不良债权处理、银行兼并、加强监管等措施对银行机构进行了重组和整顿，先后关闭了60多家银行，对12家银行实行国有化，5家国有银行被合并，商业银行总数由220家减少到2002年的142家。2004年，印度尼西亚政府发表了银行部门结构管理方案，努力构建健全、稳固、有效的银行体系，出台了许多与银行部门和非银行部门治理相关的具体措施，包括健全的银行结构、基于国际标准的有效银行规则体系、独立有效的银行监管体系、稳固的银行产业体系、切合实际的基础设施配套、存款保护制度等，其中银行体系按照资本金的大小将银行机构划分为国际性银行、民族银行、专业银行和地方性银行等四大类。在一系列政策的执行下，印度尼西亚银行业逐渐从东南亚金融危机中恢复，资产规模、存贷款额、存贷比率、资本充足率、不良贷款比率、净息差、股本收益率等重要指标均表现出大幅改善的趋势。目前，印度尼西亚银行类型主要有国营银行、地方政府银行、私人银行、外资银行等形式，2008年这四种类型银行数量分别为5家、26家、67家、26家，总计为124家，其中私人银行数量最多，比重为54%。目前，印度尼西亚共有各类银行120余家，其中4家国有银行和27家地方开发银行控制了全国40%的金融资产，2012年超过63%的银行资产由11家大型银行所有，由于近年来印度尼西亚政府引进外资对银行业进行收购兼并，据印度尼西亚中央银行估计，到2015年印度尼西亚营业的银行仅剩70家左右。近年来，印度尼西亚消费者贷款、信用卡业务增长较快，2007—2009年印度尼西亚消费者贷款平均增长率为25.7%，高于马来西亚、泰国、印度等国家，与中国水平（27.7%）相当；2009年印度尼西亚发行信用卡1 178万张，相比2007年的844万张增长了40%。

1997年金融危机前一直实行财政预算平衡政策，决算略有盈余。近年来实施赤字预算，政府财政较为困难。近5年财政预算状况如下：

表5-24　印度尼西亚近5年财政预算状况（单位：万亿盾）

	2008年	2009年	2010年	2011年	2012年
总收入	761.4	1 022.6	911.5	1 199	1 292.9
总支出	836.4	1 122.2	1 009.5	1 289.6	1 418.5
赤字	1.7%	1.9%	1.6%	1.8%	1.5%

1997年亚洲金融危机爆发前，全国共有144家国内商业银行。金融危机中，银行业遭受重创，一大批银行纷纷倒闭。印度尼西亚政府成立银行重组机构，对银行业进行重组与整合。之后，印度尼西亚商业银行的盈利能力普遍增强，资产质量明显改善。截至2012年底，印度尼西亚共有109家商业银行，其中5家国有银行，26家地区发展银行，55家私营全国银行，23家外资、合资银行。按总资产排名，2012年前三位的本地商业银行分别是曼迪利银行、印度尼西亚人民银行、中亚银行。2012年银行业总资产4 211万亿盾，2011年贷款总额2 011万亿盾，不良贷款率（NPL）1.53%。印度尼西亚央行与中国、日本和韩国在清迈协议框架下签有双边货币互换协议，分别为40亿、60亿和10亿美元。2009年印度尼西亚同中国签署为期3年、总额为1 000亿人民币的双边本币互换协议。2013年10月，两国续签该协议。2003年9月，印度尼西亚央行正式加入国际清算银行。

二、金融机构

金融机构一般是指经营货币与信用业务，从事各种金融活动的组织机构。它为社会生产和再生产的顺利进行提供金融服务，是国民经济体系的重要组成部分。对于金融机构的分类，各国根据需要采用不同的标准按照不同的方法进行划分，国际上比较流行的划分方法为：银行和非银行金融机构。

印度尼西亚的金融机构体系主要包括中央银行、商业银行、伊斯兰银行、乡村银行等银行机构，以及合作社、保险公司、证券公司、租赁公司、投资公司、托管公司等非银行金融机构。东南亚金融危机以后，印度尼西亚政府对银行业进行了重组与整合，商业银行的盈利能力普遍增强，资产质量明显改善。近年来，印度尼西亚中央银行采取切实措施调整银行系统架构，完善银行法规，提高监管能力，改善银行管理运营，强化银行发展基础和加强客户保护，促使银行经营管理更加透明，内部控制进一步强化，央行监督机制也逐步向国际标准转轨。

据印度尼西亚国家统计局公布信息，2011年印度尼西亚银行业发展对GDP贡献值为3%，实际行业增长值为22%，行业总资产4 000亿美元。截至2013年1月印度尼西亚共有120家商业银行，其中4家国有商业银行，26家区域性发展银行，66家私营商业银行（具有外汇业务牌照的36家，不具备外汇业务牌照的30家），14家合资银行，10家外资银行；1 653家乡村银行，11家伊斯兰银行。中国工商银行、中国银行均已进入印度尼西亚市场，并取得一定业绩。

（一）中央银行

印度尼西亚银行（Bank Indonesia）是印度尼西亚的中央银行，简称印度尼西亚央行。该行于1953年7月1日建立，是一个独立的政府机构，不受政府部门和其他机构的干预，但受法律中有关规定的限制。印度尼西亚国会监管金融事务第11委员会，通过由现任财长阿古斯（Agus Martowardojo）出任新一届央行行长，并与2013年5月23日上任。

从宪法的角度看，印度尼西亚央行作为一个独立的机构，其地位不是平行于更高的国家机构如众议院、国家审计署和最高法院，也不像其他任何政府部门，它是独立于政府，正因此特殊的地位使得印度尼西亚央行执行其角色和功能时更有效，但同时也必须和众议院、审计署和政府各方面的目标保持一致。印度尼西亚央行和政府的关系是一种金融关系，印度尼西亚央行协助发行政府债券，但禁止购买政府债券，同时印度尼西亚央行还充当政府的出纳，管理政府的银行账户，同时在政府的授意下允许接收外国贷款和对外代表印度尼西亚政府。

印度尼西亚央行的战略目标是：

（1）维持货币稳定；

（2）维持金融体系的稳定；

（3）保持良好的和负责任的BI内部财务；

（4）加强货币管理的有效性和效率；

（5）建立健全稳定有效的银行和金融体系；

（6）维持支付体系的安全性和有效性；

（7）采用良好的法人治理结构和法律框架；

（8）在以知识为基础的企业文化的支持下强化组织管理，培养高度胜任的人力资源；

（9）确保印度尼西亚央行改革成功。

印度尼西亚央行的主要职责是：

（1）制定并执行货币政策。设定货币政策目标，包括：控制货币发行和通货膨胀；在伊斯兰教义的基础上发放贷款和进行融资，以帮助商业银行克服短期资金困难；在商业银行因系统性风险而有可能因此危及金融体系安全时，给予紧急融资支持；执行汇率政策；对外汇储备进行管理。

（2）规范和确保支付体系的正常运作。决定支付工具的使用；管理银行间清算体系；组织银行间支付交易的最终结算；发行印度尼西亚盾以及废除、取消印度尼西亚盾的流通。

印度尼西亚央行的管理体制，是由一个管理委员会领导。该委员会由印度尼西亚总统任命并须经国会批准，其成员包括：总裁（1人）、高级副总裁（1人）、副总裁（4～7人）。为协助国会对央行进行专门监督，印度尼西亚政府成立了一个专门监督机构（Special Supversion Agency）以加强印度尼西亚央行的可靠性、独立性以及透明度与信用度。监督机构的职责包括：（1）检查印度尼西亚央行的年度财务状况；（2）检查印度尼西亚央行的营运与投资预算；（3）检查印度尼西亚央行货币政策以外的运营及资产管理方面决策的程序。

在组织架构上，印度尼西亚央行包括：总部四大部门（下辖26个司），还有41个国内分区行以及位于纽约、伦敦、东京与新加坡的4个海外代表处。印度尼西亚央行通过四大部门、国内分区行和海外代表处来行使其职能并对管理委员会负责。

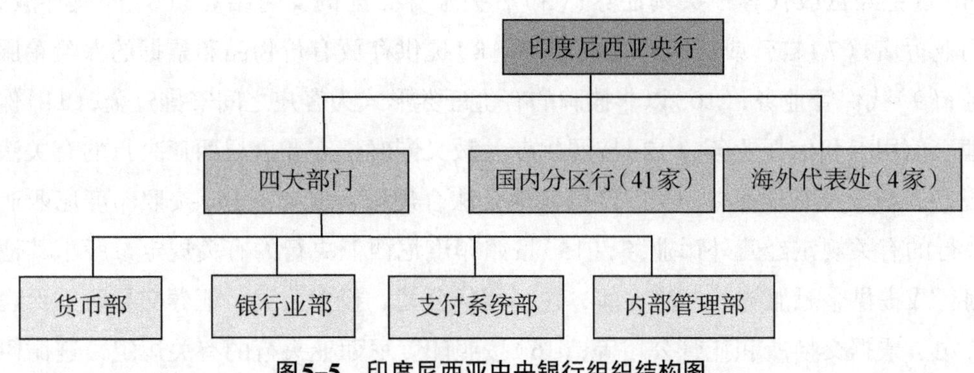

图5–5　印度尼西亚中央银行组织结构图

印度尼西亚央行提倡与国际机构合作来支持经济、货币和银行领域之间的绩效连续性，目前印度尼西亚央行参与国际合作包括：（1）联合投资维持外汇市场稳定；(2)跨境交易结算；(3)代理关系；(4)涉及央行地位和功能之间的信息互换；(5)货币和支付系统部门之间的研究。印度尼西亚央行加入的国际机构和论坛包括：东南亚中央银行组织(SEACEN Centre)、东新澳中央银行组织(SEANZA)、东亚及太平洋中央银行行长会议组织(EMEAP)、东盟央行论坛(ACBF)、国际清算银行(BIS)等。①

(二)商业银行

印度尼西亚商业银行在印度尼西亚金融体系中担任着非常重要的角色，在提供金融中介服务中发挥重要作用。其主要分为两类：商业银行和农业银行。商业银行以传统商业银行经营原则和/或伊斯兰教义为基础开展业务，提供交易支付服务；农业银行也是以传统商业银行经营原则和/或伊斯兰教义为基础开展业务，但不提供清算交易支付服务。伊斯兰教义是部分商业银行同其他团体进行资金存放、融资交易或其他准则中规定业务的协议准则。

印度尼西亚商业银行依法可以三种形式成立，即有限责任公司、地区性政府银行和合作社，其中四大国有商业银行是曼迪利银行(Bank Mandiri)、印度尼西亚人民银行(BRI)、印度尼西亚国家储蓄银行(BTN)和印度尼西亚国家银行(BNI)。目前印度尼西亚最大的9家商业银行分别是：万自立银行、曼迪利银行、印度尼西亚人民银行、中亚银行、联昌商业银行、印度尼西亚国家银行、国家储蓄银行、万丹西爪哇银行和金融银行。

传统商业银行的经营范围包括：(1)吸收存款；(2)发放贷款；(3)发行票据；(4)自主经营或代客户买卖证券；(5)有关证券交易的支付结算；(6)同业存放、同业拆借；(7)自营或代客户资金划转；(8)提供存放有价物品和票据的保险箱服务；(9)代保管业务；(10)以非挂牌的有价证券形式为客户之间安排资金；(11)保理、信用卡和信托业务；(12)按照伊斯兰教义同时遵守印度尼西亚央行的有关法规开展融资及其他业务；(13)经营其他合法合规银行业务；(14)按照印度尼西亚央行的有关规定经营外币业务；(15)按照印度尼西亚央行的有关规定参股于其他银行或提供金融服务的经济实体，包括租赁公司、投资公司、证券交易所、保险公司、票据交换所和托管公司等；(16)按照印度尼西亚央行的有关规定，遵循伊斯兰教义为解决坏账所进行的临时的、到一定时间后可撤销的参股；(17)按照养

① 信息来源于印度尼西亚银行官方网站。

老基金的有关法规创建和管理养老基金。

东南亚金融危机以后，印度尼西亚政府就开始重视银行业的监管问题，对银行业进行重组和整合，印度尼西亚央行调整银行系统架构，提高监管能力，完善银行业各项法规，促使银行业经营更加透明，内控得到进一步强化。经过这些年的努力，印度尼西亚商业银行的盈利能力有了普遍增强，资产质量大有改善。2004年后，印度尼西亚央行开始实施《巴塞尔协议II》，并规定各商业银行须在2008年前达到《巴塞尔协议II》设置的所有目标。

（三）伊斯兰银行

1. 伊斯兰银行与传统商业银行的区别

伊斯兰银行是根据古兰经教义来运营管理，与传统商业银行的日常管理、经营领域、利息支付、风险控制与贷款人关系等方面有所区别。

日常管理上，与传统商业银行一样，伊斯兰银行的最高权力机构也是股东大会，在股东大会之下设有董事会。不同的是，伊斯兰银行还设有与董事会平级的"古兰经教义监管委员会（Sharia Supervisory Board）"，该委员会通常由三位以上精通伊斯兰司法的专家组成，作用是监督银行的经营活动是否符合伊斯兰教义。同时，伊斯兰银行的掌管者也必须是熟知古兰经教义的穆斯林教徒。

传统商业银行一般都会向贷款人收取利息，伊斯兰银行则禁止收取利息，但可通过向贷款人融资而实现一定盈利或收取费用，存款人也可因此获得分红。在交易对象上，传统商业银行交易的主要是资金；而伊斯兰银行交易的必须是真实的资产或服务。伊斯兰银行是不允许对单纯的资金使用收取费用的，同时不得从事被古兰经教义禁止或对人类不利的经营领域，如不得向从事酒精生产、储运和销售的企业提供融资。

在传统金融体系中，各种形式的衍生品交易都是允许的；而在伊斯兰银行经营过程中，任何基于未来不确定事件，如套期保值、衍生品交易等而形成的合同都是被禁止的，这有悖于伊斯兰教义。基于平等互助、风险共担的原则，投资者或存款人与伊斯兰银行的关系是合伙关系，通过参与伊斯兰银行的经营活动来控制风险，而不是像从传统商业银行那样获取固定的利息。

存贷关系上，传统商业银行中存在的合同关系只有存贷关系；而伊斯兰银行中存在的合同关系是根据交易性质决定的，可以是买卖关系、租赁关系、合伙关系或存贷关系。

2. 伊斯兰银行在印度尼西亚的发展情况

根据印度尼西亚央行、英国贸易投资总署等机构的统计得知，在过去10年里，全球伊斯兰银行业年均增长率超过10%，目前营业总额达到7 000亿至1万亿美元，成为全球资产的重要组成部分。全球已有超过75个国家的300多个机构参与这一行业的发展。

作为世界上穆斯林人口最多的国家，印度尼西亚具备发展伊斯兰银行业的基本条件和巨大潜力。印度尼西亚伊斯兰银行业，从中国驻印度尼西亚大使馆经济商务参赞处公布信息可得，截至2010年6月份，整个行业营业额达74亿美元，占全国银行业2.7%的份额。在发展伊斯兰金融方面，目前，印度尼西亚政府正致力于与全球金融机构建立伙伴关系，为使本国成为亚洲乃至世界伊斯兰金融中心奠定基础。印度尼西亚除提升与英国的相关合作外，还与包括亚太农村农业国家组织（APRAC）、亚洲—中东对话机制（AMED）在内的国际组织发展了战略合作关系。伊斯兰银行为发展经济提供了替代金融工具，为客户提供符合伊斯兰教义的金融产品，未来印度尼西亚央行将把伊斯兰银行发展成为支持经济社会发展的重要行业。

伊斯兰债券的发展方向与印度尼西亚证券交易所（IDX）一致，都致力于教育公众国内投资，同时深化资本市场，其发展取得了显著的成效，在为私人公司所用的同时，还用于资助国家基础设施项目。相比其他穆斯林人口占多数的国家，印度尼西亚伊斯兰债券市场起步较晚，但从2008年发行的债券开始，就受到投资者的欢迎，据印度尼西亚债券定价机构（IBPA）公布数据得，2010年非教法企业债券占公司债券交易总额的97.57%，可见其受欢迎程度。

表5–25 2008—2010年印度尼西亚伊斯兰银行主要经济指标

项目	2008年	2009年	2010年
伊斯兰商业银行数量（家）	5	6	11
伊斯兰农村银行数量（家）	131	139	150
总资产（万亿盾）	51.3	68.2	100.8
存款总额（万亿盾）	36.8	52.27	76.0
融资总额（万亿盾）	38.2	46.8	68.18

数据来源：根据印度尼西亚央行公布数据整理。

三、金融监管

金融监管属于管制的范畴，本质上是一种具有特定内涵和特征的政府规制行为。金融监管是金融监督和金融管理的总称。金融监督是指金融主管当局对金融机构实施的全面性、经常性的检查和督促，并以此促进金融机构依法稳健地经营和发展。金融管理是指金融主管当局依法对金融机构及其经营活动实施的领导、组织、协调和控制等一系列的活动。

金融监管有狭义和广义之分。狭义的金融监管是指中央银行或其他金融监管当局依据国家法律规定对于整个金融业（包括金融机构和金融业务）实施的监督管理；广义的金融监管在上诉含义之外，还包括了金融机构的内部控制和稽核、同业自律性组织的监督、社会中介组织的监管等内容。[①]

（一）印度尼西亚当前金融监管体系

1997年7月，爆发了一场由泰国引起并迅速扩散到整个东南亚并波及世界的金融危机，很多东南亚国家的资本市场价格相继暴跌，金融系统乃至整个社会经济受到严重创伤。而作为受波及最严重国家之一的印度尼西亚金融市场接近崩溃，大量工厂倒闭、出口停滞、失业人数不断上升，国民经济接近瘫痪状态。此时印度尼西亚政府已经认识到了金融市场监管的重要性，于是开始加强对金融市场的监督和管理。

在此之前印度尼西亚在经营和监管模式上，实行银行、证券、保险分业经营、分业监管，但允许商业银行投资参股证券、保险等公司。印度尼西亚银行负责银行监管业务，资本市场与金融机构监管委员会则履行对证券机构、保险公司、养老基金和经纪公司等非银行金融机构进行监管。2013年1月1日开始，由印度尼西亚政府设立的印度尼西亚金融监管与服务机构（OJK）正式开始运行，代替之前印度尼西亚央行和资本市场与金融机构监管委员会履行对金融市场的监管职能，穆利亚曼哈塔德任主席，副主席是拉马特瓦鲁彦托。这一决定代表印度尼西亚金融市场监管体系将由分业监管体制慢慢走向统一监管体制。

（二）印度尼西亚金融监管的目标、原则和内容

1. 金融监管目标

分为一般目标和具体目标。印度尼西亚金融监管的一般目标是促成建立一个

① 刘立平：《现代货币金融学》，合肥：中国科学技术大学出版社，2012年，第616页。

稳定、健全和高效的金融体系，保证金融机构和金融市场健康发展，从而保护金融活动各方面利益者的利益，推动印度尼西亚经济和金融发展。印度尼西亚金融监管具体目标是在确保金融业经营安全，风险可控的情况下，更注重金融市场的公平和效率。

2. 金融监管原则

金融监管的基本原则是指能够全面、充分地反应金融法所调整的金融监管关系的客观要求，并对监管关系的各个方面和全过程都具有普遍意义的基本准则。印度尼西亚金融监管原则具体包括：依法监管原则、监管主体的独立性原则、适度竞争原则、自我约束原则、综合性管理原则、社会经济效益原则、管理机构的一致性原则。

3. 金融监管内容

从金融机构工作性质来看，金融监管的内容有事务性监管和业务性监管；从监管的目的来看，金融监管的内容又可分为合规性监管和审慎性监管；从金融业务流程看，金融监管的内容又主要有市场准入监管、业务运作过程监管和市场退出监管。

四、金融市场发展

金融市场是指通过金融工具的交易实现资金融通的场所或机制。在金融市场上，资金供给者用资金交换或者购买资金需求者发行和销售的金融工具，资金需求者通过出售金融工具取得盈余单位的资金，为此他承担了一定的金融债务，资金供给者通过买进金融工具把资金转给资金不足的单位，为此他获得了相应的金融资产。金融市场通过金融工具的这种交换行为使得资金供给者与资金需求者的资金得到融通。

按交易对象划分金融市场，可以具体分为货币市场、资本市场、外汇市场和黄金市场；按金融交易的程序分类，可以分为一级市场和二级市场；按金融交易的场所分类，分为有形市场和无形市场；按交易的地理范围分类，分为地方性金融市场、全国性金融市场和国际金融市场。以下主要从交易对象来介绍印度尼西亚的外汇市场、资本市场、黄金市场和保险市场的具体发展现状。

（一）外汇市场

外汇市场是指从事外汇交易买卖的交易场所，是金融市场的重要组成部分。

外汇市场不一定存在具体的交易场所，它往往是供求双方利用现代通讯工具进行外汇买卖的无形市场。

印度尼西亚有关外汇和印度尼西亚盾的交易主要遵循印度尼西亚央行2005年7月颁布的《印度尼西亚盾与外汇交易限制法》的规定。该法案规定，除符合本法规的有关豁免规定并提供相关文件，禁止岸内银行给非居民贷款，禁止印度尼西亚盾资金划转到岸外银行账户。印度尼西亚央行申明，这个法规只是禁止印度尼西亚盾在海外市场流通，以减少印度尼西亚盾汇率波动，而不是为了取消自由浮动汇率制或进行资本项目管制。2013年3月18日，印度尼西亚央行关于向银行购买外汇的新条例开始正式实施，该条例规定，每个客户或外国人每月购买超过10万美元外汇的，必须通过银行，而不能通过货币交易商交易。近来，印度尼西亚央行表示会继续加强对外汇市场的干预，为抑制市场汇率的过度波动，通常在美元需求大于供给时会入市干预，通过国有银行卖出美元。印度尼西亚央行偶尔也会直接命令商业银行减少投机交易。

印度尼西亚央行在对外汇市场的监管政策包括：(1)岸内交易。在岸内市场，可自由进行即期和远期外汇交易。持有外汇业务经营许可证的银行可以为客户开立任何可自由兑换货币账户。对非居民持有印度尼西亚盾和外国货币没有限制。(2)岸外与岸内交易。岸外银行可自由进行印度尼西亚盾对美元的即期交易，或与岸内银行签订买入印度尼西亚盾，卖出美元的远期合约。在任何情况下，与印度尼西亚盾有关的外汇买卖交易都必须与岸内银行进行。除非符合央行的豁免规定，所有向交易对手支付的印度尼西亚盾都必须转入岸内银行账户。

随着印度尼西亚经济的发展，印度尼西亚的外汇市场也取得了一定的成绩。2012年7月23日印度尼西亚央行开始购买在中国大陆发行的人民币计价债券，将人民币资产纳入其外汇储备。购买人民币债券将有助于印度尼西亚央行外汇储备的多元化。2013年3月7日，印度尼西亚央行对外公布数据称，截至2013年2月底，印度尼西亚外汇储备为1 052亿美元，比1月底的1 088亿美元减少36亿美元，降至近2年以来新低，可维持约5.7个月进口支出和政府外债偿付，外汇储备的降低主要原因是印度尼西亚国企加大对美元的需求用于进口。另一方面，近几年印度尼西亚经常项目出现较大贸易逆差，主要原因是印度尼西亚所需的大量石油需要从国外进口。

表5-26 2011—2012年各个月份印度尼西亚外汇储备量(单位:亿美元)

	1月	2月	3月	4月	5月	6月	7月	8月	9月	10月	11月	12月
2011	953	970	1 057	1 165	1 180	1 196.5	1 227	1 245	1 145	1 140	1 113.1	1 101
2012	1 120	1 122	1 104.9	1 164	1 115	1 065	1 065.6	1 089.9	1 101.7	1 103	1 113	1 128

数据来源:根据印度尼西亚银行官网数据整理。

(二)资本市场

资本市场是融资期限在1年以上的长期资金交易的市场。资本市场交易的主要对象是政府中长期公债、公司债券和股票等有价证券以及银行中长期贷款。

1. 股票市场

印度尼西亚于1976年成立资本市场执行机构(Capital Market Executive Agency, BAPEPAM),标志着印度尼西亚重新恢复资本市场;1977年8月,在资本市场执行机构的监管下,雅加达股票交易所(Jakarta Stock Exchange)的交易正式启动。

1977年至1989年,雅加达股票交易所的交易并不活跃,只有24家上市公司。直到1989年印度尼西亚政府放宽法规限制,市场交易才得以活跃起来。其中的放宽政策包括允许外国投资者进入,允许证券交易所私有化。1989年印度尼西亚成立了一个场外交易市场(Indonesian Parallel Stock Exchange),同时,印度尼西亚第一家私人股票交易所——泗水股票交易所(Surabaya Stock Exchange)成立。1992年12月,印度尼西亚政府将雅加达股票交易所私有化。原先的资本市场执行机构转变职能,改名为资本市场与金融机构监管机构(BAPEPAM),隶属于印度尼西亚财政部。1995年7月,印度尼西亚场外交易市场和泗水股票交易所正式合并。

1995年12月印度尼西亚政府颁布了资本市场法,对资本市场实行新的法律约束,明确资本市场的发展目标是建立一个公平、有序、高效和透明的市场。

2013年第一季度印度尼西亚股市交易业绩辉煌,成为今年全球上涨最快的股市之一。截至2013年3月28日,世界股市综合指数增幅排名前五位分别是日本(18.67%)、印度尼西亚(14.46%)、美国(11.3%)、泰国(11.3%)、英国(8.39%),印度尼西亚雅加达证交所综合股指达到4 940.99点,再创历史新高,已超过马来西亚成为东南亚第2大股市,快要接近东南亚最大股票市场——新加坡股市,其中,房地产、金融、零售、基础工业、基础设施等五大类板块股票为主要领涨股。

专家分析，与全球其他地区尤其是欧美日等发达国家相比，印度尼西亚宏观经济基础依然稳定，预计全年经济增长将达6.5%以上，通胀率在可控范围内，成为支撑股市上涨的原动力。①

目前印度尼西亚雅加达证交所上市公司达464家，但投资者只有100万人，不到总人口的1%，仅有9个行业门类，股市发展空间巨大，预计不久的将来印度尼西亚股市将比肩新加坡股市，成为东南亚最大股票市场。印度尼西亚将继续鼓励股市发展，提高投资市场的参与度，希望通过股市带动投资和工业发展，并培养数家规模较大、发展较好的上市企业。

2. 债券市场

印度尼西亚债券市场主要交易的债券包括：印度尼西亚央行债券（Sertifikat Bank Indonesia，SBIs）、印度尼西亚政府债券（Government Securities，SUN，包括财政证券和主权债券）、调整资本结构债券（Recapitalization Bonds，Recap Bonds）、国家机构债券（State Agency Bonds）、可转让大额存单（Negotiable Certificates of Deposit）、商业票据（Commercial Paper）、中期债券（Medium-Term Notes）、企业债券（Corporate Bonds）。其中印度尼西亚央行证券是由央行发行以印度尼西亚盾标价的短期债券，是印度尼西亚央行用于公开市场操作的主要工具之一。印度尼西亚财政债券期限在12个月以内，而主权债券期限在12个月以上。

在印度尼西亚债券市场上交易的债券必须经印度尼西亚当地的评级机构进行评级，而且还必须在BAPEPAM注册登记。印度尼西亚还没有有组织的债券回购市场，印度尼西亚央行和政府证券交易商协会（Government Securities Dealers Association，HIMDASUM）正致力于建立债券回购市场框架。

如图2-11可知，债券市场的参与者主要是当地投资者。SBIs和Recap的投资者主要是银行和共同基金，企业债券的投资者主要是养老基金、保险公司和共同基金。印度尼西亚债券市场对外国投资者的进入没有限制，只是对外国投资者债券投资的利息收入和买卖债券收益征收20%的预扣税，但如果有双边税收协定，预扣税税率可降至10%。

① 《一季度印度尼西亚股市业绩位居世界第二》，中国驻印度尼西亚大使馆经济商务参赞处，http://id.mofcom.gov.cn/article/ziranziyuan/huiyuan/201304/20130400077775.shtml，2013年04月3日。

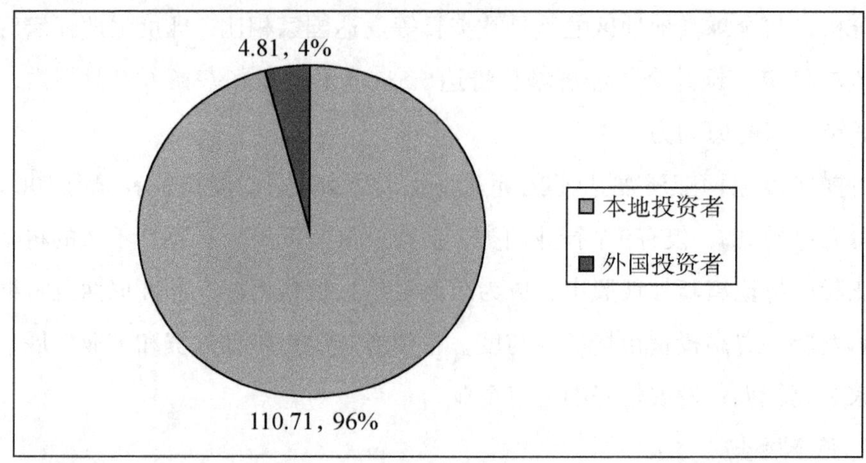

图5–6 印度尼西亚企业债券总资产组成部分图（单位：万亿印度尼西亚盾）

数据来源：印度尼西亚中央证券寄存处，简称KSEI，2010年12月。

目前，印度尼西亚的债券市场仍然以政府债券为主，并已通过发行新产品得到了推动，如2006年发行了政府零售债券，以及自2008年起发行伊斯兰教法债券（详见“印度尼西亚的伊斯兰银行业”）。2010年伊斯兰债券的销售额增长了56%，达26.2万亿印度尼西亚盾（数据来源于印度尼西亚银行）。这些产品对市场中的各种群体都比较有吸引力，因为其所需的最低投资额较低，仅需550美元左右，而且由于有政府的支持，所以能够满足偏好低风险的个人投资者。[①]

据中国驻印度尼西亚大使馆经济商务参赞处公布的信息，2012年8月开始，印度尼西亚政府允许地方政府发行债券。印度尼西亚财政部颁布有关地方债券发行程序和问责制度的法规，规定地方政府可发行地方债券，为各种基础设施建设筹集资金，并通过征收基础设施使用费来增加地方财政收入，以促进地方基础设施建设。地方政府必须具备的条件为：一是，地方政府的最新财政报告须通过审核，并获得“合格但有例外”或“合格全无例外”的好评。二是，地方政府未清偿的债款加上即将通过债券获得的债款总额，不得超过上年地方预算总收入的75%。三是，确保地方政府偿还债务的能力，其债务清偿率（DSCR）不低于40%。四是，地方预算赤字符合财政部长规定的标准范围。五是，地方债券最高净值、本金和利息的支付，以及发行地方债券的各种费用和成本，须征得地方议会同意。

① 《资本市场：拓宽当地投资者基础库》，GBG—印度尼西亚，http：//www.gbgindonesia.com/zh-cn/finance/article/2011/capital_markets_widening_the_local_investor_base.php，2013年4月5日。

地方政府必须认真满足上述条件，并设法减少因发行地方债券造成的风险，包括到期地方债券本金和利息的支付，才能发行地方债券。

（三）黄金市场

黄金市场是指集中进行黄金交易所形成的市场，是专门经营黄金买卖的市场。从事黄金交易的有世界各国的公司、银行和私人以及各国官方机构。黄金交易的去向主要是工业用金、私人贮藏、官方储备、投机商牟利等。

印度尼西亚期货交易所（JFX）公布的最新数据显示，印度尼西亚2011年黄金交易量触及纪录新高。JFX表示，2011年黄金总交易量为759万手，较2010年的542万手上升40%，黄金投资仍然是投资者青睐的投资对象。其中，双边交易751万手，多边交易78 506手。在双边交易中，伦敦金交易量增幅最大，同比上升759%，至335万手。[①]值得一提的是印度尼西亚黄金交易市场很少受世界黄金市场价格波动的影响，存在一种常见的现象即使世界黄金价格下降，但还是有很多印度尼西亚市民出售黄金首饰。

2012年印度尼西亚较大黄金生产公司多种金属公司（Antam）总共生产2 849公斤黄金，超过2011年2 667公斤。多种金属公司2013年2月初发布公告披露，该公司在Pongkor金矿生产 1 700公斤黄金，Cibaliung金矿生产1 149公斤，而2012年的销售黄金计为7 024公斤，超过7 009公斤指标。多种金属公司在2012年从黄金商品未审计收入为3.63万亿盾，几乎所有黄金销售源自国内市场。

（四）保险市场

保险市场是指保险商品交换关系的总和或是保险商品供给与需求关系的总和。它既可以指固定的交易场所，如保险交易所，也可以是所有实现保险商品让渡的交换关系的总和。保险市场的交易对象是保险人为消费者提供的保险保障，即各类保险商品。

2008年第39号印度尼西亚政府条例修改了保险和再保险公司的最低资本要求。

保险公司：

2012年12月31日之前，最低资本为700亿盾。

2014年12月31日之前，最低资本为1 000亿盾。

① 《印度尼西亚2011年黄金交易量同比上升759%，触纪录新高》.中国—印度尼西亚经贸合作网，http：//www.cic.mofcom.gov.cn/ciweb/cic/info/Article.jsp?a_no=284663&col_no=461&dir=2012012012.01.17。

再保险公司：

2012年12月31日之前，最低资本为1 500亿盾。

2014年12月31日之前，最低资本为2 000亿盾。

印度尼西亚保险市场由财政部下属的保险委员会负责监管。总体而言，印度尼西亚保险市场规模不算大，2011年保险业对GDP贡献率小于2%，实际行业增长率为26%，只有不到10%的人口参保，截止到2011年底印度尼西亚寿险公司45家，一般保险公司83家，市场渗透率只有2.23%左右，有待提高。但印度尼西亚拥有2.4亿人口，保险市场发展潜力十分巨大。随着印度尼西亚经济持续发展和人均收入水平提高，保险市场规模也将持续扩张，渗透率有望进一步提高，这将给市场的竞争主体带来发展机遇。根据保险国际新闻报道，预计到2014年，印度尼西亚的保险业的书面保险费将增长到254.5万亿盾（约合285亿美元）。①

其中寿险仍然是印度尼西亚保险业最令人兴奋的板块，据印度尼西亚人寿保险协会（Indonesia Life Insurance Association，简称AAJI）的数据，从2009年到2010年投保人数量增加了48%，总数达到1 675万人，而印度尼西亚一般保险协会（The Indonesian General Insurance Association）的数据显示，其他类型的保险同期只增长了5.7%。据AAJI的数据记录，2010年这一行业的资产增长为24.40%，预计到2014年之前年资产至少增长25%，达到5 000亿印度尼西亚盾。由中国驻印度尼西亚大使馆经济商务参赞处公布信息：2012年7月9日，印度尼西亚人寿保险协会（AAJI）主席亨德里斯曼称，2012年首季季度该协会44家企业成员盈利达到33.1万亿印度尼西亚盾（约合35亿美元），比2011年的24.1万亿印度尼西亚盾（约合25.6亿美元）增长约37%。其中，保险费收益达到24.3 万亿印度尼西亚盾（约合25.8亿美元），比去年同期的 21.1万亿印度尼西亚盾（约合22.4亿美元）增长约14.8%，在盈利中所占比重最大（约64%）。

投连产品自1998年被引入保险零售市场以来，也一直受到越来越多人的欢迎。印度尼西亚人寿保险协会的数据显示，2010年底寿险公司的投连保费收入已达到行业保费总收入75.98万亿印度尼西亚盾的58.87%，占新保费总额的62.41%。投连产品之所以受到印度尼西亚消费者的欢迎是因为在协议时间过后，其能够提供一个有保证的现金价值和投保范围以及股市的强劲表现。

---

① 《印度尼西亚的保险业前景》，GBG—印度尼西亚网，http：//www.gbgindonesia.com/zh-cn/finance/article/2011/the_prospects_for_indonesia_s_insurance_industry.php。

在印度尼西亚保险业中，无论是寿险还是一般保险板块都蕴含着众多机会有待发现。因为在金融危机过后，保险公司面临一个待转型的监管格局，因此加强自身资本基础并获取专业技术知识，以便能够在规定框架内进行创新是至关重要的。

第八节　旅游业的机遇与风险

一、行业概况

素有“千岛之国”之称的印度尼西亚地处赤道线上，岛屿遍布，热带自然景观秀丽壮观，民俗风情深厚浓郁，游资源相当丰富，自然风光优美，迷人的沙滩、瀑布、梯田、火山、湖泊、原始森林、名山古刹等旅游景点遍布各地，每一处都令人为之陶醉。这些是印度尼西亚发展旅游业得天独厚的优势，然而相比新加坡、马来西亚、泰国等东盟国家，印度尼西亚旅游业起步相对较晚，也未受到政府的重视，到1969年，专管旅游各项事务的印度尼西亚旅游部门才正式设立。自此，印度尼西亚政府将旅游业的发展作为政府重点工作内容，不断开发旅游资源，并制定和采取相关行而有效的措施，促进印度尼西亚旅游业发展。20世纪80年代中期印度尼西亚调整产业结构以后，70年代中期至90年代中期，印度尼西亚旅游业年均增长率达到10%以上。

苏哈托执政时期，印度尼西亚政府设立专门的机构负责制定旅游业有关政策，拟定旅游发展规划，加强旅游管理工作。1986年苏哈托在国务演讲中强调要把旅游业作为增加外汇收人和扩大就业机会的重要产业。1989年是印度尼西亚旅游业发展非常关键的一年，印度尼西亚政府颁布总统第3号法令，把1991年定为印度尼西亚旅游年。到1996年，印度尼西亚接待的外国游客约达500万人次，外汇收入达到最高峰，为60.6亿美元，比1995年增长16%。1997年以来，由于受到东南亚金融危机、政局动荡、恐怖暴力事件、“非典”等不利因素影响，印度尼西亚旅游业发展相对缓慢。

2004年苏西洛上台执政后，印度尼西亚国内政局稳定，以及印度尼西亚政府积极采取有效措施推动旅游业复苏，因此近年来旅游业发展很快。2006年印度尼西亚旅游业接待的外国游客达500万人次，外汇收入45亿美元；2007年外国游客达到550万人次，创10年来新高，创汇水平达到53亿美元；2010年外国游客达到700万人次，外汇收人76亿美元；2011年外国游客达到765万人次，外汇收入86亿美元；2012年，外国外国游客人数创历史新高，为804万人次，比2011年增长5.16%，创汇水平达到90亿美元，比2011年增长6%；印度尼西亚政府预计到2013年，外国游客将达到900万人次，创汇水平将上一个台阶。目前，旅游业已经成为印度尼西亚国民经济支柱产业之一，是非油气部门第二大创汇行业，仅次于纺织服装业，2012年其对国民总产值的贡献率居第四位；此外，旅游业还是第三产业中主要的就业部门，能够解决大批社会闲散人员的就业问题。2009年，印度尼西亚旅游业竞争力在世界133个国家中排第81位，2010年上升为74位，但是还落后于新加坡、马来西亚、泰国等东盟国家，印度尼西亚旅游业在基础设施、清洁健康、法规建设、营销策划等方面还有待进一步提升。

（一）印度尼西亚旅游业经济数据

20世纪80年代，印度尼西亚旅游业得到了飞速发展。据统计，1980年，到印度尼西亚的外国游客人数达56.1万人次，旅游收入创汇2.89亿美元。到1990年，印度尼西亚接待外国游客人数增至217.8万人，创外汇18.89亿美元。旅游外汇收入较1980年增长16亿美元。进入20世纪90年代后，印度尼西亚旅游业节节攀升。资料显示，1997年，外国游客达503.6万，旅游外汇收入65.89亿美元。

1997—2006年，是印度尼西亚旅游业的“黑暗十年”。这10年间，先后受到亚洲金融风暴、国内政局动乱、巴厘岛恐怖爆炸事件、日惹地震及禽流感等因素影响，印度尼西亚旅游业增速缓慢。1998年印度尼西亚接待外国人数仅为460万人次，外汇收入40.45亿美元，营业额较上年增长38.6%。苏西诺政府执政后，积极维护政局稳定，大力刺激旅游业复苏。2007年印度尼西亚接待外国游客551人次，印度尼西亚旅游业开始走出低谷。2008年印度尼西亚政府举办了“印度尼西亚观光年”，吸引外国游客623万人，创汇82亿。[①] 2008年以来，尽管全球经济正遭受危机冲击，但国际游客对印度尼西亚旅游的兴趣有增未减，资料显示，2011年印度尼西亚成功吸纳外国游客765万人，旅游外汇收入85亿美元，旅游收入增长率达8.5%。2012年从1月至11月，印度尼西亚共接待730万游客，年增长率为5.1%。随着印度尼西亚旅游业的稳速发展，印度尼西亚旅游部门计划在2013年吸引游客900万人次。[②] 目前，旅游业已当之无愧的成为印度尼西亚非油气行业中

① 数据经中华人民共和国国家统计局国际数据库《国际统计年鉴》的相关资料整理得出。

② 《印度尼西亚发力旅游市场，2013年拟吸引900万游客》，印度尼西亚旅游官方网站，http：//www.visit-indonesia.com.cn/。

的第二大创汇行业。

（二）印度尼西亚主要景点简介

印度尼西亚有许多闻名世界的旅游景点，如雅加达特区、巴厘岛地区、苏门答腊岛地区和东、中、西爪哇地区等等。

1. 雅加达特区

雅加达位于爪哇岛西北部海岸上，是印度尼西亚的首都，地势平坦，是世界著名的海港。雅加达历史悠久，早在14世纪就已经是输出胡椒和香料的著名海港，称为巽达加拉巴，意思“椰子”，华侨称其为“椰城”。1527年穆斯林首领领导印度尼西亚人民打败了葡萄牙殖民者的舰队，收复了龚达加拉巴，把这里改名为查雅加尔达，意思是“伟大胜利之城”，“雅加达”一词就由此演变而来。

雅加达终年炎热多雨，市内道路两旁绿树成荫，因此，雅加达还有“绿色珍珠”之称。市内拥有众多的名胜景点，每天游客络绎不绝，主要景点有：独具匠心的印度尼西亚缩影公园、馆藏丰富的雅加达历史博物馆、雄伟庄严的独立广场公园、东南亚最大的清真寺——伊斯蒂格拉尔清真寺以及有印度尼西亚“迪尼斯”之称的安佐尔梦幻公园，适于休闲度假的“千岛群岛”。

2. 巴厘岛地区

巴厘岛是“千岛之国”里最为著名的岛屿，地处赤道，热而潮湿，属于典型的热带雨林气候。面积约5 630多平方千米，地势东高西低，位于海岛东部的阿贡儿山火山是全岛最高峰，海拔约3 142米。岛上居民多信奉印度教，小至信徒家中，大至家族、社区、村镇等都设立有神庙，故“巴厘岛”也被人们尊称为“千寺之岛”。

除了岛屿优美秀丽的景色外，岛上居民更是身怀绝技。狮子舞和剑舞等巴厘岛的传统古典舞神秘而优美；岛上独具特色的绘画与雕刻，更是令人置身与艺术的海洋。此外，巴厘岛还有古今交融的登巴萨市、历史逾千年的“柏沙基庙”丹纳乐土的“海神庙”以及可以解除厄运，包治百病的圣泉庙。除此之外，参观巴厘王室的居所——乌布王宫，品尝世界上最贵的咖啡——猫屎咖啡，也是巴厘旅游的景点项目。

3. 苏门答腊地区

位于苏门答腊岛海拔900米高原上的多巴湖，面积1 700平方千米，碧波荡漾，水天一色，树木葱茏、风景迤逦，气候宜人，十分适合度假旅游。此外民间流传了许多关于多巴湖的动人传说，这使得多巴湖常年游客络绎不绝。除了美丽迷人的多巴湖外，苏门答腊岛还有棉兰鳄鱼公园、风景秀丽的武吉丁宜和尼亚斯岛等旅游胜地。

4. 东、中、西爪哇地区

东爪哇地区的主要旅游景点有：被誉为“英雄城”——泗水的沙海奇景和有“火神之家”之称的婆罗摩火山。中爪哇地区的日惹，不仅是爪哇文化的艺术的发源地，更是印度尼西亚第一任总统就职及国旗升起的地方，是印度尼西亚人心目中的“革命之都”。日惹市内仍旧保存城堡、宫殿等建筑物、文学、舞蹈、雕绘等事业也很发达。其主要的旅游胜地有闻名遐迩的“日惹皇宫”和“婆罗浮屠佛塔”等。其中的公元9世纪夏连特拉王朝为供养释迦摩尼佛舍利而修建的婆罗浮屠佛塔与中国的万里长城、埃及金字塔、柬埔寨吴哥窟一起被誉为古代东方的“四大奇迹”。

西爪哇的茂物古城是世界上雷雨最多的城市，素有“世界雷都与雨城”之称。此外，茂物还拥有亚洲最大品种最多的热带植物园——茂物植物园。与其相毗邻的是有印度尼西亚白宫之城的茂物行宫。1994年召开的“亚太经济组织首脑会议”就是在此举办①。

二、旅游业的机遇与风险评估

2007年，世界经济论坛（WEF）第一次公布了世界各国旅游竞争力指数（TTCI Travel and Tourism Comparativeness Index）。根据世界经济论坛（WEF）2013版的最新数据，得知，在世界各国旅游竞争力指数亚洲地区排名中，印度尼西亚名列12，地区排名仅次于印度。全球140个参评国家中，排名第70位，较前次旅游竞争报告上升了4位。

自然资源方面，印度尼西亚凭借相当数量的世界自然遗产地以及国内测量已知的丰富动物物种等优势位列第6。在文化资源方面，印度尼西亚凭借10处世界文化遗址，在国内举行的一系列国际交易会和展览会和独具创意的产业等丰富的文化资源，排名第38位。此外，在全部参评的国家中，印度尼西亚的旅游价格竞争力排名第9，这归功于其富有竞争力的酒店价格（排名第21），较低的机票税、机场费和有竞争力的燃油价格。此外，印度尼西亚在国家优先重视发展旅游业一项中排名第19。然而，印度尼西亚在这些方面排名靠后：基础设施尤其是地面运输排第87，旅游基础设施排第113，其他基础设施排第87。这些方面的建设滞后，

① 刘新生：《赤道上的翡翠——印度尼西亚度尼西亚》，上海：上海锦绣文章出版社，2010年，第77～156页。

严重阻碍了其他优势的发挥。此外，安全保障问题也是印度尼西亚旅游业发展的主要障碍之一。表5–27列出了2013年印度尼西亚旅游业竞争力指数的详细数据。

表5–27 2013年印度尼西亚旅游业竞争力指数

	排名（1-140）	得分（满分7分）
印度尼西亚国际旅游竞争力指数（WEF 2013版）	70	4
印度尼西亚国际旅游竞争力指数（WEF 2011版）	74	4
印度尼西亚国际旅游竞争力指数（WEF 2009版）	81	3.8
旅游业规章制度	95	4.2
政策法规	93	4.3
环境的可持续发展	125	3.9
安全保障	85	4.4
健康与卫生	112	2.9
旅游业的优先次序	19	5.4
商业环境和基础设施	84	3.4
航空运输基础设施	54	3.5
地面运输基础设施	87	3.2
旅游基础设施	113	2.1
ICT基础设施	87	2.7
电讯行业价格竞争力	9	5.3
旅游人文和自然资源	31	4.6
人力资源	61	4.9
教育和培训	57	4.9
可利用劳动力	77	5
旅游业亲和力	114	4.2
自然资源	6	5.6
文化资源	58	3.5

数据来源：《The Travel & Tourism Competitiveness Report 2013》——世界经济论坛（WEF）

注：指标值在前50名之内的项目为印度尼西亚旅游业的优势项目，反之列入劣势项目。

（一）机遇

为了促进本国的旅游业发展，改善印度尼西亚旅游环境，印度尼西亚政府积极采取一系列政策与措施，这些政策与措施无疑为投资者创造了良好的投资机遇。

1. 简化签证手续

在东盟区域内，由于宽松的移民政策，使得东盟成员国内的旅游十分方便。区域外，为了扩大国际旅游市场，印度尼西亚政府在简化旅游入境手续上下足了功夫，资料显示，截至2010年底，印度尼西亚提供落地签证服务的国家达到了64个。

2. 将旅游业列为国家重点培育扶持产业

自1969年以来，历届印度尼西亚政府都将旅游业列入国家经济发展计划，并投以巨资、大力扶持旅游及其相关行业的建设与发展。1990年，为了更好地规范和发展旅游业，印度尼西亚首部《旅游法》正式颁布。印度尼西亚政府还鼓励私人投资旅游业，加速旅游设施的建设。根据世界经济论坛排名，印度尼西亚政府在将旅优先重视发展旅游业这一项的全球排名第19位；在对旅游业投资占政府开支这一项位列第15位。2012年，印度尼西亚政府在酒店和餐厅方面的投资达到了2.42亿万美元，是2011年的3倍多。[①]由于政府的大力支持，营造了良好的旅游投资环境，成为吸引外资的重要因素之一。

3. 积极开辟国际航空事业与航线

从1984年开始，印度尼西亚国营鹰记航空公司开辟了国际航线，目前该公司已同世界上的28个城市有定期的航班往来业务。[②]此外，印度尼西亚还允许28家外国航空公司开通至印度尼西亚的航线。截至2012年，印度尼西亚有179个航空港，其中23个已达国际标准。[③]印度尼西亚的五大机场为：雅加达附近的苏加诺—哈达机场（国内规模最大）、锡江机场、泗水的尤安达机场、棉兰波罗尼亚机场及巴厘岛的登巴剁机场等。目前正在兴建的还有旅游胜地龙目岛国际机场。2008年底，东盟国家签署协议，解除航空和航空货运服务限制。[④]为了开辟欧洲的旅游市场，2010年印度尼西亚政府推动欧盟解除对本国的禁飞令，2010年6月，印度尼

---

① 在巴厘岛召开的APEC峰会将推动印度尼西亚旅游业发展.印度尼西亚旅游官方网站，http：//www.visit-indonesia.com.cn/。

② 吴崇伯：《印度尼西亚经济的新支柱——旅游业》，《外国经济与管理》，1996年第6期。

③ 《对外投资合作（地区）国别2012版》，中国商务部，2012年4月，http：//fec.mofcom.gov.cn/gbzn/gobiezhinan.shtml。

④ 蒙子良、韦良：《东盟概论》，广西：广西民族出版社，2009年，第499页。

西亚飞往欧洲的航班正式恢复。在最新的全球竞争力报告中，印度尼西亚的可利用航空航线及座位这一项已排在全球第20位。

4. 向世界积极推销印度尼西亚旅游

20世纪90年代，印度尼西亚政府采取举行一系列与旅游业发展相关的年度活动，例如：1991年的“印度尼西亚旅游观光年”、1992年的“东盟各国观光年”和1995年的“印度尼西亚共和国独立半世纪之年”，不仅成功地吸引了大量游客，旅游收入暴涨，而且也很好地推销了本国旅游业。2008年，为了摆脱巴厘岛爆炸等恐怖袭击对旅游业的影响了，印度尼西亚政府举办了“2 008印度尼西亚观光年”活动，尽管未达到预定目标，但也创汇75亿美元，同比增长41.5%，创历史新高。除了举办“旅游观光年”活动外，印度尼西亚的驻外使馆也会经常联合当地政府，开展旅游资源推荐会和旅游投资咨询会等。目前已在新加坡、东京、法兰克福、悉尼、洛杉矶等地设立了印度尼西亚旅游促销中心，今后拟在荷兰、法国、加拿大也设立类似机构。①通过这些机构向海外投资者介绍印度尼西亚投资的综合信息，包括相关法律法规、激励机制和具有投资潜力的项目，并且重点宣传、推介了印度尼西亚作为旅游目的地及当地旅游行业的发展潜力。此外，“会议旅游”成为印度尼西亚政府推销本国的一项新途径。通过举办各式各样国际型会议，并借助这些会议的国际关注度，迅速提高印度尼西亚在国际上的知名度，有效的扩展了旅游业的海外市场。

5. 积极开拓旅游资源，加强与周边国家的旅游业服务

据《2013全球旅游竞争力报告》显示，印度尼西亚的旅游人文和自然资源全球排名第31位，其中自然资源排名第6。这说明了印度尼西亚旅游资源是相当丰富。为了壮大旅游业，印度尼西亚政府积极开发新的旅游资源，将原先的4个旅游区扩展为17个。②此外，印度尼西亚政府独具匠心，还开发出多种主题的旅游产品，例如从历史文化、生态旅游到美食购物、水疗SPA、婚庆蜜月，还有高尔夫、潜水、健行、探险游等户外主体项目，极大丰富了印度尼西亚旅游的项目。③

另外，印度尼西亚政府还积极加强与周边国家旅游领域的合作。例如：印度尼西亚已同新加坡和马来西亚达成协议，共同投资5.7亿美元，将三国沿海地区

① 《逐步走向光明的印度尼西亚旅游业——印度尼西亚旅游业的发展历程》，南博网，http: //www.caexpo.com。

② 王受业、林敏和、刘新生：《列国志——印度尼西亚》，北京：社会科学文献出版社，2006年，第257页。

③ 印度尼西亚旅游官方网站，http: //www.visit-indonesia.com.cn/。

开发成国际旅游度假胜地，建成“东方加勒比旅游区”。[①]2009年，与迪拜政开发商订了一项价值6亿美元的龙目岛度假村协议。旅游资源的扩充与跨国旅游路线等项目，成为了投资者的又一商机。

（二）风险

1. 恐怖主义

印度尼西亚旅游业最大的投资风险源于恐怖主义袭击。2000年12月，恐怖组织“伊斯兰团”在多处基督教堂制造恐怖爆炸事件，造成的人员伤亡。2002年被誉为“人间天堂”的巴厘岛，遭受恐怖主义袭击，导致印度尼西亚旅游业严重受挫。2004年9月，印度尼西亚恐怖分子在澳大利亚驻印度尼西亚大使馆制造恐怖爆炸事件，造成186人受伤、11人死亡。[②] 2005年巴厘岛再次遭受恐怖袭击。使得刚从2002年爆炸阴影走出的印度尼西亚旅游业又一次跌入低谷。游客纷纷取消旅游计划，而大量外国投资者因担心印度尼西亚旅游的安全问题也纷纷取消原定的投资计划。

2. 基础设施落后，项目审批耗时多

在《2013 全球旅游竞争力报告》中，印度尼西亚除了在航空领域占有优势外，道路、铁路设施发展十分落后。通讯方面，宽带网等网络设施全球竞争力综合排名第100位。旅游设施综合排名第113位，其中，酒店房间总量排名第97位，汽车租赁第111位。

此外，在投资环节与程序上，由于政府办事效率水平低，外国投资从立项到得到正式审批，中间耗时巨大，这无疑增加了投资者潜在的投资风险。此外，在印度尼西亚开办企业成本也较大，其全球竞争力排名第102位。

---

① 吴崇伯：《印度尼西亚旅游业发展及其与中国在旅游业的合作》，《西财经学院学报》，2012年8期。

② 张世均：《恐怖主义是旅游业的“超级损友”以恐怖袭击对印度尼西亚旅游业的危害为例》，《河南社会科学学报（社会科学版）》，2006年第6期。

附录

印度尼西亚政府部门和相关机构一览表

（1）印度尼西亚政府，网址：www.indonesia.go.id
（2）印度尼西亚外交部，网址：www.deplu.go.id
（3）印度尼西亚贸易部，网址：www.depdag.go.id
（4）印度尼西亚公共工程部，网址：www.kimpraswil.go.id
（5）印度尼西亚工业部，网址：www.depperin.go.id
（6）印度尼西亚农业部，网址：www.deptan.go.id
（7）印度尼西亚国家计委，网址：www.bappenas.go.id
（8）印度尼西亚财政部，网址：www.depkeu.go.id
（9）印度尼西亚能矿部，网址：www.esdm.go.id
（10）印度尼西亚交通部，网址：www.dephub.go.id
（11）印度尼西亚投资协调署，网址：www.bkpm.go.id
（12）印度尼西亚食品药品监督管理局，网址：www.pom.go.id
（13）印度尼西亚国家统计局，网址：www.bps.go.id

参考文献

［1］百度百科：http：//baike.baidu.com/view/2680.htm#8

［2］世界银行网站：http：//data.worldbank.org/country/indonesia

［3］世界银行报告：Demographic and Health Survey 2012，World Bank，http：//dhsprogram.com/pubs/pdf/FR275/FR275.pdf

［4］东晖译：《印度尼西亚人口资料》，转引自叶·恩·康德拉什金娜著：《印度尼西亚》，莫斯科：苏联《科学》出版社，1983年。

［5］汤家麟：《印度尼西亚的人口问题》，《东南亚》，1986年第1期。

［6］曹立群：《世界人口增长的特点》，《世界经济》，1982年第5期。

［7］阳光译：《印度尼西亚人口发展及其控甸绪施》，转引自农米·H·T.西阿哈安著：《武装部队报》，1985年4月25日。

［8］范若兰：《印度尼西亚的保健事业：成就与问题》，《东南亚研究》，1995年第4期。

［9］国家统计局国际统计信息中心编：《亚洲发展中国家和地区经济和社会统计资料汇编，1992年》，中国统计出版社，1992年。

［10］温北炎：《试析印度尼西亚华族与当地民族的关系》，《世界民族》，2003年第3期。

［11］淑兰：《印度尼西亚概况》，《南洋问题资料》，1974年第2期。

［12］《爪哇族》，http：//baike.so.com/doc/851260.html

［13］《巽他族》，http：//baike.so.com/doc/7034238.html

［14］《马都拉族》，http：//baike.baidu.com/view/2984275.htm

［15］《巴厘人》，http：//baike.baidu.com/view/473679.htm

［16］杨启光：《二战前印度尼西亚原住民的印度尼西亚民族观》，《东南亚研究》，1989年第4期。

[17] 郭婕妤:《印度尼西亚族际关系中华人的困境》，厦门大学硕士学位论文，2007年。

[18]《印度尼西亚国家概况》，中华人民共和国外交部，2014年7月10日。

[19] 基础教育研究网：http：//www.xiexingcun.com/jcjyyj/jcjy2008/jcjy20081125.html

[20]《印度尼西亚文化教育》，中华人民共和国驻印度尼西亚共和国大使馆经济商务参赞处，http：//id.mofcom.gov.cn/article/ddgk/zwjingji/201005/20100506903966.shtml

[21] 薛河献:《印度尼西亚的伊斯兰教》,《世界宗教研究》，1981年第1期。

[22] 孔远志:《五大宗教在印度尼西亚》,《东南亚纵横》，1995年第2期。

[23] 韦红:《印度尼西亚宗教冲突的前因后果》,《东南亚研究》，2000年第4期。

[24] 顾时宏：中国新闻网，中新社雅加达2014年7月5日电。

[25] 孙国远:《印度尼西亚解决人口问题的途径和前景》,《现代国际关系》，1989年第4期。

[26] 程超泽，倪新贤:《浅析印度尼西亚的国内移民问题》,《人口研究》，1983年第3期。

[27] Philip M. Fearnside：“Transmigration in Indonesia：Lesson from its environmental and Social Impacts”，*Environmantal Management*，Vol. 21，No. 4.

[28] P. Levang & 0. Sevin. 80 years of transmigration 1905—1985. horizon. documentation. irdpleins-textes/doc；34—OS /36036. pdf in Indonesia：fr/exl-dot/

[29] 迪特里克·凯尔舒尔著，利民摘译:《移民——印度尼西亚的迁居计划》,《印度支那》，1998年第9期。

[30] 1905-Levang&0. Sevin. 80 years of transmigration in Indonesia：1985pleins_texts. horizon. documentation. ird. fr/exl—doc/doc34—05 /36036. pdf

[31] Thomas R. Leinhach and Adrian Smith. Off—farm employ-ment } land } and life c；yc；le：Transmigrant households in South Suma-tra}Indonesia }J}. Economic；Geography Vo1.70，Issu. 3. 1994（7）.

[32] IMF（国际货币基金组织）:《世界经济展望最新预测》，2014年1月21日，http：//www.imf.orb/external hinese/index.Htm

[33] 印度尼西亚中央统计局网站，2014年3月1日，http：//dds.bps.goid/eng/index.Php

[34]《印度尼西亚工业情况与相关数据》，中国经济网，2011年12月8日。

[35] 刘胜春：《东南亚各国物流状况调查》，云南财经大学（？），2004年。

[36] 印度尼西亚统计局网站：http：//www.bps.go.id/eng/index.php

[37] 韦倩青等著：《印度尼西亚投资环境分析报告》，2013年。

[38] 中国商务部网站：http：//www.mofcom.gov.cn/

[39] 芦泽固：《印度尼西亚服务业发展现状、结构演变及问题分析》，《生产力研究》，2014年第2期。

[40] 海外市场国别资料——印度尼西亚，http：//blog.sina.com.cn/s/blog_4af608fd0101bpab.html

[41]《中国—东盟年鉴2013》。

[42] http：//wenku.baidu.com/link?url=w40tDsJ_gSNkPd0G979G3_MJG2u3O6zereeyC14dtmDXdsh71BLKfB_MNcqEwBBQCNgQDrVnlsk7_6UCqZdDcXMEKG6kSI6VPQ86xs6w6By.

[43] 中华人民共和国驻印度尼西亚使馆经商参处，http：//id.mofcom.gov.cn

[44] "印度尼西亚电力供应"，中国经济信息网，http：//www.cei.gov.cn/dailynews/doc/YBQBA/200407081115.htm

[45] "印度尼西亚政府计划2020年九成家庭通电"，中国驻印度尼西亚大使馆经济参赞处，http：//id.mofcom.gov.cn/aarticle/ziranziyuan/200405/20040500219895.html

[46] 印度尼西亚国有电力公司，Perusahaan Listrik Negara.

[47]《印度尼西亚工商界面临经营困境》，国际市场网站，http：//www.chinatradenews.com.cn/old/20010828/..%5C20010823%5C02.html

[48] 张春山：《浅析我国电力体制的改革》，《华夏星火》，2005年第8期。

[49] 潘涛，何淼：《当前中国电力行业风险分析》，《国际金融》，2007年第4期。

[50] 杨博：《印度尼西亚电力行业发展浅析》，《南宁职业技术学院学报》，2011年第5期。

［51］http：//www.mofcom.gov.cn/aarticle/i/jyjl/j/201206/20120608193636.html

［52］http：//www.yuanxiang-expo.com/show.asp?id=377

［53］http：//wenku.baidu.com/link?url=DnGj3FGfYr4exm5JE_l6EIZLI8KO3sIj0Wg26JO9YhBtbZvrFP2_F_4X04o1tWk0-s23WRsZb6sI6pwwaBIwQQT_bKhvHRiIup-6iP3YW7G&email=azsdcf11111111@126.com&username=&tpl=pp&errno=0&auth=&nu_token=8e6f7765333426677435363721736534ee44&displayname=az...1@126.com

［54］http：//ccn.mofcom.gov.cn/spbg/show.php?id=9407

［55］http：//www.docin.com/p-738766734.html

［56］http：//www.cnki.com.cn/Article/CJFDTotal-AHKJ200002015.htm

［57］http：//www.doc88.com/p-495900929155.html

［58］http：//china.huisou.com/news/2013_11_20/184673_0/

［59］http：//www.cnki.com.cn/Article/CJFDTotal-FZDB198834 012.htm

［60］http：//www.ocn.com.cn/free/201 306/fangzhifuzhuang402131158.shtml

［61］中华人民共和国驻印度尼西亚经商参处，http：//id.mofcom.gov.cn

后 记

本书是广西大学中国—东盟研究院研究人员集体编撰的成果，广西大学部分研究生也参与了本书的撰写工作。写作分工大致如下：写作框架和写作思路由何政提出并经印度尼西亚所研究人员讨论后而定；何政负责全书的统稿和前言、第一章、第三章、后记的编写工作，毛薇负责第二章的编写工作，韦宝毅负责第四章的编写工作，陈才建负责第五章的编写工作。中国—东盟研究院的专家和其他研究人员对本书的编写提供了很好的意见和建议，对此表示感谢。同时本书的出版还要感谢世界图书出版广东有限公司的刘正武、程静等编辑的大力支持和帮助，他们为本书的出版付出了辛勤的劳动。

由于编者水平有限，且编写时间较紧，书中难免存在疏漏，恳请读者批评指正。

编者

2014年8月